SHO-TIME

常識を超えた
奇跡の二刀流

大谷翔平

AL MVP

100 RBI

26 SB

46 HR

9 WINS

All-MLB First Team

SHOHEI OHTANI

不可思議的二刀流奇蹟

The Inside Story of Shohei Ohtani and the Greatest Baseball Season Ever Played

156 K

3.28 ERA

Jeff Fletcher

103 R

All-MLB Second Team

138 HITS

傑夫・佛萊契

文生大

SHO-TIME

CONTENTS 目次

更多對SHO-TIME的推薦

「好啦，我承認我瘋狂迷戀大谷翔平，雖然我錯過了那個叫貝比・魯斯（Babe Ruth）的傢伙，但是現在我很幸運可以看到大谷翔平；在翻開傑夫・佛萊契（Jeff Fletcher）這本精彩的新書之前，我甚至以為我對大谷翔平已經很了解了，他是我們這個世代最獨特的一位棒球員，而《Sho-Time》這本書告訴我好多我原本完全不知道的事，從讀到『十拍子選手』這個詞開始，我就無法自拔了！」

——**傑森・史塔克（Jayson Stark）**《運動人報》（The Athletic）作者

「關於日本與美國之間的關係，這是有史以來最好的一本棒球書，傑夫・佛萊契（Jeff Fletcher）是天使隊經驗最豐富的隨隊記者，而且通常都是第一個在賽後問到大谷翔平的人，這四年來我很佩服他與日本媒體之間的交流，而這本書就是他這些努力所累積而成的果實，我總是透過追蹤傑夫來獲得更多關於大谷和大聯盟的新資訊。」

——**奧田秀樹**《體育日本》記者

「我以為我對大谷翔平已經無所不知了，畢竟我看過了他每一場比賽，而且二〇一八年就在亞利桑那州的坦佩市第一次訪問了他，但是在讀到傑夫・佛萊契（Jeff Fletcher）的這本《Sho-Time》之前，我並不知道大谷翔平為了重新建構起自己的體能和心理狀態，所曾經付出的那些努力；得知大谷從在日本的時候就為了成為最好的棒球員而努力，這讓我非常感動，也更加可以體會為什麼他可以達到這樣的成就，並在棒球歷史上寫下最精彩的一年。」

——**馬克・古比薩（Mark Gubicza）** 天使隊電視轉播球評

寫給馬文·佛萊契（Marvin Fletcher）

謝謝你當我最好的老爸，還教會我棒球

序

喬・麥登（Joe Maddon）

二〇二一年球季末的一場比賽，我們的對手是奧克蘭，那天下午天氣很熱，翔平是我們的先發投手，我跟我們的捕手打了暗號，要保送運動家隊的一壘手麥特・歐森（Matt Olson）；翔平收到暗號之後回了我一個燦爛的微笑，然後伸出手指搖啊搖的，因為他不想、也不需要這樣做。我懂他的意思，但我只回給他一個微笑，比賽後來又輪到歐森上場打擊，球數變成一好球兩壞球，於是我又給了同樣的暗號，而翔平也給了我同樣的回應，因為他知道怎麼對付歐森，他很有信心可以解決歐森，根本不需要任何人插手。你問我歐森對翔平的數據表現如何？慘不忍睹，他拿翔平一點辦法也沒有，而且翔平清楚知道這一點，所以他對我搖了手指，但至少他是笑咪咪的；雖然這兩次我都拒絕了他，還是要他保送歐森，但我欣賞翔平的自信。

翔平是獨一無二的，我們從沒見過這樣的人，他的表現以及他的輕鬆寫意是那麼的與眾不同，但在那個下午我看到了他最重要的特質，那就是他從比賽和競爭中所擷取出的那種純粹的快樂。他不喜歡輸，但他同時也謙虛有禮，而且善良，甚至有點老派作風；他會聽打擊教練討論其他投手，會聽球探報告分析投手該怎麼應付打者，但是當他上場比賽的時候，他就像是個手上拿著畫筆的畫家，在好球帶上這裡畫一下那裡畫一下，隨心所欲的照比賽情況做出反應，不需要任何人提醒什麼。他就是比大部份人厲害，而且他還能隨時根據自己當下的狀態做出調整，在比賽中找出最有效的方式來解決對手。

二〇二〇年是我加入天使隊的第一年，剛好也就是疫情年，那時我對翔平所知不多，我只是跟著大家的決定走，認真看、仔細聽、然後閉上嘴；但是時間進入二〇二一年，我知道我必須找總經理佩瑞．米納賢（Perry Minasian）聊聊，討論一下我們該給翔平多少自由發揮的空間。後來我們決定把所有限制都解除，這件事我認為佩瑞功勞很大，因為翔平這一整年能夠如此成功，正是因為少了那些枷鎖的羈絆。

對我來說，翔平最讓我驚訝的就是以投手來說，他真的非常耐操；我知道打擊對他來說不是問題，但一開始我完全無法想像，如果我們放手讓他去投到這樣的局數，他會有什麼樣的表現。他表現得非常好，而且我知道他一定還可以投得更多，所以從今以後，我們必須對於他的求勝慾望更加謹慎；他只想留在球場上，因為他堅信只要他還在場上，他就可以有方法做出貢獻來幫我們贏球。

當他投球時，他同時也想要打擊，因為他極度希望對勝利做出貢獻；而當他打擊的時候，他就想要盜壘跟做其他的事來幫球隊贏球；當他打出一個再平常不過的二壘方向滾地球、但是又知道自己有機會可以拚上一壘的時候，他就會突然加速進到另一個檔次一路狂奔，真的很不可思議。他像是一個大號的美式足球接球員，高大、修長、堅實，而且很快，非常快。

我還是要強調，說他多麼享受比賽絕對不是什麼浮誇的讚美，因為即使他的表現已經這麼好，你還是可以感受到他從比賽中得到的樂趣；他讓我想起小卡爾・瑞普肯（Cal Ripken Jr.），他們很像，但不是指外觀和體格上的那種，而是他們從比賽和競爭中所享受到的那種純粹的樂趣，熱愛比賽、熱愛對決，我認為那是卡爾了不起的一點，而翔平也是一樣。翔平也讓我想到卡爾不服輸的天性，翔平討厭輸，而且他什麼都能比，就跟我所知道的卡爾一樣；我們在球員休息室裡有一張小碰碰球桌[1]，就在翔平的置物櫃附近，有時候比賽結束一個多小時後，當我要離開的時候，他還在那玩。那就是翔平，永遠都在比賽，而且快樂的不得了。

1 一種類似撞球的桌上遊戲，球桌較小，但可以是方形或八角形；只有兩個口袋，桌面上有突出的障礙物影響球的行進路線。

楔子

距離「日本的貝比・魯斯」在美國職棒大聯盟正式登場三年之後，在二〇二一年的四月四日，整個棒球世界再度聚焦在天使球場，想看看他是不是終於回歸了。大谷翔平是在二〇一八年離開日本加入洛杉磯天使隊的，他在投球和打擊上優異的表現讓球迷和球員們都讚嘆不已，因為在魯斯之後這一百多年來，從來沒有大聯盟選手做到過這樣的事；那時的大谷才二十三歲，眼看就要成就非凡，但是很不幸的，在那精彩無比的前十個星期之後，迎接他的卻是兩次的手術和一連串球場上的不如意，連他最死忠的粉絲都不得不懷疑，他還能不能有機會實現他的潛能。

當轉播單位ＥＳＰＮ《周日棒球夜》（Sunday Night Baseball）節目將天使隊和芝加哥白襪隊的比賽放上它們二〇二一年球季最重要的開季首播時，兩位播報員麥特・凡斯格席恩（Matt Vasgersian）和艾力克斯・羅德里奎茲（Alex Rodriguez）在開賽之前花了一整段節目時間討論大谷，凡斯格席恩說：「這肯定會是場精采好球，因為是大谷秀啊！」

已經二十六歲的大谷，是天使隊這場比賽的先發投手，同時也是打線上的第二位打者。天使隊當然不會為了配合ESPN的轉播而調整他們的先發陣容——就算有也不會承認——但是總教練喬・麥登把大谷在球季的首次先發安排在這場比賽，肯定讓電視臺高層興奮不已；而這剛好也是大谷第一次在大聯盟比賽中同時以投手和打者的身分登場比賽，更是讓這場轉播備受期待。「只要大谷以一種身分出場比賽，大家的期盼就和天一樣高，更別說他今晚是投打雙刀要同時出鞘了，」凡斯格席恩說。

這是美國聯盟啟用指定打擊制度的第四十九個球季，投手在美國聯盟的比賽中上場打擊是一件極稀有的事；事實上，在過去接近半個世紀的時間裡，先發投手同時也在先發打線中的情形一共只發生過六次，而且其中一次還是個意外。二〇〇九年時還是坦帕灣光芒隊總教練的麥登，有一次在賽前交給了主審一張填寫錯誤的先發球員名單，上面寫了兩位先發三壘手但沒有指定打擊，所以先發投手安迪・索能斯汀（Andy Sonnanstine）只好上場打擊；另一次是在二〇一六年的一場跨聯盟比賽，舊金山巨人隊這位當代打擊最好的投手麥迪森・邦加納（Madison Bumgarner），在一場對奧克蘭的比賽中，因為巨人隊選擇不使用指定打擊而得到了上場打擊的機會。除了這兩次之外，我們要回到一九七六年，才能找到左投手肯恩・布瑞特（Ken Brett）在堪薩斯皇家隊的兩場比賽中登場打擊，還有一九七四年德州遊騎兵隊的右投手佛格森・簡金斯（Ferguson Jenkins）和一九七五年奧克蘭運動家隊的左投手肯恩・賀茲曼（Ken Holtzman），也各自在一場美國聯盟的比賽中以投手的身分上場打擊。

然而大谷的名字出現在天使隊的先發打線上，很明顯的不是個意外，也不會就只是這麼一次而已；他被安排在超級大明星麥克・楚奧特（Mike Trout）的前面，這表示總教練麥登認為先發投手大谷同時也是全隊最佳的打者之一。

這本來就是大家引頸企盼的大谷翔平，自從他二〇一七年十二月從日本來到美國之後，他在球場上的各種精彩表現也跟著他跨越太平洋，在美國成了神奇的傳說；球迷們津津樂道他時速一百英里的快速球，還有那些被打到球場最深遠處的全壘打，那支打穿東京巨蛋屋頂的全壘打影片更是無人不曉。二〇一八年曾經有幾個月，大谷確實在天使隊完美複製了他的那些神奇傳說，但是那些好表現來得快去得更快；大谷因為手肘韌帶受傷而必須接受湯米・約翰手術（Tommy John Surgery）[2]，這種重建手術通常會讓投手花上十二到十八個月休養復健，等到他終於可以恢復比賽，卻又遇上了全球疫情，把二〇二〇年球季開幕戰從四月延遲到了七月。大谷在兩場比賽裡一共面對了十六位打者，而他的表現老實說真的是慘不忍睹；他在投手丘上看起來不知所措，讓人不得不懷疑他的二刀流生涯是不是要就此打住，而接下來另一次的受傷更是讓他的二〇二〇

2 正式名稱為尺骨附屬韌帶重建術，是一種施行於手肘的外科手術，通常以肌腱取代撕裂的手肘韌帶；首位接受這項手術並成功復出的職業運動員為美國職棒投手湯米・約翰（Tommy John），故而名之。

年球季提前結束。

大谷在打擊上的表現也不如預期，數字成績從二〇一八年到二〇一九年就開始退步，到了因為疫情而濃縮的二〇二〇年球季更是直線下降，逼得球隊不得不把他放到板凳；二〇一九年時，他還曾經因為先天性的膝蓋問題，而必須在兩年內第二次被推進手術房。

坦白說，在二〇二一年球季的前兩年，大谷的表現真的讓人失望，雖然春訓時偶爾會傳來一些好消息，但在那場對白襪隊的先發之前，大谷的狀態還是讓人擔心的；就在短短六天之前，大谷在道奇球場登場主投，那是他球季開打前的最後一場熱身賽，結果他在二又三分之一局中丟了七分，而且還保送了五位道奇隊的打者，賽後他說是因為手上的水泡影響了自己的控球。球季開打之後的前三場比賽，大谷擔任天使隊的指定打擊，在十三次的打數中只擊出三支安打，雖然其中有一支是全壘打，但他也被三振了六次，而且有好幾次他離譜的揮棒看起來就像他那二〇二〇年球季一樣慘兮兮。

大谷就在這樣的故事背景之下跑上了投手丘，電視機前的全國觀眾、還有天使球場因為疫情管制而容許進場的一萬兩千三百九十六名球迷全都望眼欲穿，等著看哪一個大谷會出現在他們面前；那個「日本的貝比·魯斯」終於歸隊了嗎？還是說這又會是個讓人失望的一年？

白襪隊的開路先鋒提姆·安德森（Tim Anderson）是二〇一九年的打擊王，大谷對他投出的第一球是一記九十八點二英里的快速直球，差一點削過好球帶的下緣；他一連灌了四記直球，每一球都超過九十六英里，然後用一記滑球讓安德森打出一個內野滾地球出局。面對第二棒打者艾頓‧伊頓（Adam Eaton），大谷先是投出一記曲球，然後又回到他的快速直球，當他拿到兩好球的優勢時，他先往打者內角塞了一記一百點六英里的直球逼得伊頓只能把球碰向界外，接著就祭出了他最拿手的指叉球讓伊頓三振出局，揮空的球棒距離那顆進入捕手手套的球大概有好幾英尺之遠。下一棒是去年的MVP年度最有價值球員荷西‧阿布瑞尤（Jose Abreu），大谷投出兩記超過一百英里的快速直球，但最後將他保送；不過他讓下一棒尤恩‧孟卡達（Yoan Moncada）打出了一個滾地球出局，順利結束了這一局的投球。

雖然大家心裡還是有點擔心，但大谷在旁觀者肯定的眼光中輕鬆跑下投手丘，他的球速回到了該有的水準，這是短暫的二〇二〇年球季沒有的，他的四種球路都投進了好球帶，他解決了芝加哥白襪隊的前四位打者沒有失分，那是美國聯盟最強的球隊之一，雖然只是一局，但是一切看起來都還不錯。

幾分鐘之後，在第一局下半天使隊的進攻，大谷站進了打擊區面對狄倫‧席斯（Dylan Cease）；席斯身高六呎二吋，從去年球季就逐漸成為白襪隊先發投手輪值中值得被信賴的一員，拿手武器包括時速接近一百英里的快速直球、滑球、曲球、還有變速球。他對大谷投出的第一球就是一記時速九十七英里的快速直球，高度接近胸口，大概不會是一個好球；大谷輕輕抬起了右腳跟，然後穩穩踩進土裡，這是他啟動揮棒的標準動作，這一棒準準的打在球上，球以一百一十五點二英里的時速飛向四百五十英尺之外，落在中右外野全壘打牆外看臺上大概座位第十排的位置。

就這樣短短幾分鐘的時間，大谷透過電視轉播的高科技數據，以最戲劇化的方式告訴大家：二〇二一年真的不一樣了。

在美國職棒大聯盟，球場上發生的每一件事都有雷達設備追蹤記錄下來，這也讓現在的我們可以更輕易的以實際數字來衡量那些十幾二十年前只能用誇張修辭來描述的場上表現，像是「又高又遠的全壘打」，或是「閃電般的快速球」等等。

在大谷的那第一局的比賽中，他有三球投出的時速超過一百英里，而在二〇二一年球季一整年上場投過球的九百零九位大聯盟投手之中，只有五十七位（百分之六點三）曾經投過最少一球這麼快；大谷擊中的那顆球是以時速一百一十五英里飛向場外，二〇二一年一整年上場打擊過的一千零四十九位打者當中，只有五十一位（百分之四點九）有這麼強的擊球力道。不用說，只有大谷一個人的名字同時出現在這兩份名單上，而且他在幾分鐘之內、在他球季第一場比賽的第一局就達成了這項成就。

這場比賽最後天使隊靠著一壘手傑瑞德·瓦爾許（Jared Walsh）的再見全壘打贏得比賽，大谷沒能拿到勝投，但在比賽結束之後，他說這是今年球季一個好的開始，一點也不覺得自己做了什麼了不起的事。

「我很高興打完了這場比賽，」大谷透過翻譯告訴大家，「這會讓我更有信心……這只是一場比賽，我會一場一場慢慢來，我沒打算要向那些懷疑我的人證明什麼。」

反而是總教練的口氣比較直率。

「他今天晚上的表現非常出色，而且這樣的表現還會越來越多，」總教練麥登說，「很精彩，我相信大家一定看得很開心，這就是為什麼他要來美國打球，而且我們會繼續讓他以這樣的方式比賽。」

在那之後，大谷打出了一個精采無比的球季，不但讓他贏得了美國聯盟的MVP年度最有價值球員獎，也被頒發了大聯盟主席的歷史成就獎，以及大聯盟球員工會的年度最佳球員獎。

在投手丘上，大谷二十三次先發的戰績是九勝二敗，防禦率是三點一八，在一百三十又三分之一局中三振了一百五十七位打者；在打擊區，大谷一共擊出了四十六支全壘打，在全聯盟排名第三，比起全聯盟平均兩成四五的打擊率，他的打擊率是兩成五七，上壘率是三成七二，長打率則是五成九二，他〇點九六五的上壘率加長打率在整個大聯盟排第五，在美國聯盟則是第二。

大谷在投球和打擊上雙重的優異表現，讓他成為大聯盟勝場貢獻值（WAR）最高的選手，這是一個將選手對球隊各方面的貢獻累積換算成數字的統計數據，兩大棒球數據網站FanGraphs和Baseball-Reference各自有不同的計算方式，但大谷在兩邊都高居榜首；FanGraphs給了他八點一分，勝過密爾瓦基釀酒人隊投手寇賓・柏恩斯（Corbin Burnes）的七點六分，Baseball-

Reference則是給了大谷九點一分，勝過了費城費城人隊投手札克・惠勒（Zack Wheeler）的七點七分，這些數字說穿了就是告訴我們，大谷確實就是二〇二一年整個大聯盟裡最優秀的球員。

他是有史以來第一位同時以投手和打者身分都入選明星隊的選手，大聯盟甚至為了大谷而修改了明星賽的規定，讓他可以在完成了先發投球的任務之後，繼續以指定打擊的身分留在比賽中。

完全沒有人去質疑大聯盟對大谷的極力配合，因為球季進行到那個時候，大谷早已成為整個美國職棒最引人注目的焦點。

「我覺得他是那種我們一輩子只會看到一次的球員，」洛杉磯道奇隊三壘手賈斯汀・透納（Justin Turner）在明星賽的前一天對記者說，「這種不世出的傳奇球員肯定會讓大家傳頌很久。」

同樣被獲選為明星隊一員的道奇隊一壘手麥克斯・孟西（Max Muncy）也說：「這傢伙把球打得比全聯盟誰都遠，投球投得比全聯盟誰都快，連跑壘都跑得比全聯盟誰都快，他根本就是個天生的奇才。」

聖路易紅雀隊三壘手諾蘭・亞瑞納多（Nolan Arenado）也同樣對大谷的表現感到不可思議：「沒有人像他這樣打球的，他實在是個不可思議的天才……他在做的事是我一輩子都沒見過的，從貝比・魯斯之後就沒有這樣的人了。」

當然，大谷在二〇一八年曾經有過幾個月也表現得一樣這麼好，但是亞瑞納多這些選手很可能都不記得了，這不是他們的錯；在那之後的這三年，大谷一連串的低潮確實會讓人懷疑他的二〇二一年球季可能不會有多好。真正讓大谷可以脫胎換骨的原因，是他終於擺脫了傷痛的糾纏，也讓他可以在二〇二〇年到二〇二一年的冬天好好準備，把他整個休賽期間的訓練提升到一個更高的強度。

而當春訓開始，當天使隊發現以前那些為了保護大谷、為了讓大谷表現更好而設下的種種限制全都不管用時，他們終於決定把這些原本立意良善的限制全都取消；再也沒有投球日前後各一天的強迫休息、再也不限制他投打二刀流同時出場比賽，他們要讓大谷在二〇二一年輕鬆自在的玩球。

在這個實驗的初期，在那場對白襪隊的初次先發之後，總教練麥登說了句他日後會多次重複的話，他認為對大谷來說，這些限制越少，他的表現會越好。

「這些都是息息相關的，」麥登說，「我們做的每件事都是息息相關的，他是個很會自我反省、極度聰明、也熱愛打棒球的年輕人，我們就別擋著他，就讓他自己去玩球，看看會發生什麼事。」

結果他就創造了歷史。

CHAPTER 01

一個野球少年

東京以北大概三百英里左右，坐火車大概三個小時，就會抵達岩手縣的奧州市；大約有十二萬人居住在這片稻田與溫泉交錯的區域，而最有名的歷史遺跡就是近千年前曾經佇立在當地的胆沢城。現在的奧州市以畜牧業聞名，但是在不遠的未來，所有人都會知道這裡是那個天才棒球員大谷翔平的家鄉，他不但在日本成為明星，還到世界的另一端去創造了歷史。

大谷徹（Toru Ohtani）曾經是位半職業棒球選手，在當地的三菱工廠上班之餘，也在公司所屬的社會人球隊打球，他的太太加代子（Kayoko）則是位奧運層級的羽毛球選手；這對運動員夫妻先生下了一對兒女之後，在一九九四年七月五日生下三子翔平。大谷徹說他對孩子的教養是很寬容的：「我在他成長期間並沒有特別嚴厲，」他解釋說，「其實非常普通，真的很普通。」翔平在兩個兒子中是比較具有冒險精神的，他總是在遊樂場上勇敢的挑戰著自己的極限；「他是那種什麼都想試試的孩子，」大谷徹說，「如果你不花心思注意著他，就蠻危險的。」

不意外的，大谷徹的兩個兒子都打棒球，但是他並沒有太督促他們，他不是那種費盡心思要兒子在運動成就上超越自己的家長；事實上，大谷徹後來甚至有點後悔他沒有花足夠的時間去灌溉長子龍太的棒球天分。在龍太小時候，大谷徹在工廠的上班時間很長，連帶也影響了他能和兒子相處的時間；等翔平大概是八歲開始打棒球的時候，他就決定自己要多投入一點，親自擔任翔平的教練。除了教導兒子打擊和投球的技巧之外，他也教導他對比賽的尊重；多年以後，當大谷翔平在父親面前第一次登上美國職棒大聯盟的舞臺時，他說自己從父親身上學到最重要的一件事，就是要對比賽全力以赴。

小小年紀的大谷就已經被認為是個「野球少年」，日文用這樣的詞語來形容那些彷彿是為棒球而活的孩子，而他一點也沒有辜負這個稱號，就算自己沒有上場比賽也總是盯著電視上的球賽轉播不放；他最愛看的是讀賣巨人隊的比賽，「我看到棒球選手就覺得他們好酷，」大谷說，「我總是對週末又緊張又期待，因為我又可以比賽了。」巨人隊的最有名的強打者松井秀喜（Hideki Matsui）是大谷最喜歡的球員之一，他也喜歡日本最優秀的投手之一達比修有（Yu Darvish），而這兩位選手也都先後從日本職棒前往美國挑戰大聯盟，為大谷日後的美國之行開了先例；至於在大谷七歲時就已經離開日本，並且立刻就在美國成為大明星的鈴木一朗（Ichiro Suzuki），更是被大谷當成了偶像。

大谷被以右投左打的方式培養著，這並不尋常，但是多年下來由於身體兩側的施力平均，反而讓他得以在棒球的最高殿堂不管投打都有優異的表現。然而在他少年時期，左打的揮棒方式造成他慣於把球強拉過右外野大牆，這在胆沢川邊的球場比賽的時候，就對球隊造成了困擾；大谷把太多的球都打進了外野牆外的河裡，讓球隊損失慘重，據說大谷是因此而苦練將球打向反方向，往左外野打，而這也讓他日後獲益良多。

在他升上高中之前，大谷都在奧州當地打球，跟很多日本和美國的優秀選手不同，大谷小時候很少參加外地的賽事，因為那時的他認為自己的實力沒有那些選手好，「我以為肯定有很多選手都比我厲害，」多年後的大谷回想著說。

或許是因為岩手縣的氣溫比日本其他地方都低了許多，所以這個區域很少出現什麼棒球人才；「這裡常常下雪，」另一位從日本職棒前往大聯盟的岩手縣左投手菊池雄星（Yusei Kikuchi）說，「你沒辦法練跑，也不能丟球。」要等到大學捕手出身的佐佐木洋（Hiroshi Sasaki）接手距離奧州市三十分鐘車程之外的花卷東高等學校棒球隊之後，這個區域才開始持續生產出厲害的棒球人才；大谷在國中的時候就開始關注這支球隊，等時間一到就前往就讀花卷東高等學校，加入了這支他知道不光只是棒球的球隊。

佐佐木總教練對球隊的嚴格紀律和棒球哲學遠超過表面上的投球和打擊，他在大學剛畢業時曾經受過一本勵志書籍的啟發，也據此建立起他以棒球來培育年輕人的理念。所有新加入花卷東高等學校棒球隊的球員，都被要求先寫下自己在棒球領域的努力目標，然後依據這些目標，他們要跟著寫出自己需要努力加強的個人能力；大谷寫下的目標是希望能在日本職棒選秀的第一輪被選上，同時也列出了八項他認為自己需要做到的地方，生理上的心理上的都有。後來在高中期間，他又做了一次類似的自我評估，但這時他的目標已經提高了，那時他十七歲，而他的目標是跳過日本職棒，直接前往美國；在他依年齡列出的一整列人生目標上，每一項都相當明確。譬如說他想要在十八歲時就簽約，並且在二十歲的時候登上大聯盟；他希望他的大聯盟新人年薪是一千三百萬美元，並在二十一歲時加入先發輪值，而且第一年就要拿下十六勝；二十二歲時他要拿下賽揚獎[3]、二十四歲時他要投出一場無安打比賽並拿下二十五勝、二十六歲時他要結婚還要贏得世界大賽。他甚至為下一代都作了規劃，計畫在自己三十七歲的時候開始培養長子打棒球；大谷也預言了自己職棒生涯的結束，認為自己的球技大概在三十八歲時會開始退化，讓他必須開始準備退休。他預計自己會在四十歲時投出最後一場比賽，但是那會是一場無安打比賽，然後他會退休回到日本，把他在美國學到的一切都帶回去他的祖國。

大谷詳細的棒球生涯規畫，隨著他體格的成長而逐漸推展開來；在進入花卷東高等學校棒球隊時，球隊依照一貫程序幫他安排了核磁共振成像檢驗（MRI, Magnetic Resonance Imaging），發現十六歲的大谷在生長板之間仍有很大的空隙，這表示他還會繼續長高長壯。在一開始，大谷甚至完全沒有投球，只是擔任右外野手以及球隊最重要的第四棒強打者；那時他還很瘦，但是當他一開始站上投手丘，快速直球就已經有時速九十英里的水準，佐佐木總教練也立刻就明白，大谷球速的來源不光只是靠著體能而已，「他其實根本沒有任何肌肉，但還是可以催出那樣的球速，」佐佐木說。

大谷的投球動作仍然不穩定，也常常有控球的問題，而接下來可能是因為生長期而引起的一次臀部受傷，讓他在高二一整年沒有辦法上場投球，失去了繼續累積投球經驗的機會；他的快速生長讓他的一舉一動看起來就像是個舉止笨拙的青少年。他在打擊上比較成熟，但是後來簽下他的北海道日本火腿鬥士隊球探大渕隆（**Takashi Ofuchi**）也說，當時的大谷確實是個不錯的球員，但不算頂尖。

到了大谷在高中的最後一年，他的身高已經長到六呎四吋（一百九十四公分），骨架上也開始長出肌肉；他每天可以吃下十碗飯，也閱讀了許多關於營養和訓練的書籍，或許是因為這些因素，他的體重在高中期間也增加了四十五英磅（二十公斤）。

大谷在打擊上的表現一直很出色，曾經從另一位後來也加入日本職棒的頂級新人藤浪晉太郎（**Shintaro Fujinami**）手上敲出過一支令人印象深刻的全壘打；而在投手丘上，他的快速直球已經達到時速九十九英里，這不管是在任何年紀、在任何國家，都是最頂尖的水準。

---

3 美國職棒大聯盟每年由棒球記者票選並頒發給該年度最佳投手的獎項，兩個聯盟各選一位，以名人堂投手賽．揚（Cy Young）為名。

大谷高大的體格和在球場上優異的表現讓他逐漸成為當地的傳奇人物，但隨著他在球隊上的地位逐漸提升，佐佐木教練更在意的卻是要他的球員們都保持著謙遜的態度；大部份的球員都住在學校宿舍裡，而且每個人都有被指定要負責的生活常務，大谷和所有投手們被分配到的工作就是打掃廁所，這是因為教練希望他們能學會腳踏實地，不要因為身為比賽的焦點就忘了自己的身分。「投手，特別是像翔平這樣，不管是實際上還是修辭上，都是站在球場上的最高點，」佐佐木說，「當他們站上去的時候，他們是球場上的最高峰，所以在比賽結束之後我都會叫他們去做最低下的雜務，而翔平從來都沒有抱怨過。」

在球場上，不管是對在地的球迷還是日本職業球隊的球探來說，大谷確實是大家注意的焦點；而這個身高六呎四吋、可以投出時速九十九英里快速直球的孩子甚至紅到了美國，洛杉磯道奇隊、德州遊騎兵隊、波士頓紅襪隊、紐約洋基隊、還有舊金山巨人隊都追著年輕的大谷跑。這對佐佐木總教練來說一點也不稀奇，因為幾年前帶領花卷東高等學校打出成績的菊池雄星才上演過類似的劇情；八支大聯盟球隊和十二支日本職棒球隊全都來拜訪過菊池，希望能吸引他願意加盟。大聯盟球隊多年以來一直有「不與日本業餘球員簽約」的君子協定，但在二〇〇八年田澤純一（Junichi Tazawa）與紅襪隊簽約之後，這個協定就開始崩解；在大聯盟球隊企圖延攬菊池的時候，佐佐木一直試著保持著開放的態度，但是後來他也承認，如果菊池當時直接前往美國，勢必會對他和日本職棒之間的關係造成傷害。（菊池最後決定留在日本展開自己的職棒生涯。）

大谷在菊池被職棒球隊追捧的時候還只是個國中生，而當他進入花卷東高等學校棒球隊的時候，他繼承了菊池留下的十七號球衣，這也是後來他加盟洛杉磯天使隊時的球衣背號。大谷就跟在他之前的菊池一樣，在高中期間就成為了太平洋兩岸球隊追逐的目標，而佐佐木也再一次成為旗下愛將的顧問；然而這一次他的態度變了，他鼓勵大谷直接去美國。

在二〇一二年十月，十八歲的大谷開了一個記者會宣布他將跳過日本職棒，直接前往美國展開他的職棒生涯；「全世界各國的優秀球員都去那邊，」大谷說，「我不想輸給那些球員。」那時的大谷還沒有跟任何大聯盟球隊達成協議，這個宣示的目的只是為了要勸退那些在即將到來的選秀大會上選擇他的日本球隊。

然而日本火腿鬥士隊完全不受影響，他們一貫就是這樣不跟著主流風向走，也比當時其他的日本球隊更重視進階數據；在前一年的選秀中，他們以第一輪籤位選擇了早就宣布只想去讀賣巨人隊為舅舅原辰德（Tatsunori Hara）監督效力的投手菅野智之（Tomoyuki Sugano），菅野寧可一整年不打球也不願意與火腿隊簽約，後來才再度經由選秀加入了巨人隊。即使才剛剛在這樣的賭局中失敗，火腿隊在評估之後還是認為大谷這樣的天賦資質值得球隊再冒一次險；追蹤大谷多年的火腿隊球探大渕隆對大谷投打二刀流的天賦已經到了迷戀的地步，「我清楚知道他一定會是我們的第一指名，而且會在培育之後成為一位頂尖的選手，」大渕在多年之後回憶著說，所以火腿隊還是在選秀中選擇了大谷，然後要想辦法說服他簽約，暫緩前往美國。

說服大谷差不多花了一個月的時間，在總經理山田正雄（Masao Yamada）的帶領之下，火腿隊用盡了各種方法向大谷說明球隊能夠提供比美國還要好的訓練環境；譬如說如果留在日本，大谷極有可能會直接加入層級最高的一軍競賽，但是如果前往美國，他就必須先從小聯盟開始。火腿隊播放了美國小聯盟球員生活艱苦的許多影片：在生活環境簡陋的小鎮比賽、忍受長程的巴士旅程等等，他們甚至告訴大谷在美國很難會有與日本女孩約會的機會。火腿隊知道大谷總有一天會登上大聯盟，但是他們也相信如果從火腿隊起步一定會對他有幫助；他們提出了統計數據來證明先打過日本職棒的選手，到了美國之後都會比較成功，他們也把大谷的偶像達比修有的球衣背號十一號空出來給他，希望能吸引他留在日本。大谷在這整段過程中都專注聆聽火腿隊的多次遊說，但一直都沒有展露出太多情緒，球探大渕說：「這段過程很辛苦，因為我一直覺得在跟我交涉的是一個成年人而不是高中生，他真的很聰明。」後來大谷說自己很珍惜在那段期間跟火腿隊所建立起的情誼，這也為他五年後決定前往美國的決定埋下伏筆。

除了山田和大渕這個火腿隊團隊與大谷所建立的連結之外，球隊還有另外一張王牌握在手裡：當時大聯盟球隊以及其他日本球隊都希望大谷能成為一位全職的投手，只有火腿隊願意讓他以投打二刀流的方式出賽。後來大谷說，當時如果不是火腿隊提出了這個計畫，自己其實根本沒有起過這樣的念頭，因為他早就認定職業球隊一定會要他專注在投手丘上；火腿隊再一次與眾不同，他們已經擬定了可以讓大谷兩者兼備的培育計畫。

大渕其實一直都跟太平洋兩岸幾乎所有的職棒專業人士一樣，從不認為一名球員可以在最高等級的棒球競賽中同時以投打兩種身分獲得成功，但這一切就在他看到大谷之後開始改變。

「如果一個人有無所不能的可能，那我們就必須檢視他的天賦資質，然後同時把他全部的能力都一起開發，就像米開朗基羅和愛因斯坦一樣，他們可以兼顧藝術跟科學，而且面面俱到，」大渕說，「身為一個球探，我的職責就是檢視球員的能力，然後評估這個高中球員能不能做到，而大谷這個球員改變了我過去的想法。」大渕和火腿隊相信大谷可以做到這件因為太艱難而少有人願意嘗試的事，火腿隊也願意讓大谷去創造歷史，去嘗試投打二刀流。

於是大谷終於被說服了，大聯盟就暫時先等等吧！

CHAPTER 02

「他做到了」

北海道日本火腿鬥士隊在選秀中賭了一把選了大谷翔平，而五年後這個賭注很明顯的讓球隊收穫豐富；到二〇一七年球季結束為止，他曾獲選為MVP年度最有價值球員、五度入選明星隊，也在二〇一五年和二〇一六年被選為聯盟的最佳九人。在二〇一六年他甚至同時獲選為最佳投手和最佳指定打擊，用成績證明了他在投手丘和打擊區都可以壓制對手，而這樣的表現也讓他開始被暱稱為「日本的貝比・魯斯」。

大谷翔平的這些英雄事蹟，在美籍選手布蘭登・雷爾德（Brandon Laird）還沒出發前往日本繼續他的職棒生涯時，就已經傳進了他的耳裡。在南加州長大的雷爾德曾經在小聯盟與後來的知名球星巴士德・波西（Buster Posey）和安德魯・麥卡臣（Andrew McCutchen）交手過，他的哥哥傑洛德・雷爾德（Gerald Laird）則是一位有過十三年美國職棒大聯盟經驗的資深選手；在二〇一六年球季前與火腿隊簽約時，雷爾德對大谷所受到的那些吹捧是充滿懷疑的。

「他才不可能那麼厲害，」雷爾德在幾年後回憶著說，「我一定要去親眼看看。」他們第一次在隊內對抗賽中交手的時候，雷爾德就見識到大谷「輕鬆寫意」的投出時速九十英里的快速直球，他也看到大谷在打擊練習時隨手就把球一棒推出反方向的全壘打牆外，接著他就親眼見證了大谷在日本最精彩的一個球季，完全實至名歸。「他真的做到了，」雷爾德說，「以他的年紀來說，他是我在球場上所看到過，不管是隊友還是對手中，最棒最棒的選手。」雷爾德用大家最常使用的「五拍子」，也就是打擊能力、打擊力道、跑壘能力、傳球能力，以及防守能力，來分析大谷：「他根本就是一個十拍子選手，因為他又是投手又是打者，而且什麼都做得到。」

除了大谷在球場上不可思議的優秀表現之外，雷爾德也見證著他在球場外的成長，他比大部份的日本球員都高，也幾乎要比所有日本人都高，但他還是帶著那張娃娃臉，一天一天長成了一個超級大明星。

然而大谷對他周圍的一切變化似乎是無感的，他的前隊友們和身邊的親友們都說，成名這件事從來都沒有影響過他想要成為偉大棒球員的決心；即使金錢、名聲，以及跟蹤著他不放的記者們越來越多，大谷離開球場後幾乎就是回宿舍、好好休息，然後為第二天的比賽做好準備。「他差不多就是與世隔絕了，」二〇一六年火腿隊的隊友、美國籍的投手安東尼．巴斯（Anthony Bass）說，「我最佩服的就是即使他已經是個超級巨星，他仍然是一個超棒的隊友；他是個很腳踏實地的人，我無法想像處在那樣的鎂光燈照耀之下，還能有穩定的成績表現會有多難，他的壓力一定很大，但他總是不讓人失望。」

這些壓力來自於對他的期盼，從大谷逆轉了他直接前往美國的計畫，決定要先留在日本的那一刻開始，來自各方面的壓力就沒有停過，火腿隊的母企業理所當然會以旗下的棒球選手們來推銷公司的產品，十八歲的大谷也無法避免；二〇一三年在他尚未前往人生的第一次春訓報到之前，大谷就已經出席過公司的行銷活動，他被帶領著在展覽場館巡迴，在照相機的鎂光燈以及三千多名球迷的圍觀之下大口吞下公司的肉類製品。大谷穿著一套跟隊友借來的不合身的灰色西裝，盡力的表現出自己輕鬆自在，或許是高中時期刷洗過的那些馬桶讓他保持了平實的心態，即使後來他承認一開始「有一點緊張」，大谷說自己很快就適應了那些關注的眼光；「我懂的，身為一位職業球員，我一定要讓球迷和贊助商都覺得開心。」

當然，手上拿著球棒的大谷一定會比在鏡頭前吃著香腸的大谷開心的多，而他也很快就迎來了他的第一個春訓；他穿著達比修有所留下來的火腿隊十一號球衣，以二軍成員的身分開始了他的職棒生涯，但是球季還沒開打，大谷就已經被升上了一軍。他第一次在牛棚練投時，就吸引了媒體為球迷做了詳實的轉播與紀錄，而火腿隊也想盡了各種方法想把他放在先發打線名單上；他們甚至讓大谷嘗試擔任游擊手，但那是一個他在高中時就沒有站過的守備位置，於是火腿隊只好將他放到了外野去。

在大谷即將展開他的職棒生涯之前，日本職棒界就對他能否以投打二刀流的方式出賽抱持了懷疑：「大部份的人都反對這件事，」《體育報知》的棒球記者小谷真彌（Masaya Kotani）說，「他們都不認為他可以做到，只有總教練栗山英樹（Hideki Kuriyama）和火腿隊球團相信這件事，其他人都說不可能這麼簡單的。」

* * *

在火腿隊的大谷翔平以投打二刀流挑戰職棒常規的一個世紀之前，波士頓紅襪隊的貝比·魯斯也做過同樣的事。

雖然大谷和魯斯在投球和打擊上都表現得相當出色，但他們成功的路徑卻完全不同；大谷從一開始就堅持要成為一位投打兼備的選手，不管在太平洋兩岸的哪一邊都是如此，但魯斯在成為一位頂尖的打者之後，就對投球失去了興趣。

魯斯在職棒生涯的前幾年專注在投球上，接著有兩個球季又投又打，在那之後他連續十六個球季都是棒球歷史上最具威脅性的強打者，而且幾乎沒有再回到投手丘上過[4]。

一九一四年魯斯加入紅襪隊的時候才十九歲，但是到一九一五年他就成為陣中的王牌投手之一，全年球季投了三十二場比賽，也曾經十次上場代打；儘管那年他一共只站進打擊區一百零三次，但是以四支全壘打領先全隊，這在那時可是件大事，因為全壘打非常罕見，紅襪隊全年擁有超過六百次的打擊機會，卻除了魯斯以外沒人擊出兩支以上的全壘打。

魯斯在一九一五年以全職投手的身分交出三成一五的打擊率（聯盟平均是兩成四八），這讓運動記者保羅・伊頓（Paul Eaton）在當年夏天的《運動人生報》（*Sporting Life*）中寫道：「魯斯是棒球界最佳的天生強打者之一，如果他轉到一般防守位置去，對球隊可能會比在投手板上更有價值，這是我給總教練比爾・凱利根（Bill Carrigan）的免費建議。」

儘管許多記者都不斷提出讓魯斯成為野手的建議——許多訪問過他的記者也說魯斯確實有這樣的想法——紅襪隊那些年的幾位總教練卻從未退讓過，除了讓魯斯上場投球之外，從未將他放在任何其他的防守位置上。

艾迪・巴洛（Ed Barrow）在一九一八年球季開打前成為紅襪隊的總教練，他一上任就掐死了這個想法，他說：「如果我把棒球界最棒的左投手變成一個外野手，我一定會被所有人笑死。」他的想法並非只是無意義的堅持，畢竟魯斯到一九一七年球季為止的戰績是六十七勝三十四敗，防禦率也是非常優異的二點〇七。

---

4 在魯斯的年代並沒有指定打擊制度，投手仍然需要上場打擊，兩個球季的又投又打指的是在一九一八與一九一九兩年，魯斯除了在擔任投手時上場打擊之外，亦曾在其他防守位置有大量出賽紀錄，但自一九二〇年起魯斯專職打擊，在十六年間一共僅有五次上場投球。

然而魯斯真的想要多一點打擊機會，而球場外的世界很快的就給了他這個機會。由於許多大聯盟球員都被徵召參加第一次世界大戰，大聯盟球隊很難找到足夠的球員來維持正常出賽，一直沒收到徵兵令的魯斯就成了球隊上的重要角色；另外一個原因是波士頓紅襪隊的先發一壘手迪克．赫布利佐（Dick Hoblitzel）沒能準時抵達紅襪隊位在阿肯薩斯州熱泉市（Hot Springs, Arkansas）的春訓地點報到，這讓總教練巴洛不得不在一九一八年的第一場熱身賽中讓魯斯以一壘手的身分上場出戰布魯克林道奇隊。據說因為前一年整個冬天，住在麻薩諸塞州（Massachusetts）一間小屋的魯斯都必須砍柴生火取暖，所以二十四歲的魯斯是以他加入職棒以來最佳的體能狀態展開春訓，他立刻就展現出他強大的力量。

魯斯在春訓的第一場熱身賽第一次站上一壘，就在比賽中擊出兩支全壘打；根據幾份報紙的新聞報導，他的第二支全壘打遠遠飛過右外野的全壘打牆，落在大街另一邊的一座短吻鱷魚養殖場裡，讓兩隊的選手都忍不住站起來為他鼓掌歡呼。二〇一一年有一組工程師利用老照片分別判定了本壘板和全壘打落點的位置，然後估算當年那支全壘打的距離應該有五百英尺遠；那年春訓魯斯在僅僅二十一次打數中就擊出了四支全壘打。

幾個月之後，在一九一八年的五月六日，陷在低潮之中的赫布利佐受傷了，讓巴洛總教練不得不做出那個他之前說過會被所有人笑死的決定，他讓魯斯在對紐約洋基隊的比賽中擔任一壘手；這是魯斯第一次在大聯盟的比賽中站上除了投手之外的防守位置，他在那場比賽中擊出包括一支全壘打在內的兩支安打，紅襪隊老闆哈利・佛雷奇（Harry Frazee）告訴《波士頓先驅報》（*Boston Herald and Journal*）說，當時坐在他身邊的洋基隊老闆傑克・魯波特上校（Jake Ruppert）當場就開玩笑說願意出十五萬美元買下魯斯。當下兩位老闆只是對這個提議一笑置之，但想不到這卻成了一個誰都沒想到的預言，因為第二年紅襪隊就以十二萬五千美元的價格將魯斯賣給了洋基隊，也讓這成為運動史上最有名的交易之一。

魯斯在打擊上的好表現也讓他和總教練之間產生了摩擦，巴洛還希望魯斯能夠專注在投球上，因此只肯偶爾讓他上場守備，但魯斯非常不認同，他還一度揚言說自己因為手腕受傷而無法投球；《貝比・魯斯和一九一八年的紅襪隊》（*Babe Ruth and the 1918 Red Sox*）的作者艾倫・伍德（Allan Wood）說沒有人可以確定魯斯是不是真的受傷，但間接證據都顯示魯斯就只是不想投球了而已。魯斯甚至在七月一度離開紅襪隊，直到老闆佛雷奇同意付給他一千美元做為在兩個防守位置出賽的紅利，他才回到球隊。

魯斯後來在一九一八年一共投了二十場比賽，在一九一九年則是投了十七場，在那個年代這大概是一般先發投手不到一半的工作量；但是同樣在一九一八年，他在一壘和外野出戰了七十二場比賽，在一九一九年則是一百一十六場。技術上來說，魯斯確實是一個投打俱佳的優秀球員，但是很明顯的他已經根本不想再回到投手丘上了。

「我不認為今年巴洛總教練會要我打兩三個位置，因為我真的只想專注在一個先發位置上，」

魯斯在一九一九年球季開打前說，「我喜歡每天都上場比賽，而且我更喜歡壘上有人的時候可以上場狠狠用力地揮棒打球，沒什麼比這更讓我開心的了。」

魯斯堅持這不單純只是因為他喜歡打擊而已，而是他不認為人體可以承擔投球和打擊所造成的體能負擔。

「我不認為一個人可以盡到他輪值先發投手的職責，然後又在另外的每一場比賽中以其他位置上場比賽，而且還要一整年都維持這樣的工作量，」魯斯在一九一八年時這樣說，「今年球季也許我做得到，不會感覺到什麼，但那只是因為我還年輕，也不介意這樣的工作量，但我沒辦法保證我能這樣做多久。」

所以魯斯真的沒這樣繼續下去多久，在洋基隊獲得魯斯之後，他們在那十五年間只讓魯斯上場投了五次球，其中三次還是在一開始的前兩年，另外兩次則分別是在一九三〇年和一九三三年的球季尾聲，而且都是在出戰紅襪隊的時候，「那看起來大概就是一種公關行銷的手法吧！」伍德說。

洋基隊不讓魯斯投球最主要的原因，就是他們發現他在打擊上對球隊的價值更高，現代數據統計用ERA+和OPS+來評鑑一位選手與同儕相比的表現好壞，而評分的基準點一百分就是所有選手成績的平均值。從一九一四年到一九一九年，在紅襪隊擔任投手的一百五十八場比賽中，魯斯的ERA+是一百二十五，這表示他的成績表現比所有投手的平均值高過百分之二十

P. 41

五；而在紅襪隊時的一千三百三十二次上場打擊中，魯斯的OPS+是一百九十。魯斯在加入洋基隊之後專心打擊，這讓他的OPS+上升到高達二百零九；數字顯示當時或許有一些投手的成績足以和魯斯一拚高下，但完全沒有任何打者可以有像他一樣的打擊威力。

＊　＊　＊

貝比．魯斯在投了幾年球之後才棄投從打，成為一位專職的打者，而大谷則是幾乎在一加入火腿隊之後，就以投打二刀流的方式出賽；他在二〇一三年新人球季的開幕戰中是以右外野手的身分出賽，有兩支安打和一分打點的表現。在那之後，球隊安排他早上和就在附近的二軍球隊進行投球訓練，晚上則是在火腿隊一軍的比賽中擔任外野手；打擊對他來說一點也不是問題，他在球季的前三十九次打數中就交出了三成〇七的打擊率。

到了五月二十三日，火腿隊終於準備好要讓他在一軍的比賽中上場投球了，他們在比賽前就大肆宣傳，甚至發給當天的現場觀眾一張觀賽證明，來認證這場具有歷史意義的比賽；大谷在這場對東京養樂多燕子隊的比賽中被擊出六支安打失去兩分，球賽以平手收場，他的表現也不是太精采，但是他還是在歷史上留下了一頁，因為上一位在高中畢業參加選秀之後的第一個球季就又投又打的選手，得要回溯的一九五一年的德永喜久夫（Kikuo Tokunaga）。

球季結束時大谷的投球成績是三勝〇敗，在十三場比賽六十一又三分之二局的投球中防禦率是四點二三；在打擊上，他在一百八十九次打數中的打擊率是兩成三八，其中包括三支全壘打和二十分的打點。球季中的幾次受傷多少影響了他的成績：四月中他因為腳踝扭傷而休息了幾個星期，後來某次賽前打擊練習時，在外野跑步的大谷又被一顆飛球擊中臉部，造成他的顴骨裂傷。傷勢或許造成了大谷的成績不如預期，但是球迷還是把他選進了明星隊；然而在新人王的票選中大谷落居第二，只獲得兩百三十三張選票中的四票，敗給了東北樂天金鷲隊戰績十五勝八敗、防禦率三點三四的則本昂大（Takahiro Norimoto）。

到了大谷的第二個球季，他已經進步到可以全程留在火腿隊一軍，再也不用每天早上去和二軍一起練球了，但是火腿隊還是必須讓他在投打之間找到平衡，才能避免他過度疲勞或是受傷；他在新人球季的七十七場比賽中有五十四場擔任外野手，剩下的場次則是擔任指定打擊或是上場代打，但是到了第二年的八十七場比賽中，他只有八場比賽上場擔任外野手。在外野守備「對他來說真的太累了，」《體育報知》的小谷說，「他完全遵循球隊的安排出賽，也沒有堅持自己一定要防守外野，因為那不是他的性格。」火腿隊唯一的堅持就是在他投球的前一天和後一天都讓他休息，後來固定在星期天上場投球就變成了一個定律，因為星期一在日本職棒剛好就是全聯盟的休息日。

這一年大谷又被選進了明星隊，而且在明星大賽中以時速一百零一英里的快速直球讓球迷驚嘆不已；在二〇一四年球季中，大谷完全展現出他投打兼備的能力，他在兩百一十二次打數中的打擊率是兩成七四，其中包括十支全壘打，而在一百五十五又三分之一局的投球中，他交出了十一勝四敗、防禦率二點六一的成績。在日本職棒歷史上，從來沒有選手曾經在同一個球季中同時拿下十勝並擊出十支全壘打，而在一九一八年的貝比．魯斯之後，美國職棒大聯盟也沒有人再達成過這樣的紀錄；可想而知，「日本的貝比．魯斯」就是這樣開始逐漸吸引更多美國職棒球隊的注意，二〇一四年底開始，更多的球探飛越了太平洋來親眼見證大谷，而那時他才只有二十歲。

那年球季結束後，大谷第一次有機會在大聯盟球員面前展示他的天賦，他被選進了全日本明星隊，在十一月迎戰前來訪問的美國職棒明星隊；大谷分別得到一次中繼和一次先發的機會，在先發投球的那場比賽，他主投四局三振了七位打者，雖然最後獲勝的大聯盟明星隊從他手上拿到了兩分非自責分，但勝負紀錄與大谷無關。

大谷的表現還是讓對手印象深刻，數年後會成為大谷隊友的洛杉磯天使隊投手麥特．舒梅克（Matt Shoemaker）當年就曾和他同場對戰；「我只記得一個二十歲的孩子一上來就丟一百英里，」舒梅克說，「大家都在討論這件事。」舒梅克還說，他記得現場球迷對每一球的反應，他們會因為球速超過時速一百六十一公里大聲歡呼，也會為了速度不夠而嘆息；現場並沒有什麼神奇標示去分辨時速一百六十和一百六十一公里的差別，但是球迷都清楚知道怎麼換算，總是在球速從時速九十九英里衝上一百英里時鼓掌叫好。

到了二〇一五年，大谷的投打能力開始往兩個相反的方向發展，以投手來說，他的表現越來越好，在二十二場比賽、一百六十又三分之二局的投球中交出了十五勝五敗的戰績，防禦率是二點二四；他只被擊出一百支安打，但是卻三振了一百九十六位打者，這是主宰對手的表現，而他才剛滿二十一歲而已。他被選為明星賽的先發投手，在球季結束後也被選為最佳九人中的最佳投手，但是他的打擊卻開了倒車；這是他專心擔任指定打擊的一年，而在一百零九次打數中，他的打擊率只有兩成〇二，全壘打也只有五支。

二〇一五年冬天，火腿隊邀請了前火腿隊投手，也是少年大谷的偶像達比修有來和幾位球員一起訓練，這其中當然也包括了大谷。達比修在二〇一二年加入美國職棒大聯盟的時候，大谷還在高中的最後一年；達比修在大聯盟一開始就表現優異，加入德州遊騎兵隊的前三年都入選了明星隊，但是那年冬天他因為接受了湯米．約翰手肘重建手術而必須進行復健，一般的復健時間是十二到十八個月。在這段期間，達比修教導了大谷營養和體能訓練的重要性，讓他在休賽季一口氣增加了二十英磅（九公斤）的肌肉；同時大谷也改變了自己的訓練方式，他減少了重量訓練，但更加重視爆發力，他把糖從飲食中完全移除，並且開始以糙米取代白米。在採用了這個新的、被達比修激發的訓練方式大概一年之後，大谷說自己「學到很多關於飲食種類和飲食時間的知識，這是很大的挑戰，但是也非常重要，每年我都學到一些有趣的事，現在我的體重增加了，而且我覺得自己不管做什麼都更有力量。」

火腿隊在二〇一六年二月前往美國亞利桑那州進行春訓，大谷新的訓練方式和飲食習慣立刻就出現了成效；到美國本土去進行春訓對日本職棒球隊來說是非常難得的，而這也給了大聯盟球探一個近距離檢視大谷的最佳機會，大谷在打擊練習中頻頻揮擊，立刻就讓火腿隊的美國籍國際球探麥特・溫特斯（Matt Winters）注意到他的進步。「他比一年前看起來進步多了，」溫特斯說，「他的應變也好多了，他多打了兩輪的打擊練習，表現非常優秀，球探們看得下巴都掉下來了；前兩天大概有五十多個球探和球隊總經理來看他比賽，然後在他第二次打擊結束，下場休息之後，他們就一組五個五個的離開，到比賽結束時現場差不多只剩下三個球隊代表還在，誰都知道這些人是來幹嘛的。」

當二〇一六年球季開始後，大谷交出了他加盟火腿隊以來表現最好的一年，身為投手，他的表現就跟前一年一樣全面壓制對手，即使因為水泡的困擾而錯過兩個月的比賽，他還是累積了十勝四敗的戰績，還有一點八六的防禦率；大谷一共投了一百四十局，只被擊出八十九支安打，但是三振了一百七十四位打者，然而真正大幅進步的卻是他的打擊。大谷把他的打擊率提高到了三成二二，足足進步了一成，而且還在三百二十三次的打數中擊出二十二支全壘打；他強大的威脅性常常逼得對手不得不在配球上避開與他對決，這讓他一共被保送了五十四次（在他的前三個球季、一共五百五十七次的打席中，他只被保送過四十一次）。火腿隊開始選擇偶爾放棄使用指定打擊，讓大谷可以在先發投球的時候也上場打擊。

大谷帶領火腿隊拿下日本職棒的總冠軍，並在球季末一場關鍵比賽中以一安打完封、十五次三振的表現擊敗了埼玉西武獅隊。

中繼投手克里斯・馬丁（Chris Martin）是二〇一六年火腿隊的成員之一，後來他回到美國，在德州遊騎兵隊和亞特蘭大勇士隊中都有過不錯的表現；他最記得大谷在比賽過程中大多看起來輕鬆自在，但是在緊要關頭卻又可以立刻提升戰力。「我覺得當他進入狀況的時候，看他打球真的是一件很厲害、很賞心悅目的事，」馬丁說，「我認為他有時會想要做一些新的嘗試，然後如果碰上麻煩，你就會看到他全力以赴，那種時候對對手來說根本不公平，但是我們看起來很過癮。」

美籍內野手布蘭登・雷爾德也是在二〇一六年加入火腿隊的，他同樣對大谷在比賽重要時刻的優異表現印象深刻。「他在聯盟冠軍戰上場關門，帶領我們打進了日本大賽，」雷爾德說，「他超激動的，把球速催到了一百六十五公里（一百零二英里），他的變化球只能用噁心來形容，只要他一把開關打開，你拿他一點辦法也沒有。」

大谷的打擊表現，包括那些飛往球場各個方向的全壘打，也成了傳奇事蹟；二〇一六年十一月在一場日本出戰荷蘭的經典賽自辦熱身賽中，大谷擊出一支消失在東京巨蛋屋頂的特大高飛球，儘管場地規則判定大谷在紀錄上是擊出一支二壘安打，但有人預估如果沒有屋頂阻擋，那一球可能會飛到五百二十五英尺之外，那段影片也立刻在YouTube上廣為流傳。

大谷在球場上的優異表現讓他越來越出名，他本來就因為球技和獨特的投打二刀流引人注目，而老實說，他的長相也讓他受到年輕女性的歡迎，所以到了二〇一六年，他的知名度突然有了爆炸性的成長。「他出現在每一個看板上，每一個火車車廂，每一個廣告，」雷爾德有一年冬天回到美國時說，「他在那邊是個超級巨星，如果我們到客場比賽，他往外面一站，就會被層層包圍；如果他出門去逛逛，會有幾英里長的人群跟在後面，我還看過年輕女孩因為見到大谷就情緒激動，甚至還哭出聲來。」

但是大谷還是把自己當成一個無名的野球少年，滿腦子想著的都只有棒球；不算進廣告代言，他的年薪已經高達兩百萬美元[5]，但他還是每個月只靠母親發的一千美元[6]生活費過活。他依然住在球隊提供的宿舍裡，就像是個大學生，如果想要出門的話，還要先得到栗山總教練或是球隊高層的允許；這是日本職棒年輕球員的生活方式，但是大明星或是資深球員通常都會搬往更舒適的居住環境，只有大谷是個例外。

大谷想要一切越簡單越好，所以他幾乎把所有時間都花在球場和宿舍裡；日本媒體傾盡全力跟著他想要挖出醜聞，或是探索球場外的大谷到底會是個怎麼樣的人，結果他們什麼都找不

---

5 二〇一六年合約薪資為兩億日圓，此為原作者以當時匯率所換算之美元數字。

6 媒體報導大谷當時每月的生活費為一萬日圓，以當時匯率約為一千美元。

到。「如果他真的偷偷在搞什麼鬼，一定早就被發現了，《日本時報》的傑森．考斯克利（Jason Coskrey）說，「一點醜聞都沒有，一點爭議都沒有，他就是一個普通的不得了的孩子——謙虛、溫和、腳踏實地，性格沉穩。」

球場外的大谷生活簡單安定，但球場上他的職棒生涯正在快速起飛；大聯盟球探們早已全員集合，一位大聯盟高階主管甚至在二〇一六年球季之後就直說大谷是「全世界最棒的棒球員」。資深日本棒球記者永塚和志（Kazushi Nagatsuka）說：「我會說他肯定是我見過最厲害的球員，每次你看到大谷，他就讓你覺得他可能又會做出一些你從沒看過的事，你沒辦法把他跟達比修、一朗、野茂，或是誰做比較，這對那些球員不公平，因為大谷的表現是無人能及的。」

當然，這些事都讓人不得不討論到大谷遲早會前往美國挑戰大聯盟。通常在合約限制下，職棒球員都必須在日本打滿九年，但是火腿隊很早就說過只要大谷提議，他們會願意讓他透過入札制度提早離開；這是美日兩國職棒聯盟之間所簽屬的協議，只要美國球隊願意支付兩千萬美元的費用給日本球隊，大谷就可以提前脫離日本職棒的合約限制。

在二〇一六年精彩的球季之後，大谷的身價正在最高檔，但他卻決定要多留在日本一年；「我覺得我還沒做好去MLB的準備——那時還沒，」他在當年冬天回憶著說，「去年我們贏了，但是我不覺得自己是個勝利者，我不覺得自己準備好了，很難解釋，也不是說我還有什麼沒達成的成就，就只是一種感覺而已，我想等時間到了，我自己就會知道。」

在贏得二〇一六年的年度最有價值球員獎一個星期之後，大谷就同意以兩百三十七萬美元[7]的薪資重返火腿隊再打一年，他也告訴球隊說，他可能會決定在二〇一八年就前往美國。「對於什麼時候要走，我真的沒有什麼衡量的標準，我只是告訴球隊在未來這一年說不定我就會有這樣的想法；但是最重要的還是這一年我會先把自己百分之百奉獻給球隊，讓球隊再一次成為全日本第一，我會把自己的靈魂都投入進去。」

即使大谷已經決定暫時先留在日本一年，大家還是對他即將有機會與大聯盟選手對決感到期待。由美國職棒大聯盟所主辦的WBC世界棒球經典賽在二〇一七年三月登場，這項四年一度的比賽讓世界各地的棒球高手齊聚一堂，連大聯盟選手都會暫時離開球隊，換上自己國家的球衣為國一戰；大谷清楚記得二〇〇六年時在電視上看到鈴木一朗帶領日本國家隊拿下第一屆的經典賽冠軍，後來先後加入大聯盟球隊的前田健太（Kenta Maeda）和田中將大（Masahiro Tanaka），也是二〇一三年經典賽日本國家代表隊的成員。

那年冬天大谷仍然和達比修一起訓練，也希望自己可以參加二〇一七年的經典賽，但是他在十月的日本大賽中因為踩壘受傷之後，就一直被腳踝的傷勢困擾著；最後日本隊終於在比賽開打前一個星期宣布將大谷換掉，這不只是讓大谷，也讓許多期待要看到他與世界各國選手對決的球

7　二〇一七年合約薪資為兩億七千萬日圓，此為原作者以當時匯率所換算之美元數字。

迷感到失望不已。「我對於沒有辦法在經典賽出賽感到很遺憾，」大谷說，「我本來以為在我的努力之下傷勢可以及時恢復，但是我沒做到。」

於是大谷只好專心準備即將到來的球季，但即使在球季開打之後，傷勢還是對他的表現造成了影響；他沒辦法像過去一樣又投又打，在球季一開始時即使是上場打擊，他也被交代不能全力奔跑。結果他還是在四月初因為想要全力衝刺拚出一支內野安打而拉傷了左大腿肌肉，他一直休息到六月才恢復比賽，而上場投球就是七月的事了。

沒辦法進入正常的比賽狀況，讓大谷陷入了半個球季的低潮，一直到夏天尾聲才慢慢恢復水準。「我不覺得我表現得有多好，我只能想辦法讓自己在每一場比賽都有進步，」大谷在一場八月份的比賽之後這樣說。

他確實必須做出一些調整，因為投手們也對他採取了不同的策略。許多長期觀察大谷的人都說，由於日本文化中對知名對手的尊重，長久以來日本投手幾乎從來不對大谷這樣的大明星投內角球，他們不希望因為冒險投出內角球挑戰大谷，而不小心擊中他，甚至讓他受傷；大谷靠著把外角球擊往反方向的全壘打牆外——這是他小時候為了避開球場右外野牆外的那條河所練就的技能——而讓對手吃盡苦頭，這也逼得投手們不得不做出調整。「他一直把球扛出左中外野的全壘打牆外，一點難度都沒有，於是對手只好開始猛攻他的內側，」大谷的美籍隊友安東尼．巴斯回憶著說，「他的手部速度太快了，他一發現對手開始投內角球，一轉身就把球拉到右外野看臺上去，應變速度非常的快。」

這樣子的應變能力在大聯盟球探的眼中是大大加分的，這些跨越半個地球過來看他打球的球探們，有些難免會懷疑他是否能應付大聯盟的投手，畢竟大聯盟的投球品質是遠遠勝過日本的；但是也有許多人相信他有足夠的應變能力去應付美國職棒，而這些想法在短短幾個月之後就受到了挑戰。

隨著球季持續進行，越來越多人猜測大谷已經決定要在二〇一八年前往大聯盟，但是大谷一直堅持自己還沒有做出決定；「我只想要盡我的全力打完這個球季，」他在球季尾聲時這樣回答。

由於在球季開始時受到傷勢限制，大谷一整年只投了二十五又三分之一局，在五場比賽中留下三勝二敗的戰績還有三點二〇的防禦率，但是他在六十五場比賽的兩百零二次打數中交出三成三二的打擊率，同時擊出八支全壘打。

對於大谷自己，以及對於那些從大谷還在高中時就開始注意他的大聯盟球探來說，這就夠了。

CHAPTER 03

前所未見的搶人大戰

在大谷翔平以五年的時間在日本職棒證明了他的天賦才能之後，該來的總是來了；就像他在前一年說的，大谷在二〇一七年十一月正式通知火腿隊，他希望結束彼此的合約關係，前往美國職棒迎接新的挑戰。

大谷與火腿隊高層在十一月十日花了半個小時討論他們的未來，對火腿隊來說，最後的決定一點也不痛苦；他們曾經把十八歲的大谷從大聯盟手中攔截下來，也承諾過會努力幫助大谷挑戰大聯盟，而在這五年以來，大谷也以球場上的表現證明他已經準備好了。在東京一間旅館召開的記者會上，火腿隊總教練栗山英樹告訴大家：「我們球團每一位成員都認同大谷的決定。」

沒有人懷疑大谷是否已經有足夠的能力前往美國打球，但是數字上的問題卻讓這個決定有些複雜；大約一年以前，大聯盟更改了國際球員的簽約規定，將自由球員簽約的年紀限制從二十三歲提高到了二十五歲。在二〇一七年球季結束時才剛滿二十三歲的大谷如果願意在日本多打兩年，那等到二十五歲時，他極有可能可以拿到超過兩億美元的合約，但是現在的他最多只能獲得不超過五百萬美元的簽約金。

「對我自己來說，我一點都不在意金額的差異，」大谷在幾個月前、還沒有做出決定是否要前往美國時就曾經說過，「但是這不只是我個人的問題……這是一個很艱難的決定——我會是第一個在這個系統之下、依照這些新規定前往美國的球員，這會影響到所有正在日本打球的球員，我不能只考慮到我自己。」

然而在那場二〇一七年十一月與火腿隊高層的會議中，大谷終究還是把對薪資和規則先例的顧慮都先擱下了；他對自己立下的終極目標一直都是想要成為全世界最棒的棒球員，而他也知道要達到這個目標唯一的方法，就是把自己放到那個最高等級的競爭環境裡，他在日本已經無法再進步了。

除此之外，大谷在日本的廣告代言收入應該會因為他前往大聯盟而增加，足以彌補他初到美國時的薪資收入；洛杉磯一位專門為運動員爭取廣告代言的經紀人哈林・華爾納（Harlan Werner）就認為，大谷的明星身分有可能讓他在棒球薪資之外獲得更可觀的代言收入。「這是一個非常非常特殊，可以說是獨一無二的狀況，」華爾納說大谷可望成為第一個光靠代言就賺進千萬美元的棒球員，「甚至成為第一個廣告年收入兩千萬美元的球員都有可能，只要他是真的名不虛傳。」

大谷迫不及待想證明自己名實相符，他一直都想成為全世界最棒的球員之一，而前往大聯盟就是他必須踏出的第一步。「我還不是一個完整的球員，所以我想要到一個能夠讓我繼續進步的環境，」大谷在火腿隊宣布同意讓他離開之後的第二天，在記者會上說，「我現在的想法就和我高中畢業時一模一樣，這也是為什麼我現在就要走。」

大谷已經準備好了，但是這條從日本到美國的路並不是那麼平坦；除了受到年紀所影響的薪資之外，這些已經演化了五十多年的相關規定，最近又有了一些新的改變。

村上雅則（Masanori Murakami）是第一位在美國職棒大聯盟出賽的日本球員，當時是一九六四年，南海鷹隊把這位二十一歲的左投手送往了舊金山巨人隊；這在當時是前所未有的事，但球隊的目的只是希望他能在更好的競爭環境中有所成長。一句英文都不會說、也沒有隨身翻譯的村上在美國表現優異，第一年就被從小聯盟升上巨人隊的大聯盟球隊，並在九次的後援出賽中只有一點八〇的防禦率；這樣的表現足以讓巨人隊想要將他留下，但南海鷹隊也已決定將他召回，於是兩個聯盟在經過數個月的交涉之後終於決定，讓村上再為巨人隊出賽一年，並在一九六五年球季結束之後就返回日本。

在那之後，兩個聯盟同意將不會再片面簽下對方的球員，如果日本職棒球隊同意轉讓任何球員的合約，那該球員就可以前往美國，沒有合約在身的自由球員也可以自由轉換聯盟；許多美國球員開始前往日本賺取更高的薪資待遇，這是他們在美國所得不到的，但是在村上之後的三十年間，卻再也沒有日本球員前往美國。日本職棒規定選手必須先在國內打滿九年之後，才能成為自由球員，而大部份的球員都在這九年之內度過職業生涯的高峰，再也無法吸引大聯盟球隊的青睞。

右投手野茂英雄（Hideo Nomo）在一九九四年找到了一個規則中的漏洞，在打滿五個球季之後，才二十六歲的野茂就正式宣布從日本職棒退休，這讓他立刻成為自由球員，並且順利與洛杉磯道奇隊在第二年的二月簽下合約；野茂在一九九五年贏得新人王，並且在美國職棒大聯盟投了十二年，參加過一次明星賽，還投出過兩場無安打比賽。兩年之後，聖地牙哥教士隊向千葉羅德海洋隊買下了右投手伊良部秀輝（Hideki Irabu）的合約，但伊良部完全不想加入教士隊，他說他只願意加入最強也最有名的紐約洋基隊；於是教士隊只好將他交易給洋基隊，而洋基隊也立刻與伊良部簽下一份一千兩百八十萬的四年合約。差不多就在同一時間，多明尼加籍的內野手艾方索・索利安諾（Alfonso Soriano）也企圖利用野茂所找出的漏洞來逃脫他與廣島東洋鯉魚隊之間的合約，但他的片面宣布退休卻遭到了鯉魚隊的否決，因為日本職棒在野茂之後就修改過相關規定，填上了那個漏洞；然而美國職棒大聯盟當時的會長巴德・席利格（Bud Selig）卻宣布這些新的規則更改並沒有被大聯盟認可過，因此美國球隊可以自由與索利安諾簽約，而他最後也加入了洋基隊。

在這三個引起爭議的事件之後，美日兩個聯盟協商出了一個更公平一點的轉隊方式，讓日本球員可以離開日本加入美國職棒大聯盟，也就是所謂的入札制度：如果一位日本球員想要在打滿九年之前就前往大聯盟，他的球隊可以選擇讓美國職棒球隊來競標，而出價最高的球隊就必須付出這筆等同於轉隊費的入札金給日本球員的原始球隊；除此之外，大聯盟球隊必須在規定的限期之內與這位球員達成合約協議，如果雙方無法完成簽約，這筆入札金就必須退還。

第一位透過全新入札制度前往大聯盟的是外野手鈴木一朗，西雅圖水手隊付出了一千三百一十二萬五千美元的入札金給歐力士藍浪隊，然後與一朗簽下了一份一千四百萬美元的三年合約；一朗在一開始的二〇〇一年就贏得了新人王以及最有價值球員獎，之後的職棒生涯更在大聯盟一共累積了超過三千支的安打。

這些年來，數十位球員陸續透過入札制度離開日本加入美國職棒，入札金的額度也節節高升；波士頓紅襪隊在二〇〇六年為了松坂大輔（Daisuke Matsuzaka）付出了五千一百一十萬美元，德州遊騎兵隊也在二〇一一年為了達比修有付出了五千一百七十萬美元。這些持續升高的入札金逼得大聯盟在二〇一二年與日本職棒協商取消競標制度，而改為由日本球隊自行訂出一個不超過兩千萬美元的入札金額，然後讓願意接受這個金額的美國球隊自行與球員討論合約，如果球員選擇加入美國球隊，那該球隊就必須付出這筆入札金給原來的日本球隊。

當大谷在二〇一七年宣布要離開日本職棒時，這個版本的入札制度即將到期，而在大谷宣布之後大約三個星期，美日兩個職棒聯盟就宣布了新的入札制度將以球員的薪資來決定入札金的高低，但會等到二〇一八年的冬季才開始實施，所以火腿隊仍然可以依據舊制，以大谷換取高達兩千萬美元的入札金。對想要爭取大谷的美國球隊來說，這筆入札金就是最重大的投資了，因為相較之下由於大谷只有二十三歲，要付給他的薪水數字相當有限。

當松坂和達比修這樣的知名選手來到美國職棒時，入札金和合約薪資的額度都是沒有限制的，這也讓大聯盟裡一些收入來源較少的球隊完全無法與洋基隊和紅襪隊那樣的球隊競爭，但是在二〇一七年的大聯盟團體協約中，國際球員的身分認定做出了改變；在那之前，任何一位國外聯盟的球員只要滿了二十三歲，就會被認定為是職業球員，並且完全不受到任何限制，可以依照市場機制爭取最高的薪資合約。然而在新的團體協約之下，這個年齡規定被提高到了二十五歲，也就是說任何未滿二十五歲的外籍球員都會被認定是業餘球員；所以像大谷這樣一位二十三歲、已經在日本打滿了五年的超級巨星，在資格認定上就和一位剛滿十六歲的多明尼加業餘球員沒有任何差別。

對大谷薪資的另一個限制，就是國際業餘球員的簽約金額度也從原本的彈性上限變成了嚴格的硬性規定。根據每支球隊在前一年球季的最終戰績排名，美國職棒大聯盟會規定每支球隊所能花在國際業餘球員簽約金上的額度；過去球隊如果超過這個額度上限就會被聯盟處罰，除了超出的部份會被加徵稅金之外，未來的兩年之內單筆的簽約金也不得超過三十萬美元，但自二〇一七年起，球隊就再也不得超過聯盟所規定的額度。

這雙重的規則改變，加上大谷似乎深不可測的獨特天賦，讓他成為有史以來國際棒球界最被熱烈競逐的一位球員；最高的入札金就是兩千萬美元，這是任何球隊都可以負擔的數字，而大谷所能獲得的簽約金雖然每一隊各有不同，但最高也不過就是三百五十萬美元左右，而更重要的是，一旦簽約之後，大谷就會像任何一位新人一樣，在前三年只能賺取大聯盟的最低保障薪資，而且要到六年之後才有資格申請薪資仲裁。簡單的說，就是任何球隊現在都可能以完全不到市場正常價格的離譜低價，就簽下像大谷這樣一位明星等級的球員，一場前所未見的搶人大戰即將展開。

* * *

在火腿隊尚未正式宣布同意大谷離隊之前，大谷就已經為他可能面臨的轉隊事務尋求了專業協助；他雇用了在運動界和演藝圈最頂尖的創新藝人經紀公司（Creative Artists Agency），並由涅斯・巴雷洛（Nez Balelo）擔任他的經紀人。巴雷洛曾是一位小聯盟球員，他在二〇〇三年成為經紀人，並且快速成為業界的一位頂尖人物，曾經協助過的大聯盟明星包括有萊恩・布勞恩（Ryan Braun）、巴士德・波西（Buster Posey）、艾頓・瓊斯（Adam Jones），以及安德烈・伊席爾（Andre Ethier）等人；他同時也代表過日籍選手青木宣親（Nori Aoki），還有差不多十年前選擇跳過日本職棒直接與波士頓紅襪隊簽約的投手田澤純一。

巴雷洛在大谷尚未被正式開放競標，也還沒離開日本之前，就先展開了他的準備工作；由於各球隊不能單靠簽約金高低來吸引大谷，於是巴雷洛寄給全聯盟三十支球隊一份類似問卷調查的備忘錄，希望每一隊都能以專案報告的方式介紹自己與其他二十九支球隊有什麼不同，讓大谷可以一一做出篩檢。美聯社取得了一份備忘錄，並揭露問卷調查的題目包括「請分別對投手大谷以及打者大谷做出評價；請詳細介紹貴隊的選手培育計畫、醫療防護訓練、對選手成績的評估理念及訓練設施；請詳細介紹貴隊的小聯盟與春訓基地設施；請詳細描述貴隊將會投入何種資源來幫助大谷適應貴城市的生活文化；請詳細說明對大谷加入球隊之後的願景；並請告訴大谷為什麼貴隊是最適合他加入的團隊」等等，而球隊必須以英文和日文雙語回覆。這份備忘錄在感恩節前夕送到大聯盟各隊手上，這使得他們必須在這個美國人最大的節日趕工寫作業，眼睜睜看著其他人返鄉團圓、快樂的享受著火雞大餐和黑色星期五的年度大特價。

但是洛杉磯天使隊的總經理比利．艾普勒（Billy Eppler）早就準備好了，這些招數他一點都不覺得陌生，當年紐約洋基隊簽下田中將大的時候，他就是球隊的助理總經理；他對大谷和日本的棒球界都相當熟悉，每年都飛去日本看球員，其中有三次是特別為了大谷去的，他清楚記得每一次的旅程。「你一定會記得那些讓你『哇！』一聲叫出來的亮點或是事件，」艾普勒說，「大谷就是會讓你『哇！』的一聲叫出來。」但是沒有人把天使隊當一回事，因為以大谷的選擇來說，洋基隊、水手隊、道奇隊都是比較有名聲、讓日本選手比較熟悉，也與日本職棒擁有長久合作歷史的球隊；艾普勒並沒有受到影響，也對大谷的天賦充滿信心，他要全力爭取大谷加盟。當巴雷洛一提出專案報告的要求，天使隊行政團隊立刻就「全員到齊」，以最快的速度整理出所有的相關資料，幾位原本已經出城返鄉過節的團隊成員也立刻被召回位在安納罕市（Anaheim）的球場辦公室，要在那個周末火力全開完成那份專案報告。「大概是半夜三四點了吧？我們還在那邊準備，」艾普勒說，「我猜其他球隊大概也都是這樣。」艾普勒和他的團隊互相傳遞著各種資料，不停的檢查、修正、編輯，然後再交給球隊的按摩治療師寺田庸一（Yoichi Terada）把所有資料全都翻譯成日文，他們還準備了一支十三分鐘長的影片，希望如果他們能與大谷會面時，能播放給他看；艾普勒說自己在那整個感恩節周末大概只睡了三個半小時，最後終於在十一月二十七日星期一早上將完成的專案報告送到了創新藝人經紀公司。艾普勒說經紀公司其實給了所有球隊一個星期去回答所有的問題，但是他認為「當然是越快越好，也越有優勢。」

全部結算下來，為了吸引大谷加盟，大聯盟三十隊中有二十七隊都交出了他們的專案報告，其中的一個例外是亞特蘭大勇士隊，因為他們剛剛才因為嚴重違反了聯盟的國際球員簽約規定而被處罰；勇士隊的總經理約翰·柯普雷拉（John Coppolella）被終身禁賽，球隊也損失了十二位違規簽下合約的小聯盟球員。這些嚴重的處罰就像是一道陰影籠罩在大谷的合約協商之上，任何球隊都知道，如果有人企圖想要找出什麼漏洞來多給大谷一些額外的薪資條件，最後的結果肯定一樣會遭到聯盟的重罰。

雖然簽約金很明顯不是大谷考慮的重點，但球隊大多還是會努力在有限的空間裡製造出更高的額度來讓自己比競爭對手更吸引人。大聯盟對球隊所能花費在國際球員身上的簽約金總額有一定的限制，數字從四百七十五萬到五百七十五萬不等，依據前一年的戰績紀錄決定，戰績排名越差的簽約金總額越高；每年國際球員的簽約期限從七月二日開始，所以到了十一月時，很多球隊早已將大部份的簽約金給用完了，這其中還包括十二隊因為之前的簽約金花費超額，而被限制該年度花在單一球員身上的簽約金不得超過三十萬美元。當聯盟開始讓各隊競標大谷時，德州遊騎兵隊所剩餘的三百五十三萬五千美元簽約金額度是全聯盟最高的，洋基隊也有超過三百萬美元的額度，天使隊只剩下大約十萬美元，是額度最低的球隊之一；這也是為什麼許多人都認為天使隊根本不可能簽下大谷。

然而大聯盟的規則允許球隊以交易的方式來獲取額外的國際球員簽約金額度，這種交易跟實際的金錢無關，只是單純將可以使用的簽約金額度由一隊轉讓給另一隊而已，來換取一些補償而已。舉例來說，當時勇士隊還有一百二十一萬美元的簽約金額度，但是因為之前違規所受到的處罰，這個額度他們根本無法使用，他們還有一位二〇一七年表現令人失望的牛棚投手吉姆．強森（Jim Johnson），在二〇一八年還有四百五十萬美元的保障合約薪資；於是在十一月三十日，也就是天使隊完成了大谷專案報告檔案的幾天之後，天使隊就與勇士隊完成了交易，不但承接了強森的合約，也獲得了勇士隊的國際球員簽約金額度，而勇士隊則從天使隊手中獲得了一位評價普通的小聯盟投手賈斯汀·凱利（Justin Kelly）。這筆交易正式把天使隊推進了大谷爭奪戰的中心，「我們換取這個額度的目的就是要競逐大谷，讓他願意加入我們球隊，」艾普勒在完成交易的當天就這樣說，這也是他第一次公開宣布天使隊確實想要簽下大谷。

雖然天使隊可以付出的簽約金額度仍然只有大約遊騎兵隊和洋基隊的三分之一，但他們已經進入了領先群，更甩開了那些單筆上限只有三十萬美元的球隊；「這讓我們在競爭對手中稍微顯眼了一點，讓我們球隊和我們的簽約金數字都名列前茅，」艾普勒說。

總而言之，為了能坐上談判桌，天使隊付出了一個低層級的新人球員並承接了一份四百五十萬美元的合約，也準備了一份詳盡的專案報告，他們甚至還製作了一部精美的影片，但是現在他們只能等。

十一月二十九日，也就是天使隊完成專案報告的兩天之後，大谷飛抵了洛杉磯國際機場，現場大概有十幾位日本媒體記者等著他；《體育日本》（*Sports Nippon*）是第一個發布大谷行程的媒體，該報派駐在洛杉磯的記者奧田秀樹和幾位同業在機場守候了好幾個小時等候大谷。對奧田來說這是家常便飯，田中將大從日本飛來洛杉磯的時候，他也一樣這樣等過，但是那一次日本記者們全都撲了個空；這次奧田注意到在國際航廈外面有一輛車牌號碼有著「〇一一」的加長型禮車在待命，那是大谷在火腿隊時的球衣背號，奧田的直覺告訴他那就是要來接大谷的車，果然沒有多久，大谷就在幾位工作人員的陪同之下現身。日本記者不停的拍照，但是大谷沒有回答任何問題就被快速帶走；奧田說接下來的一整個星期記者們到處搜尋大谷的身影，不管是駐紮在創新藝人經紀公司門外，還是密切注意著大谷可能會進行體檢的醫療中心，再也沒有任何媒體拍到過大谷。

大谷、巴雷洛、還有其他的經紀公司職員有太多的資料要審查，在那一個星期裡他們必須看完二十七支球隊所送來的專案報告；與每一隊都見面會談是不切實際的，他們希望透過檢視這些專案報告來做挑選，決定出一個合理的會面名單。同時在程序上，他們必須等到十二月一日星期五，大聯盟的球團老闆正式認證了新的入札制度之後，大谷的入札申請才算是正式啟動；在那之後，大谷會有二十一天的時間來決定他要加入哪一支球隊。

在此同時，由於大谷與巴雷洛都對他們的評選條件秘而不宣，棒球媒體因而開始有了種不同的猜測；有人認為大谷會因為靠近日本而選擇位在美國西岸的球隊，也有人認為大谷會選擇一支沒有其他日本球員的隊伍，因為他會想要走出自己的路，更不想搶走前輩的光芒。大家都認為投打二刀流會是他的堅持，因此他也必須考慮國家聯盟和美國聯盟不同的比賽制度[8]。大谷在日本職棒的第二年球季就停止以外野手的身分出賽，上場打擊時都是擔任指定打擊，如果他選擇加入沒有指定打擊制度的國家聯盟，那在沒有上場投球的時候，他就必須上場防守才能打擊，他會願意這樣做嗎？他還能防守外野嗎？他有可能嘗試防守一壘，這個他從未在日本站過的防守位置嗎？當時甚至還有人猜測，某支國家聯盟球隊可能提議規劃大谷成為全職的外野手，並讓他擔任終結投手；而薪資問題也持續引起討論，那些只能付出三十萬美元簽約金的球隊，要怎麼跟有三百萬美元簽約金額度的球隊競爭？但最重要的是，專家都認為不管金額多少，對大谷來說都不重要，如果他要的是錢，他大可以等到他二十五歲時再挑戰大聯盟。

結果大谷團隊並沒有浪費太多時間，在十二月三日星期天，也就是大谷被大聯盟正式宣告以入札制度開放競標的四十八小時之後，所有球隊就被告知了是否通過第一階段的挑選結果，這距離大谷抵達洛杉磯國際機場還不到一個星期。第一個公開發言的是紐約洋基隊的總經理布萊恩·凱許曼（Brian Cashman），當時他正參加一個聖誕慶祝活動，他告訴媒體記者說已接獲通知，說洋基隊已被大谷給婉拒；這則消息震驚了棒球界，因為洋基隊一直被認為是最有機會能簽下大谷的球隊之一，而他們居然在第一輪就被排除了，凱許曼說他的理解是大谷想要在西岸落腳，並參加一隻小市場的球隊，而洋基隊當然兩者都不是。這讓全美國的棒球記者都開始詢問自己固定報導的球隊，想知道球隊是否已接獲大谷團隊的通知；一個接著一個，後續的訊息也陸續浮現，很

---

8 在此指當時國家聯盟投手必須上場打擊的規則，若在輪到投手打擊時更換代打，則該名投手也同時被更換下場，無法繼續在後續比賽中投球，美國聯盟則有指定打擊制度，比賽時由一位無須上場守備的選手代替投手打擊；一般推測由於指定打擊制度可讓大谷在沒投球的時候也以指定打擊的身分出賽，因此大谷會傾向選擇美國聯盟的球隊。國家聯盟於二〇二二年球季開始採用與美國聯盟相同的指定打擊制度，投手必須上場打擊的規定自此走入歷史。

快的大家就知道誰通過了第一輪，被淘汰的球隊又是哪些。

不到二十四個小時，七支隊伍的名單就已被確認：天使隊、洛杉磯道奇隊、聖地牙哥教士隊、舊金山巨人隊、西雅圖水手隊、德州遊騎兵隊，以及芝加哥小熊隊，而這又引發了新的一輪、對大谷篩選決定的深入分析。正如預期，這份名單和簽約金的多寡沒有任何關係，掌握了高達三百萬美元簽約金額度的洋基隊被淘汰了，而名單中的道奇隊、巨人隊、小熊隊和教士隊都只能付出三十萬美元的簽約金；西岸六支球隊中有五支入選，只有奧克蘭運動家隊被刷掉，而不算是在西岸的遊騎兵隊和小熊隊也沒被排除。「避開已經擁有日本球員的球隊」看來也不是個多重要的條件，因為擁有鈴木一朗的水手隊和擁有前田健太的道奇隊都通過了篩選；這份名單也不光只是美國聯盟的球隊而已，所以這表示大谷應該也願意考慮以野手的身分出賽，或是就乾脆轉為一個全職的投手。這七支球隊唯一的共通點，就是他們的春訓基地全都在亞利桑那而不在佛羅里達；大谷曾經兩度與火腿隊到亞利桑那春訓，那是一個他熟悉的地方。

整個棒球界都在猜測大谷比較喜歡哪一隊，而他的經紀團隊則已經快速的訂好了與球隊會面的時間表，艾普勒說他是在星期天收到通知，天使隊在第二天可以和大谷會談兩個小時；當時他不知道的是，大谷在星期一安排了三場會談，星期二也是三場，然後最後一場在星期三。倉促的準備時間使得艾普勒和天使隊又必須開夜車，考慮到會面時間有限，又必須因為翻譯而有所延遲，艾普勒決定花十五分鐘的時間播放拍攝好的影片給大谷看，剩下的時間就用來一一說明準備好的專案報告；他們在天使球場的辦公室「彩排」，模擬大谷可能會有的反應，也再三確認他們的訊息一致，也能夠回答大谷的任何疑問。

其他六隊毫無疑問的也都忙著做同樣的準備工作，有些球隊甚至急著召回明星球員來勸說大谷，道奇隊王牌投手克雷頓．柯蕭（Clayton Kershaw）在他的結婚紀念日從德州飛來洛杉磯，明星三壘手賈斯汀．透納（Justin Turner）甚至正在準備自己的結婚典禮，也放下一切回到球場；小熊隊的球員代表是畢業自常春藤名校的凱爾．韓德瑞克斯（Kyle Hendricks），因為他們認為韓德瑞克斯的智慧可以讓對大聯盟充滿好奇的大谷產生共鳴，他們也對大谷展示了球隊所使用的虛擬實境科技，希望能引起他的興趣。

大部份球隊的會談狀況都差不多，他們向大谷陳述自己球隊的特色和優點，而大谷這方面則是聆聽居多；然而最少有兩支球隊在會談之後認為，大谷很明顯的比較偏好美國聯盟，因為他可以擔任指定打擊，不需要上場在外野或是在一壘守備。「以他的出賽方式來看，指定打擊當然比防守外野容易得多，而且他自己也向我們招認，說他很少上場防守，」舊金山巨人隊的總教練布魯斯．波奇（Bruce Bochy）在幾個月後回憶說。柯蕭就說得更直率了，在會談結束的幾個月之後，柯蕭說當時的會談根本就是「超級浪費時間」，他還補充說，「真的清楚感覺到他早就決定要當個指定打擊，我有點生氣，因為他的經紀人讓我們浪費了許多時間與努力，他們根本應該一開始就先把國家聯盟的十五支球隊給排除掉。」但是巴雷洛否認大谷在會談之前就已經淘汰了國家聯盟的球隊，道奇隊的棒球事務總裁安德魯・佛萊德曼（Andrew Friedman）則說，他在會談之前就知道對方的困難，「是我們該讓他對國家聯盟產生興趣，」佛萊德曼說，「我們從一開始就知道這會是一個艱難的挑戰，但所有的付出都是值得的。」

天使隊沒有這樣的問題，艾普勒也知道他們有一些優勢：天使隊是美國聯盟的球隊、洛杉磯是一個有著大量日裔人口的城市、而大谷會有機會與全世界最佳的棒球選手麥克・楚奧特（Mike Trout）成為隊友。天使隊當然希望他們二十六歲的超級巨星楚奧特可以和大谷見面，但是楚奧特已經回到紐澤西州，正準備要在那個周末舉行結婚典禮；天使隊在與大谷會面時用了FaceTime和楚奧特取得聯繫，由他親自向大谷描述在天使隊打球是多麼快樂的一件事。艾普勒說與大谷的會談大概只進行了九十分鐘，首先由球團老闆阿提・莫里諾（Arte Moreno）致了歡迎詞，接著總教練麥克・梭夏（Mike Scioscia）說了幾個自嘲的笑話，這讓大谷忍不住笑了出聲，剩餘時間則是由艾普勒主導大部份的說明；他說當會談結束離開經紀公司時，他與同仁都對最後的結果感到審慎樂觀。

水手隊在第二天與大谷會面，他們也是最後七強中的熱門隊伍，因為他們同樣是美國聯盟球隊、同樣位在一個擁有大量日裔人口的城市，而且他們還有鈴木一朗；水手隊所能付出的一百五十五萬美元簽約金額度，在剩下的這七隊當中也是第二高的。在水手隊與大谷會面之後，第二天他們和天使隊就分別與明尼蘇達雙城隊完成了交易，各自都換來了額外的一百萬美元簽約金額度；天使隊的簽約金額度因此上升到兩百三十一萬五千美元，而水手隊的簽約金額度則上升到了兩百五十五萬美元。再隔一天，水手隊又透過與邁阿密馬林魚隊的交易，收下了腳程飛快的二壘手迪伊．高登（Dee Gordon）以及又一個一百萬美元的簽約金額度；這讓他們可以剛好超越遊騎兵隊三百五十三萬五千美元的簽約金額度，正式取得領先。水手隊陣中已經有了羅賓遜．坎諾（Robinson Cano）這位明星二壘手，但他們送出了兩位頂級新秀換來高登，還要承接他價值三千八百萬美元的合約；外界認為這個看似並不合理的交易如果能讓他們以這多出來的一百萬簽下大谷，那一切就有意義了，但事後水手隊表示，競逐大谷只是交易的原因之一，另一個原因是他們當時想讓高登轉為中外野手。

當整個棒球界都看好水手隊似乎即將簽下大谷的時候，沒有多少人知道大谷其實正在悄悄前往天使隊所在的安納罕市；當媒體都在報導水手隊透過交易獲得高登時，巴雷洛已經撥了電話給艾普勒，告訴他說大谷想從位在洛杉磯的經紀公司沿著高速公路直達安納罕，去參觀一下天使球場。這個消息讓天使隊興奮不已，因為他們等於多得到了一次向大谷推銷自己的機會，但是擺在眼前的難題則是職業美式足球的費城老鷹隊當時正在天使球場練球；老鷹隊上個周末的比賽是在西雅圖，而由於這個周末的比賽對手就是洛杉磯公羊隊，老鷹隊不想在一個星期之內兩度橫跨美國大陸，於是就決定直接從西雅圖飛抵洛杉磯，並借用安納罕市的天使球場來練球。艾普勒知道大谷的行程絕對是最高機密，而整個天使球場滿是美式足球隊員、球隊工作人員、以及運動媒體記者；「一個六呎四吋的日本人是絕對會被發現的，」艾普勒後來說，「每個人都知道他在洛杉磯，我們瞞不了人的，我們只能先想辦法把他偷偷運進球場來。」等到老鷹隊下午五點半離開之後，大谷才能放心參觀整個球場；正值隆冬的球場狀態並不好，天使隊正趁著休兵期安裝全新的計分板，球場各處也正進行著多項維修，而原本的棒球場地也被暫時改成了美式足球場。與幾天前在經紀公司的專案報告時不同，艾普勒說這次的大谷問了許多問題，他們在球場待了好幾個小時，直到晚上才離開；事後巴雷洛在電話中告訴艾普勒說他不曉得大谷何時才會做出決定，距離入札制度的期限還有兩個星期，巴雷洛說大谷甚至有可能先飛回日本再慢慢考慮。

第二天是星期五，是天使隊第一次與大谷會面之後的第四天，也是他們送出那份專案報告之後的第十一天，艾普勒一如往常的出門上班；他在車上接到巴雷洛的電話，提醒他說大谷可能很快就會宣布決定，而且落選的球隊說不定會在經紀公司還來不及通知的情況之下，就先被媒體公布，艾普勒則向巴雷洛承諾，不管經紀公司怎麼處理他都不會介意。艾普勒的電話在他抵達辦公室之後不久又再響起，是巴雷洛；艾普勒說他當時覺得很困惑，不曉得為什麼巴雷洛又打回來，於是他轉進了他助理的辦公室把門關上，才把電話接起來。

「剛剛有件事我忘了跟你說，」艾普勒記得巴雷洛在電話的另一頭說。

「什麼事？」

「就是啊！大谷翔平想要當一個天使。」

「什麼?!」

「恭喜，你們贏了，他選了你們。」

艾普勒一下子說不出話來，他想坐下來緩口氣，結果想不到椅子在木質地板上向後滑開，讓他整個人跌坐在地上；他跌跌撞撞的站起來，剛好聽到巴雷洛在電話的另一頭對他喊著，「比利！比利！你要記得打給阿提。」巴雷洛提醒艾普勒趕緊通知天使隊的老闆阿提．莫里諾，因為經紀公司馬上就會發出新聞稿，這個消息一定立刻就會擴散出去。

創新藝人經紀公司以電子郵件的方式通知了部份洛杉磯及全國媒體，新聞立刻就經由推特（Twitter）轉發了出去，艾普勒甚至還來不及走出房間親自宣布這個消息，就已經可以聽到天使隊員工的歡呼聲；在美國的另一邊，幾位正要去參加楚奧特婚禮彩排的天使隊球員也忍不住慶祝了起來。

全世界在知道大谷選擇了天使隊之後，第一個想問的問題就是「為什麼?」但是在接下來的幾天、幾星期、甚至幾個月之內，始終沒有人能找出個清楚的答案；巴雷洛在一開始的新聞稿中說到大谷的選擇是因為「他覺得和天使隊有強烈的共鳴，也認為天使隊最能幫他達成他在大聯盟的目標。」巴雷洛還說，「雖然大家對於翔平的選擇條件一直有許多猜測，對他來說最重要的不是市場大小、什麼時區、還是哪個聯盟，而是他覺得與天使隊之間有一種連結，他認為這是可以讓他持續進步的環境，也最能幫他更上一層樓，完成他為職業生涯立下的目標。」

第二天，天使隊在天使球場戶外舉辦了公開的記者會，現場來了數百位球迷和幾十位來自南加州及日本的媒體記者；大谷坐在臺上，透過電視轉播稍微說明了他為什麼選擇了天使隊。「真的很難解釋，」大谷說，「在天使隊，我就覺得什麼都很合拍……真要分析起來的話，要考慮的因素很多很多，但我就感覺到我想要加入天使隊，這是我沒辦法用語言形容的。」

上一次大谷做出類似決定的時候是二〇一二年，當時十八歲的他必須決定要留在日本與火腿隊簽約，還是要直接跳過日本職棒去美國；那時他提到了火腿隊給他的「感覺」，他和他們有了共鳴，也相信火腿隊是真心為他好。上一次決定的成果是好的，他在日本的五年間成為了一個超級巨星，也讓他在大聯盟球隊的心目中更有價值。

雖然在大谷翔平抽抽樂一開始的時候，沒有多少人認為天使隊有太大機會，但是事後想想，這其實不該讓人覺得驚訝；美國聯盟的規則本來就比較適合大谷，而天使隊位在一個擁有大量日裔人口的西岸城市，更是一個加分條件。

更重要的是天使隊的艾普勒效應。

四十二歲的艾普勒從二十四歲時就開始當兼職球探，當時他的年薪只有五千美元，但是他靠著多看多聽、融會貫通了各種不同的聲音而一路向上爬升。現代職業棒球的高階主管不是曾經打過職棒，就是擁有經濟學、統計學，或是商業學的高等學位，而艾普勒兩者皆不是；他的棒球生涯在大學時期就因為肩膀受傷而終止，於是他轉而在一間房地產公司擔任金融分析師，但是對棒球的熱愛讓他願意從最底層開始，領著少得可憐的球探薪水、兼差幫花店送花、還得和母親同住。艾普勒花了十六年的時間，終於爬到了職業生涯的最高峰，他在二〇一五年十月被天使隊延攬，順利成為大聯盟三十位總經理之一；而且在加入天使隊不到幾個星期之後，就受到了大家的好評：「比利超級充滿活力，」前任天使隊棒球事務主任賈斯汀・霍蘭德（Justin Hollander）說，「他是個超正面的人，而且非常具有包容性，全棒球事務部的人整天都待在他的辦公室裡……他很讓人喜歡，而且非常平易近人。」

就是這樣的艾普勒——和善、積極、包容、開明——把大谷給吸引進了天使隊；在大谷宣布了決定之後，一位經紀人告訴棒球記者肯恩・羅森索（Ken Rosenthal）說，「這全是艾普勒的功勞，百分之百都是他，他從大谷還在高中時就盯著他，而且我跟你打賭，他的專案報告一定棒的不得了，他真的是大加分。」

艾普勒一直對這些讚美保持謙遜的態度，他認為是天使隊吸引了大谷，不是他個人；「他覺得這裡有家庭的感覺吧！」艾普勒說，「我知道他會想要成為這個家庭的一分子，很久很久。」

CHAPTER 04

祝福與詛咒

在二〇一七年十二月九日之前，大谷翔平對美國棒球迷來說幾乎就像是個虛幻人物，他們可能看過一些精彩片段，像是那支他把球打穿東京巨蛋屋頂的YouTube影片，或是幾段他接受美國媒體的訪問等等；但是大部份的人可能根本什麼都沒看過，因為他還沒穿上美國職棒大聯盟的球衣，他並沒有進入大部份球迷的意識之中。但是就在那個陽光普照的星期六下午，在南加州的安納罕市，大谷翔平正式成為了一位大聯盟球員；記者會就辦在天使球場入口處那兩頂經典的巨型球帽之間，大谷穿上了那件大紅色的天使隊球衣，球衣背號是和他高中時一樣的十七號。他對現場的球迷、還有太平洋兩岸電視機前的觀眾們微笑著說：「嗨，我的名字叫大谷翔平。」說的是再標準不過的英文，而回應他的則是現場爆發的歡呼聲；接下來他用日文透過翻譯說道：「這是我第一次在這麼多人面前講話，你們讓我緊張得有點忘了自己本來要說什麼了。」大谷從來未曾在之前的訪談中展現過太多真實的自己，但是這一天他卻在球迷和媒體面前顯露了風趣的一面；當被問到為什麼選十七號時，他說：「我其實是想要二十七號的，但是我聽說那個號碼已經被某人選走了。」那個「某人」當然就是天使隊的超級巨星外野手麥克・楚奧特；而當被問到他會更期待拿下第一場勝投還是擊出第一支全壘打，大谷則說他希望能在同一場比賽中做到這兩件事。

這些回答讓大谷獨特的一面浮現在大家眼前，過去有過許多明星球員從日本來到美國打球，但沒人像大谷一樣在充滿各種可能性的同時，又隱含著許多問號，而最讓人好奇的就是天使隊到底會不會讓他在大聯盟嘗試投打二刀流。「我們肯定會為他的投打兩棲做出準備，毫無疑問，」天使隊總教練麥克・梭夏告訴大家，他的話讓現場歡呼四起，「至於要怎麼用他，我只能說不管現在怎麼計畫，等到球季一開打，什麼計畫都可能改變。」

投打二刀流的理論是一回事，真正讓一個球員去做又是另一回事，光是這一個世紀以來幾乎沒有任何球員真正去嘗試，就證明了這件事的難度；同時要兼顧打擊和投球，在體能上的要求是相當高的，天使隊也還沒真的準備好怎麼去說明他們對於大谷未來在兩種角色上的規劃。部份的原因是因為一直到記者會那天，大谷都未曾參與過這一切；艾普勒在記者會後說：「我們在做專案報告時講到了我們對大谷的規劃，我不會說現在全都要被捨棄，但是大概有很大一部份需要被修改，因為那些全都只是我們單方面的想法，而現在這個計畫的主角來了，他才是最重要的。」

但是艾普勒稍微透露了一些使用大谷的原則，他說天使隊願意考慮將先發投手從傳統的五位投手輪流先發調整為六人輪值，這會讓習慣在日本每七天先發一次的大谷更容易適應一些，或許也會讓近幾年傷勢災情慘重的天使隊投手們壓力輕一些。至於要怎樣讓大谷可以上場打擊，艾普勒說天使隊完全不考慮讓大谷防守外野或是一壘，他唯一的角色就是指定打擊，但這也表示過去兩年大多負責指定打擊任務、注定要進入名人堂的三十八歲資深球員艾伯特．普侯斯（Albert Pujols）必須要重回一壘負責守備；這是普侯斯三年來第一次完全健康，沒有在球季結束後的冬天進行手術，所以天使隊對於他的狀況相當樂觀，認為他可以扛起重回場上守備的壓力。然而還是有許多問題需要被解決，譬如說：大谷多久可以上場擔任指定打擊一次？他可以在上場投球的時候也在比賽中打擊嗎？比賽後的第二天呢？他可以上場代跑嗎？他會有投球局數的限制嗎？天使隊暫時沒有辦法回答這些問題，因為當時他們確實還沒有做出完整的評估，天使隊總教練梭夏說：「我們還有很多事情擺在眼前，而最重要的就是怎麼讓像大谷這樣一位多面向且投打俱佳的優秀選手，可以用最好的方式在球場上發揮他的天賦，並且帶領我們拿到總冠軍。」

＊　＊　＊

每支球隊都把總冠軍當成目標，但比起其他球隊來說，天使隊似乎又更著急了些；畢竟在簽下大谷之前的這幾年他們一直像在空轉，感受到的壓力也越來越大。一九六一年天使隊才以擴編球隊的身分加入聯盟，要一直掙扎到一九七九年才第一次打進季後賽，在整個大洛杉磯區就像是洛杉磯道奇隊之下的二流隊伍似的；為了想要建立新的球隊形象，他們把隊名從洛杉磯天使隊變成加州天使隊、安納罕天使隊，後來又變回洛杉磯天使隊，但這些隊名最大的共通點始終都是敗戰，就算在他們戰績好的時候，還是讓人覺得失望。

一九八二年當天使隊第二次打進季後賽的時候，他們在五戰三勝的賽制中先贏了對密爾瓦基釀酒人隊的前兩場比賽，只要再一勝就可以拿下美國聯盟的冠軍，結果天使隊接下來連續輸了三場；到了一九八六年，他們以三勝一敗領先波士頓紅襪隊，而且在第五戰的第九局上半還以五比二領先，只要再三個出局就可以拿下美國聯盟的冠軍，結果他們連續丟掉四分，最後在延長賽中輸掉比賽，然後接著又連輸兩場被逆轉出局。在那之後他們連續十五年都沒能打進季後賽，其中包括最慘烈的一九九九年球季，當時總教練泰瑞·柯林斯（Terry Collins）在球季還剩下一個月的時候就被氣到辭職不幹，還在記者會時流下眼淚，那大概就是球隊有史以來的最低點。

在這團混亂之後，天使隊決定聘用麥克·梭夏擔任總教練，而這個決定也終於將天使隊拉出了泥沼。梭夏在費城長大，一九八〇年他以洛杉磯道奇隊捕手的身分站上大聯盟，那時他才二十一歲，他快速成為全聯盟中最佳的捕手之一，並以捍衛本壘和協助捕手的功力備受讚揚；梭夏和道奇隊一起拿下一九八一年和一九八八年的世界冠軍，在一九八八年他更和右投手歐羅·賀夏瑟（Orel Hershiser）一同創下了連續五十九局沒有失分的紀錄，被認為是棒球史上最偉大的紀錄之一。梭夏的球員生涯在一九九三年聖地牙哥教士隊的春訓期間因為肩膀旋轉肌撕裂傷而告終，在那之後他開始轉任教練，被許多人認為他遲早有一天會成為一位總教練；他在道奇隊小聯盟幾年間一路高升到三A的總教練，也被看好是道奇隊名人堂總教練湯米・拉索達（Tommy Lasorda）的接班人，結果想不到道奇隊後來沒選擇梭夏，反而雇用了退役游擊手比爾・羅素（Bill Russell）擔任總教練。

梭夏被道奇隊的忽視反而成了天使隊的收穫，他們在一九九九年球季之後雇用了梭夏，並在他的帶領下邁入了球隊最輝煌的一段時光；天使隊在梭夏領軍的第三個球季，就在二〇〇二年經歷了驚險的七場比賽擊敗舊金山巨人隊，拿下隊史上的第一座世界冠軍。在接下來的七年間梭夏五度率領天使隊打進季後賽，也讓球隊端出一份十年合約來鎖住他；這對早已習慣四、五年就會更換總教練的美國職棒來說頗令人訝異，但梭夏這十年來戰績優異，也廣受球迷及球員愛戴，確實有他的一套。

在天使隊自二〇〇九年美國聯盟冠軍系列戰敗陣之後，梭夏身上的聖光開始黯淡下來；天使隊只在二〇一四年回到過季後賽，但是立刻被堪薩斯皇家隊橫掃出局，而在二〇一六和二〇一七年，天使隊更是連續兩年勝率不到五成，這是梭夏任內的第一次。由於球團高層越來越重視數據勝過球場上的直覺，球團主管們開始做出更多策略上的決定，這也讓人開始批評梭夏無法跟上時代的演進；雖然梭夏對這些批評他封閉守舊的聲音嗤之以鼻，但天使隊總經理傑瑞・迪波多（Jerry Dipoto）卻在二〇一五年球季中因為無法與梭夏共事而辭職離隊。球迷們開始因為久久不能重返榮耀而感到不耐，而這種感覺更因為球隊陣中有一位不世出的天生好手而讓人加倍難熬。

天使隊是在二〇〇九年的選秀以第二十五順位把麥克・楚奧特從紐澤西州密爾維爾市（Millville, New Jersey）撈來的；楚奧特會在選秀中一直落到第二十五順位，是因為當時有不少人質疑一位來自東岸的球員在成長過程中所面臨的訓練與比賽強度，可能比不上那些來自加州、德州，或是佛羅里達州，因為氣候合宜而可以全年訓練的孩子們。但是天使隊與楚奧特的家庭有私人情誼，球探葛雷格・莫哈特（Greg Morhardt）曾經和楚奧特的父親傑夫在小聯盟短暫當過隊友，每一次他去看楚奧特比賽的時候，他就加倍相信這孩子一定會成為一位巨星；莫哈特和球探總管艾迪・班恩（Eddie Bane）在球探報告中對楚奧特讚不絕口，而這些誇讚很快就全變成了事實。

飛快的速度和強大的打擊火力讓二十歲的楚奧特在二〇一二年就站穩了大聯盟的舞臺，他迅速成為一個明星球員，以全票通過當選了當年的新人王；許多人認為他也應該是同一年的最有價值球員，但是底特律老虎隊的強打者米蓋爾・卡布雷拉（Miguel Cabrera）卻以難得的三冠王成績——領先全聯盟的打擊率、全壘打總數，和打點總數——贏走了該項大獎。二〇一三年楚奧特的成績還是一樣優秀，最有價值球員獎卻還是一樣被卡布雷拉贏走，但他在大聯盟生涯前兩年就兩度在最有價值球員獎中評列第二，這樣的優異表現讓他在二〇一四年球季開打幾天前，從天使隊手中獲得一份六年一億四千五百萬美元的合約。楚奧特在二〇一四年順利拿下最有價值球員獎，也帶領天使隊拿下全聯盟最佳的戰績，二〇一五年他再度在最有價值球員獎名列第二，然後在二〇一六年第二度贏得這個獎項；那年天使隊以七十四勝八十八敗的戰績在聯盟分區五支球隊中名列第四，但楚奧特的優異表現讓人不得不忽略這悲慘的戰績，一定要頒獎給他不可。

然而這一切慢慢開始變成一種常態，雖然楚奧特持續交出史無前例的優異成績，但這對天使隊低迷的戰績沒有帶來任何改變，他們在二〇一四年唯一一次進入季後賽，卻令人失望的以三連敗被橫掃出局；二〇一五年他們差一點點就打進季後賽，但接下來的二〇一六年和二〇一七年都以低於五成的勝率結束。

在此同時，球隊上的另一位明星球員艾伯特・普侯斯卻正在退化，雖然他仍然繼續在為他的名人堂資格添加新紀錄，譬如說在二〇一七年突破了六百支全壘打的關口等等，但他確實已經遠遠比不上過去的自己；天使隊的投手陣容也因為接連的傷勢而影響到球隊進入季後賽的機會，例如全隊最有天分的明星先發投手蓋瑞特・理查斯（Garrett Richards）就因為兩度受傷，在二〇一六年和二〇一七年兩年總共只上場投了十二場球。

對大多數棒球界人士來說，天使隊就像是在「浪費」楚奧特，在二〇一七年滿二十七歲的楚奧特正在他職棒生涯的高峰，也被認為是全世界最佳的棒球員，而他和天使隊的合約只剩下三年；天使隊看起來一直無法在贏得總冠軍這件事上有什麼進展，這也讓天使隊球迷擔心，如果球隊不能在合約於二〇二〇年到期之前展現出對贏球的決心，楚奧特可能就不願意再續約。

每年冬季當明星球員轉換球隊的時候，天使隊似乎總是只能在旁觀望，但這也是因為他們還受到二〇一二年十二月與賈許・漢彌爾頓（Josh Hamilton）簽下那份合約的影響。漢彌爾頓曾是選秀的第一指名，但因為毒癮問題而一度退出棒球界，他洗心革面之後在德州遊騎兵隊拿下二〇一〇年的年度最有價值球員獎，並和天使隊簽下一份五年一億兩千五百萬美元的合約；但他連著兩年的表現都因為不斷受傷而讓人失望，接著就是沒能通過藥檢，再也沒能為天使隊上場比賽。天使隊把漢彌爾頓交易了出去，但還是必須負擔大部份的薪資；老闆阿提・莫里諾對於每年還要付出兩千五百萬美元給一位已經不在天使隊上的球員相當不滿，於是選擇了在那些年縮緊荷包，這也讓天使隊球迷相當不滿。

天使隊在打線上需要一位強打者來保護楚奧特，他們也需要一位王牌投手來領導他們的投手群。

當二十三歲的大谷翔平在二〇一七年十二月套上那件天使隊球衣時，天使隊的球迷想的都是同一件事——說不定他一個人就可以補上這兩個缺口。

＊　＊　＊

大谷翔平在天使球場的加盟記者會那天下午豔陽高照，總教練麥克・梭夏走上講臺，在麥克風前只用了一句話，既誇獎了大谷，也同時向老闆阿堤・莫里諾和總經理比利・艾普勒發出了挑戰。

「他在投手丘上和在打擊區裡所展現出來的能力是前所未見的，」梭夏指著坐在他左側的大谷繼續說道，「我們是非常、非常興奮的，而接下來，今年冬天比利和阿堤對這支球隊的補強也會持續進行，我們會努力成為一支攻守兼備的完美球隊。」

在風光熱鬧的大谷翔平記者會隔天，艾普勒和他棒球事務部門的高階助理們全都飛往了佛羅里達州奧蘭多市附近的布埃納文圖拉湖市（Lake Buena Vista）參加冬季會議；這項每年十二月舉行的集會雖然仍是棒球界最重大的盛事，但已經不再是交易球員和與自由球員簽約的最佳時機，隨著越來越多的人事異動都經由電話、甚至簡訊來溝通，現在的職棒主管們再也不需要為了完成交易而齊聚一堂。不過冬季會議依然是媒體最積極檢視每一支球隊戰力需求的時刻，記者們傾巢而出，在迪士尼樂園的天鵝海豚渡假村到處蒐集資訊，努力挖掘每一個小故事和業界流言，一點都不放過。

天使隊一下子就成為了大家討論的焦點，簽下大谷確實讓那些「浪費了麥克・楚奧特」的言論稍微靜默了些，現在大家都想知道天使隊要怎麼補強球隊其他的需求，以免之後又要被批評是「浪費了大谷翔平」。艾普勒在那個星期裡果然又補上了天使隊兩個最明顯的缺口，一是簽下自由球員札克・寇沙特（Zack Cozart）來擔任三壘手，另一個就是交易換來伊恩・金斯勒（Ian

Kinsler）鎮守二壘大關，然後話題的風向突然就換了。

「最近的體檢報告顯示，天使隊的大谷翔平手肘韌帶有傷，」在四天冬季會議的第二天，十二月十二日晚上八點多左右，雅虎運動網站突然就以顯著的頭條報導大聲宣告著；大谷的體檢是在十一月底做的，那時他還沒宣布會以入札制度挑戰美國職棒，而這份體檢報告當時也被發送給大聯盟的每一支球隊；其中一份很明顯的被洩漏給了該篇報導的作者傑夫・帕森（Jeff Passan），他寫到大谷的尺骨附屬韌帶（UCL, Ulnar Collateral Ligament）有過第一級的扭傷，曾經讓他必須在當年十月接受了高濃度血小板血漿的注射治療。報導同時也暗示這樣的傷勢會讓大谷手肘尺骨附屬韌帶嚴重受傷的可能性大增，甚至可能讓他必須接受湯米・約翰手術；在那幾個小時之內，天使隊立刻成為整個冬季會議的談論焦點，**天使隊出了紕漏嗎？那個大谷穿著天使隊球衣投出一百零二英里火球的夢想已經破滅了嗎？**

天使隊立即進入了危機處理模式，由艾普勒親自上陣滅火，說明這報導只是媒體過度渲染，也誤導了閱聽大眾；艾普勒說天使隊和大聯盟所有球隊一樣，都看過報導中提到的體檢報告，而且他們在十二月七日，也就是大谷與天使隊簽約的前一天，也看過另一份不同的核磁共振成像檢驗報告。「翔平做過詳細的體檢，其中包括了手肘與肩膀的核磁共振掃描，」艾普勒在書面聲明中說，「這些是我們在簽任何一位投手之前都會做的檢查，而根據這些報告顯示，他的手肘並沒有急需治療的傷勢，看起來就跟這個年紀的任何一位投手一樣，我們對於體檢報告的結果很滿意，也很高興能簽下這位選手。」

一天後，轉職以分析運動傷害為業的前大聯盟防護員康堤（Stan Conte）表示，他認為大家不需要因為大谷的體檢報告而感到緊張；第一級扭傷代表韌帶曾經受到拉扯，但沒有斷裂，他認為這種情況對投手來說非常常見，也完全沒有手術的必要。

關於大谷手肘的這些議論，讓天使隊更加聚焦在該怎麼妥善的使用這位選手，大聯盟投手受傷的比例近年來持續上升，而天使隊的這位最新成員又是一個前所未見的獨特案例；他不但可以投出時速一百零二英里的快速直球——高球速通常是造成投手受傷的重大原因——而且他還要上場打擊。除此之外，大谷還必須從日本每星期只先發投球一次的出賽頻率，轉為適應美國先發投手每五天就上場一次的節奏，這也會是一大挑戰。

顯而易見的是，目前天使隊能用來幫助大谷融入球隊的方式之一，就是完全不讓他嘗試每五天就先發投球；艾普勒在簽下大谷之前，甚至就已經建議過說如果要保護所有投手健康，由六位投手輪流先發的方式或許會是最好的做法，現在看來這已經是他們唯一的解答了。

「我們的責任就是盡我們所能來保護選手的長期健康，」艾普勒說，「這對我來說非常重要，是我從骨子裡、從DNA裡就堅持相信的事，我不能讓我的選手去承擔風險，如果有什麼正確的方法可以幫助我們的選手、讓他們可以更好，那我們就一定要教給他們，這是我的道德責任。」

但是科學上的事卻並不是那麼明確，康堤就說：「直覺會告訴你休息五天比休息四天好，但是這未必就一定是對的，因為沒人證明過六人輪值就一定比較好；我認為多休息一天當然不會是件壞事，在投手不停受傷的情況下，我們真的必須嘗試一些新的做法，六人輪值就是其中之一。我不知道我們還能做些什麼，為了這些先發投手的健康，我們必須開始跳出這些傳統的框架。」

為了能確保大谷能健康投球，艾普勒決定去日本深入了解大谷的醫療歷史，與他同行的有前大聯盟三壘手艾瑞克・夏維茲（Eric Chavez），還有兩位天使隊的醫護與體能人員：運動科學主任暨首席物理治療師李祖鵬（Bernard Li），以及按摩治療師寺田庸一。

天使隊與北海道日本火腿鬥士隊的管理階層和醫護人員進行了幾天密集的會議，詳細討論了大谷的訓練流程，以及火腿隊所做過的、各種讓他能以投、打兩種角色正常出賽的防護措施；火腿隊總教練栗山英樹特別警告了艾普勒，說大谷並不是一位會因為疲倦或是感到痠痛而發聲的選手，所以天使隊必須特別注意他，並且積極監督他的工作量。

距離春訓只剩下幾個星期，天使隊清楚知道他們必須特別小心對待大谷，就算他自己說狀況很好想要繼續，他們也必須幫他放慢腳步；不管怎麼樣，天使隊對大谷的認知就是小心為上。

CHAPTER 05

「你得花點時間」

天使隊開始發現二〇一八年的春訓跟過去有點不一樣，是因為公關部門必須派人走到亞利桑那州坦佩市（Tempe, Arizona）訓練場地外野圍欄之外的仙人掌區，去把那些拿著相機的日本記者們都請走；那還只是春訓前的非正式訓練，也還沒有對媒體開放，但是因為大谷翔平和幾位球員都在正式開訓之前先來報到，於是記者們——還有一些球迷——就都聚集著搶拍他的第一個大聯盟春訓。大谷第一天穿上天使隊球衣練球的影像在太平洋另一邊非常珍貴，天使隊早就預期了會有這樣的媒體熱潮，但他們還是努力的嘗試要盡量保護大谷，而最後的結果當然是徒勞無功；天使隊知道對才二十三歲的大谷來說，適應大聯盟的生活不會是一件容易的事，他們只是不希望大谷必須在這個過程之中，還要擔心全世界都在關注他的一舉一動，不管是好還是不好。

在這第一個春訓，不好的事情還真多，大谷一直沒辦法完全適應大聯盟使用的棒球，而不知道是不是因為春訓稀稀落落的觀眾沒辦法像球季那樣刺激他的腎上腺素，他的球速也上不來；他甚至不太習慣大聯盟比較精簡的打擊訓練時間，這和他在日本時的長時間訓練課表完全不同，對手球隊的投手和打者全都是他沒見過的，而且他住在一個陌生的國家，還要試著學習新語言。

他的表現讓許多人失望、甚至擔心，但是天使隊完全沒有這樣的感覺。不管在任何時候，只要是大谷的打擊或是投球表現不甚理想，總經理比利・艾普勒和總教練麥克・梭夏就會告訴記者們說，沒有什麼好擔心的，而這些話當然也會被媒體轉達給球迷；他們總說這只是春訓，而他們已經從日本累積了滿滿五年的資訊，對於大谷的天分和潛力一點也不懷疑。

等到球季在三月下旬正式展開，大谷就證明了天使隊完全正確，他的高水準表現也再一次證實了那句棒球老話：春訓的成績是沒有意義的。雖然那些躲在仙人掌區拍影片的日本記者和球迷們應該會想要抹除那些在亞利桑那的記憶，但是這個反差也建立起了大谷翔平的公眾印象；這是大谷第一次、也是以最戲劇化的方式，展現了他即時調整與改進的能力，而也就是因為這個獨特的能力，才讓他在幾年後面臨職業生涯的十字路口時，可以迅速再起，成為真正的超級巨星。

回到二〇一八年的二月，當時的我們只知道大谷看起來有點不對勁。

雖然現在和大谷同在一個球員休息室裡的隊友中，有全大聯盟公認的最佳球員麥克・楚奧特，還有已進入職業生涯尾聲的名人堂球員艾伯特・普侯斯，但只有大谷在春訓報到的時候，讓球團不得不在隔鄰的旅館宴會廳為他召開記者會；大約有兩百多名來自地球兩端的媒體記者們聚集一堂，問著大谷各種問題，從在打擊練習時揮棒的感覺，到情人節要買什麼禮物等等，什麼都有。

後來球隊乾脆在坦佩市魔鬼球場右外野牆外的停車場裡搭建了一個帳篷，專門用來為大谷在春訓期間召開記者會，數十位美日記者每隔幾天就會定期來到帳篷內，輪流問著大谷在球場上所發生的一切，甚至是打擊練習和傳接球這種最簡單的事也問。

大谷的出現，讓天使隊的公關部門必須添加人手，他們雇用了葛雷絲・麥克娜米（Grace McNamee）來擔任雙語聯絡官；麥克娜米出生於南加州，並且曾經在日本居住過幾年，當野茂英雄在一九九〇年代中期加入洛杉磯道奇隊的時候，麥克娜米就曾負責過同樣的職務，因此天使隊請她來協助日本媒體。於是從二〇一八年的那個春天開始，大家就會常常看到麥克娜米把媒體記者全都集中在一起，先告訴他們大谷當天牛棚練投投了幾球，或是他的下一次記者會是什麼時候；當大谷太忙或是不願意接受媒體訪問時，麥克娜米則會利用時間簡單問他幾個當天的重點，然後將他的回應以英日文發給所有媒體。

當大谷接受美國媒體訪問的時候，他會交由全職翻譯水原一平（Ippei Mizuhara）來協助。出生於日本的水原，在距離天使球場開車大概二十五分鐘的鑽石吧市（Diamond Bar）長大，他在幼時就因為當年的野茂旋風而愛上棒球，後來也因此回到日本，在大谷的北海道日本火腿鬥士隊擔任外籍球員的英文翻譯；與大谷的關係加上來自南加州的身分讓他成為大谷最好的翻譯人選，而他也成為大谷生活中最重要的部份，因為實際上他的工作不只是在記者會中幫忙大谷翻譯而已。天使隊仍在摸索著要怎麼去利用大谷這些獨特的天賦才能，而水原則要負責準確的將大谷的反應和感覺傳達給教練、防護員，以及球隊高層；他也必須幫大谷看懂球探報告、幫大谷和捕手一起討論出比賽的策略，有時因為大谷訓練時程與一般投手不同，水原甚至必須陪大谷傳接球，或是擔任牛棚練投時的捕手。水原在春訓時變成了一個隨時可見的存在，揹著一個背包跟在大谷旁邊，裡面裝著一整天大谷可能需要用到的任何東西。

雖然大谷是唯一一個有翻譯和一整群媒體記者整天跟在身邊的球員，但他還是盡他所能的努力和他的新隊友們打成一片；他和幾個隊友一起去打了高爾夫球、一起投籃，他也和另一位先發投手安德魯・希尼（Andrew Heaney）一起去看了鳳凰城土狼隊[9]的冰上曲棍球賽。一開始大谷是以電子遊戲來和隊友培養感情，特別是「部落衝突：皇室戰爭」（Clash Royale）這個以建立部隊、攻擊城堡為核心的戰略遊戲；熱衷於這個遊戲的牛棚投手布雷克・帕克（Blake Parker）很快地就和大谷成了死對頭，兩人甚至還會以雙語垃圾話互嗆。「一定都是會先學到這些壞話，」在被問到他與大谷兩人所學到的新語言時，帕克這麼說，「他就只是想成為我們之中的一份子而已，最少我是這麼覺得的，」帕克接著說，「他想融入我們，也想要開心一點、放鬆一點，在球場上他有很強烈的求勝精神，但他是一個喜歡開玩笑、喜歡開心的人。」那些從大谷還在火腿隊時就關注他的日本媒體成員也說，在這個新環境裡，大谷看起來似乎比在日本時更放鬆、也更調皮了。「我不知道大家覺得怎麼樣，但我覺得我適應得蠻好的，」大谷在春訓前期就這麼說著，「我在球場外一點問題也沒有，什麼都蠻好的。」

最明顯呈現大谷有多麼和隊友打成一片的一刻，發生在春訓初期的一場熱身賽裡，那時他正準備上場打擊，球場的播音系統如常的為打者播放事先選定的入場曲，那是一首充滿節奏感、像是十三歲少女會聽得的日文流行歌曲；那是大谷的隊友的惡作劇，他們故意選了卡利怪妞的〈時尚怪獸〉（Fashion Monster）來取笑他總是穿著緊身牛仔褲到球場，天使隊的球員在休息區笑成一團，連大谷在聽到音樂響起時也忍不住笑了出來，就像他平常在休息室常出現的表情一樣。

「他總是笑咪咪的，」投手蓋瑞特・理查斯說，「他總是看起來很開心的樣子。」外野手寇爾・卡胡恩（Kole Calhoun）認為大谷的好心情並不是來自於這些新朋友或是電子遊戲對手，「如果我是他，我也會開心的不得了，他可以投一百英里那麼快，又可以把球打五百英尺遠，」卡胡恩說。

大谷最讓隊友覺得佩服的，是在春訓練球期間不管多忙，他都會及時趕到春訓基地的每一個角落參加訓練；通常他會先跟投手一起練球，傳接球熱身或是做防守練習等等，然後他會過去和野手一起做打擊練習，但是每天的流程並沒有什麼固定的程序。「這真的是個未知領域，」天使

---

9 鳳凰城土狼隊（Phoenix Coyotes）已於二〇一四年更名為亞利桑那土狼隊（Arizona Coyotes）。

隊打擊教練艾瑞克・辛斯基（Eric Hinske）說，「上一個這樣做的人是貝比・魯斯，對吧？」在春訓剛開始的時候，天使隊很明顯的希望大谷多專注在投球上，然後有空的時候再擠點時間出來去參加打擊練習，像是在大谷的牛棚練投日，或是面對打者練投這些投球分量比較重的日子，天使隊就會要大谷休息，不練習揮棒；投手戰力一直是天使隊過去幾年的弱點，他們希望大谷能先專注加強在投球上的進步，除此之外，許多近年來在日本看過大谷投球的球探也認為，那是一個比較適合他的角色。「我們會比較重視他的投球，」總教練梭夏說，「如果他可以發揮他的投球能力，那對球隊的貢獻會高過他的打擊，但是他對我們的進攻打線也一樣重要就是了。」

然而從他一開始練投，問題就來了，大聯盟所使用的棒球和日本職棒所使用的棒球不太一樣，日本職棒的棒球比較小——圓周差異不到一公分——而且觸感完全不同。日本和韓國的職棒用球都是由美津濃所生產製造，而且表面比較粗糙，這讓投手能夠將球握得更牢；大聯盟的職棒用球是由羅林斯製造，表面比較光滑平順，投手也必須使用一些外加物質來讓自己抓球抓穩一點。每場比賽放在投手丘後方的一袋松香粉早就被許多投手認為完全沒用，所以他們開始使用自己以防曬油、汗水、松焦油等各種奇怪物質所調製出的配方，來幫助自己可以更有效掌控球的轉動和去向。這些私人秘方到二〇二一年成了大聯盟嚴格檢視的焦點，並開始檢查投手有沒有在比賽時將這些沾黏物質藏在帽子、手套，或是皮帶裡，但是回到二〇一八年的春訓，對大谷來說，怎麼把球握好成了一個新考驗。

春訓他第一次面對打者練投時，他的變化球就非常不受控，一部份是因為比較光滑的棒球，另一部份則是因為亞利桑那乾燥的沙漠氣候。「這是他必須去面對的，因為整個春訓的天氣都會是這樣，」資深捕手馬丁・莫德納多（Martín Maldonado）說，「很多曲球投得很好的投手到了這邊就投不出來，投伸卡球的也是這樣，因為這裡太乾燥了，投出去球不會像球季中那樣變化。」那天當大谷在帳棚裡接受記者訪問時，他的回答後來就成為了春訓中大家會一再得到的標準，基本上他就是告訴大家沒什麼好擔心的，因為他一定會解決這個問題。「有好有壞，」大谷說，「我很高興我投完了三十球，但是下次上場投球時，我也必須做出一些調整。」

這些調整很快就成為大家關注的焦點，不光只是那幾十位固定出現在天使隊練習場地圍欄之外的媒體記者，而是整個棒球界；就在二月二十四日，大谷在春訓的仙人掌聯盟第一次上場比賽，對手是密爾瓦基釀酒人隊。這場比賽就和天使隊大部份的春訓比賽一樣，會在南加州做實況轉播，但是這一場因為大谷的關係，同時也會在日本播放，肯定是天使隊有史以來最被期盼的一場熱身賽之一；比賽現場吸引了六千零一十九名觀眾進場，對天使隊來說也是一個遠遠超過預期的票房數字。

觀眾看到大谷面對了七名打者，而當天釀酒人隊的打線幾乎沒有任何有名的大聯盟打者；大谷製造的四個出局數中有兩個是三振，其中之一是面對大谷的指叉球完全揮空的外野手布瑞特・菲利普斯（Brett Phillips）。「他的指叉球真的很棒，」菲利普斯說，「他絕對有機會變得超強，我希望能看到那一天。」大谷的快速直球球速衝到了九十七英里，但是釀酒人隊得了兩分，第一局的一分不是大谷的責任，另一分則是浪人選手齊昂．布朗克斯頓（Keon Broxton）在第二局擊出的全壘打；「正中間的快速直球……大聯盟打者不會放過這種球的，」莫德納多說，「這也不會是他被打出的最後一支全壘打。」雖然這場比賽大谷的表現很糟，但這種在春訓剛開始時的比賽表現，並不會讓任何人覺得緊張；「我蠻喜歡我看到的，」莫德納多補充說，「我想他下一次先發一定會更進步。」資歷豐富的總教練梭夏看過太多糟糕的春訓先發，他反而覺得這場比賽還不錯，「我覺得他的表現讓我們也多學習到了一些事，」梭夏說，「他跟馬丁嘗試了些新東西，我想會為他的下一場比賽帶來進步，他每一種球路都投了，有些和我們的預期一樣，有些則是他的放球點跑掉了，但這肯定是讓他往前跨了一步。」大谷賽後在塞滿記者的帳篷接受訪問時，似乎也跟莫德納多和梭夏一樣，完全不在意這場比賽；「除了比賽的結果之外，我覺得今天蠻好玩的，」大谷說，「我覺得還不錯……每年的這個時候我都很難找到節奏，每年都是這樣的感覺，我想我會調整得更好。」

他的下一次投球是在一場B組比賽，對手同樣是釀酒人隊，在春訓期間，B組比賽不是仙人掌聯盟的正式熱身賽，也不會有購票的觀眾和電視轉播，但是球隊對於比賽的進行方式和內容可以做出更多調整；譬如說投手不用擔心單局球賽進行的時間拖得太久，因為只要兩隊講好，每一局的比賽都可以隨時結束換場，讓投了太多球的投手可以下場休息，不管是幾出局都沒關係。這場球天使隊在第二局大谷投完二十球之後就決定結束，他總共面對十二名打者投了五十二球，其中有八位被他三振出局。

大谷的再下一次先發則是一場面對墨西哥聯盟提華納公牛隊（Tijuana Toros）的表演賽，他在這場比賽一共失了六分，被一群完全及不上大聯盟水準的選手給打爆，「我覺得我投得蠻好的，但是有幾球真的投得超差，」大谷說，「但我從這場比賽得到的就是怎麼在壘上有人時投球，我練習到了我的固定式投球。」

累積到那時，大谷已經在六局的投球中被攻下了十分，但還好他的十六次三振算是令人滿意，接下來他就要離開後面練習場的保護圈，再回到正式的仙人掌聯盟比賽去面對大聯盟球隊了。大谷在三月十六日站上投手丘，在坦佩市魔鬼球場客滿的九千六百一十六名觀眾面前迎戰科羅拉多洛磯隊；原本預計要投到第五局的大谷只製造了四個出局數，卻被一口氣攻下了七分。在順利的第一局之後，大谷在第二局連續被七名打者上壘，其中包括了明星三壘手諾蘭・亞利納多（Nolan Arenado）和資深老將伊恩・迪斯蒙德（Ian Desmond）所擊出的全壘打。

在對洛磯隊的比賽之後，關於大谷夠不夠格在大聯盟投球的質疑聲逐漸到達了頂點，記者直接問了大谷是否覺得自己有為大聯盟做好準備，而他的答案並不明確；「我現在不太去想這些事，」大谷說，「我試著注意我每天、每場比賽該做的事，至於最後的結果會是什麼，那是總教練和球隊高層要決定的事。」梭夏還是選擇正面思考，他提到了大谷時速九十八英里的快速直球；「你看到他那些帶電的火球，當然你也看到了一些不穩定的表現，」梭夏說，「你看到的都是他的天賦，他的表現也在進步，這是好的，至於該怎麼去進一步掌控這些天賦才能，這是我們要更努力的地方。」

大谷在打擊區的表現也一樣不理想。

自春訓開始以來，打擊力道一直是大谷受人矚目的強項，教練和隊友們總是為他在打擊練習中揮擊出的深遠飛球發出讚嘆；天使隊一向會在第一場熱身賽開打之前，將球隊的各種訓練都移到坦佩市魔鬼球場內進行，在搬進球場的第一天，大谷在打擊練習中擊出的一球就直接飛越了中外野的打擊者之眼（Batter's Eye）[10]，這牆距離本壘有四百二十英尺遠，三十英尺高，只有最厲害的強打者才能把球打飛過去。

然而除了在打擊練習時的這些驚人長打之外，大谷在面對大聯盟投手時看起來完全束手無策；他在仙人掌聯盟的第一場比賽擊出過一支安打，也被保送了兩次，算是個還不錯的開始，但是接下來的一蹶不振讓他在前二十次的打數裡總共只累積了兩支安打。左打的大谷對左投手和變化球似乎特別無計可施，在一場面對同隊左投手泰勒・史凱格斯（Tyler Skaggs）的模擬比賽中，大谷被一記曲球騙得揮空，連頭盔都從頭上掉了下來；在仙人掌聯盟的正式比賽中他更是一度連續十四個打數都沒有擊出安打，累積成績落到二十八次打擊只有三支安打的慘狀。

大谷的春訓才進行到一半，一位相當受到重視的全國性棒球記者就撰文抨擊他，說球探們都不認為大谷夠資格在大聯盟出賽；「判決出爐，大谷的打擊真的不行，」雅虎運動網站的頭條新聞以這樣的標題呈現了傑夫．帕森的專題報導；報導中說到有八位球探在看過大谷目前為止在亞利桑那的表現之後，都對他抱有高度的疑慮。主要的重點就是他們認為大谷在日本並沒有面對過這些大聯盟等級的投球內容，特別是變化球；「他基本上就像是個高中生打者，因為他根本沒看過厲害的曲球，」一位球探告訴帕森說，「他看過快速直球和變速球，但是你現在就要直接讓這個高中生跳進來面對大聯盟投手？」另一位球探也說：「在大聯盟沒有邊做邊學這種事，不可能的。」

帕森的文章在三月九日被刊登出來，而接下來的幾天大谷的表現還是沒有起色，一個星期之後大谷就在那場噩夢般的先發投球被科羅拉多洛磯隊給打爆，在第二局就丟了七分。

如果天使隊要在那一刻決定大谷其實還不能應付大聯盟的比賽，應該算是個合理——雖然也會讓人失望——的結論；由於大谷簽約的年齡是二十三歲，在國際球員的相關規定之下他就被歸類是位「業餘」球員，這個身分為天使隊省了大筆的薪資，也讓球隊在調度上有了一些彈性。他其實是以小聯盟球員的身分參加這第一次的春訓，所以天使隊本來就沒有必要把他放上大聯盟名單，而且天使隊還可以因為把大谷放在小聯盟而獲得一些長期的好處。大聯盟選手在累積了六年

10 打擊者之眼是指中外野一面深色的單色背板，目的是讓打者可以不受背景干擾，清楚看見投手投球。

的大聯盟年資之後，可以在該年冬季成為自由球員，如果大谷先從小聯盟展開球季，就算只是短短兩個星期，他就沒辦法在二〇一八年累積到一整年的大聯盟年資，而他成為自由球員的時間就會被往後推一年。這種操作最著名的例子，就是數年前芝加哥小熊隊在球季開打後先送頭號新人克里斯·布萊恩特（Kris Bryant）去小聯盟打了兩個星期後，才把他升上大聯盟；大多數人都懷疑這純粹就只是一個操控選手年資累積的手法，布萊恩特的經紀人也為此提出申訴，但一直到二〇二〇年仲裁官才判定小熊隊下放布萊恩特的調度完全符合聯盟規範。小熊隊的這個操作會受到一面倒的批評，是因為布萊恩特在當時就已經被認為是個足以在大聯盟競爭的選手，但天使隊不會有這樣的問題，因為大谷在春訓的表現真的很糟；連日本記者都開始詢問他們的美國同業，想知道天使隊小聯盟三A球隊所在的鹽湖城（Salt Lake City）是一個什麼樣的地方。

然而天使隊並不打算把大谷送往鹽湖城，不管再多的球探、記者、還有球迷質疑大谷還沒有準備好在大聯盟出賽，天使隊相信他們手中堆積如山的資料證據，他們認為大谷絕對夠資格站穩大聯盟；最明顯的證據就是他在日本累積五年的球員資歷，他可不是什麼二十三歲的小聯盟二A球員，他是全世界僅次於大聯盟的日本職棒聯盟裡最耀眼的一顆明星。

總經理比利·艾普勒還在洋基隊高層任職時，就已經多次前往日本看大谷比賽，他對大谷在比賽時讓人發出讚嘆聲的精采表現記憶猶新，也沒打算因為春訓的這幾個星期就改變心意，畢竟這裡空氣稀薄乾燥，而且熱身賽的成績也根本不算數。「過往紀錄讓我們對他繼續投打二刀流的出賽方式充滿信心，」艾普勒在三月十七日這麼說，也澆熄了那些讓大谷從小聯盟出發的說法。除了大谷在日本的成績讓天使隊充滿信心之外，艾普勒說在亞利桑那期間還有一些不那麼明顯的因素，也讓天使隊相信大谷不會有問題。

「我們會看保送的比例、搶好球的能力、還有讓打者揮空的能力，」艾普勒說，「對我們來說，這些數字是我們評量選手的基本條件，而這些重點他都有達到目標。」至於大谷在打擊上的表現，艾普勒也在當時二十支打擊只有兩支安打的低潮中看到優點；「我知道這個成績不是他想要的，也不是外面的人想看到的，譬如說打擊率，」艾普勒說，「有幾次打擊機會看起來是對他有點困難，但是他確實是面對了一些很不錯的投手，他打中的球是強勁的，他也不太會被好球帶之外的壞球騙到，他做得其實蠻好，我認為他實際上的表現比他的打擊數據好多了。」

天使隊也認為等到正規球季開打，激發的腎上腺素會讓大谷表現得更好，大家都知道春訓的成績不算數，除了球場總是一大片空位之外，球員在心態上也把春訓比賽當成是講得比較好聽的練球；通常只要是當天沒有被排定要上場比賽的球員，他們大多會在早上練完球之後就離開春訓基地，等到下午的熱身賽開打時，他們早已在高爾夫球場上放風了。有些球員甚至在早上踏進球隊休息室的時候，還不知道當天下午熱身賽的對手是誰，這些當然不是在說這些球員在春訓期間都不認真練球，而是對他們來說有其他比打擊率和防禦率更重要的事，而也就是因為這樣，天使隊認為大谷在春訓時的表現不佳並不要緊，他們願意給他機會。

「我可以告訴你，到了晚上一開燈，球賽的感覺是完全不一樣的，」資深捕手瑞內・李維拉（René Rivera）說，他和大谷在面對提華納公牛隊（Tijuana Toros）的那場比賽中搭檔接捕，比賽時球場幾乎空無一人；「在這裡打球太辛苦了，完全沒有觀眾……也不會有腎上腺素，但是等到燈光打亮，等他們喊了聲『開打』（Play Ball），你就會看到球員們變得完全不一樣，球比較快、變化球比較會跑，那才是真正的大谷，你得花點時間。」

CHAPTER 06

「一開始就超乎任何人的想像」

大谷翔平在大聯盟打了十場比賽之後，那些春訓時的事早就被人忘光了，他先發投球的兩場比賽都拿到了勝投，其中有一場他一直投到第七局都還是完全比賽，他一共擊出了三支全壘打，有一支的苦主還是一位得過兩次賽揚獎的投手；有一家運動投注公司立刻就將大谷列為美國聯盟最有價值球員的最熱門選手，而那些在春訓時因為他的表現而大表懷疑的批評，一下子全都安靜了下來。

對於這個戲劇化的轉變，以及能夠向這些懷疑他的人證明自己，大谷沒多說些什麼，但是最少有一位隊友對於能看到大谷以成績來反擊表示了欣慰。「有太多對他的質疑是沒理由也沒必要的，」資深二壘手伊恩．金斯勒（Ian Kinsler）說，「他在春訓的時候沒有機會證明自己，現在看到他可以在大家強烈的關注下打得這麼好，而且完全不被這些批評給干擾，真的很讓人高興，開季這一星期他打得實在太好了，很令人興奮。」

即使是在大谷以這麼優異的表現展開這個球季之前，天使隊的總經理比利．艾普勒就已經解釋過，要全心信任大谷一點都不難；就在球季開幕戰前幾個小時，他在奧克蘭球場的客隊休息區說，比起在亞利桑那的六個星期，他寧可相信大谷在日本職棒那五年所展現的實力。「我們對他的整體評鑑是長時間的累積，而且這些資料是來自於一個強度再接近大聯盟不過的日本職棒聯盟，這讓我們對他非常有信心，要讓他利用這個機會好好表現他的天賦，」艾普勒說，「所以這就是我們的決定。」

給大谷機會在大聯盟展現實力，這個決定並不難，比較難的是到底該怎麼去使用他；任何一個頂級先發投手都是每五天先發一次，而任何一個頂級打者則幾乎都是天天上場比賽，只會偶爾休息一天。沒有任何藍圖可以讓天使隊照著去使用像大谷這樣又能投又能打的選手，所以天使隊一開始只能大概照著大谷在日本時的比賽頻率讓他出賽；大谷的出賽頻率從這時起就成了一個備受討論的話題——從新人年大家擔心他休息得太多，一直到他一飛衝天的二〇二一年球季，天使隊又一度被人批評可能過度使用了大谷。

然而在二〇一八年四月，大谷卻是第一個跟天使隊提到說，他們對他可能有點太小心了，因為天使隊在球季開始的前十三場比賽中只讓大谷在其中的七場出賽，五次是指定打擊，兩次是投手。「我想是因為球季才剛剛開始，所以他們現在對我比較小心一點，」大谷說，「等到球季競爭比較激烈了，賽程進行到夏天也比較緊繃一點的時候，我希望我能讓他們想要多派我上場一些，我想多打一點比賽，但是如果沒有的話也沒辦法，我必須要遵從他們的決定。」

但是天使隊還來不及考慮要加重大谷的出賽頻率，一些不同的因素就逼得他們不得不繼續維持原本保守的決定，甚至還要更小心一點。大谷在四月的一場先發投球之後手指上出現了水泡，後來他因為擊出一記滾地球想要拚上一壘而扭傷了腳踝，也不得不錯過一次先發投球；到了五月下旬，天使隊為了減輕他的比賽份量而避開了一場在洋基球場的先發，這也引發了紐約八卦小報對他的嘲諷。天使隊不想外界懷疑大谷的手臂是不是有什麼問題，但是他們一直記得大谷手肘的尺骨附屬韌帶有過第一級的扭傷，也記得媒體曾經在前一年的十二月大肆渲染過這個話題。

然而就在跳過了那場在紐約的先發投球之後，大谷第一個球季的美好故事就因為那條尺骨附屬韌帶戛然而止。

* * *

大家在春訓時才因為大谷低迷的表現而焦慮，到了六月又因為這個可能影響到他職業生涯的傷勢而失望；然而在這之間的十個星期，大谷卻讓整個棒球界看到了他那百年難得的天賦才能，那是自貝比．魯斯之後都沒人見過的表現。

在三月二十七日開幕戰對奧克蘭運動家隊的比賽，大谷是天使隊先發打線中的第八棒指定打擊，面對右投手肯德爾．葛雷夫曼（Kendall Graveman）投出的第一球，他就擊出了一支右外野方向的安打。「那大概是我一輩子都不會忘記的一次打擊，」大谷說。三天之後的星期天下午，大谷站上了投手丘擔任四連戰最後一場比賽的先發投手；他成了自一九二〇年代波士頓紅襪隊的喬・布希（Joe Bush）以及布魯克林道奇隊的克列倫斯・米契爾（Clarence Mitchell）之後，第一位在球季開賽前十場比賽之內，既擔任過先發投手也擔任過先發打者的球員。大谷拿下了勝投，主投六局只被明星三壘手麥特・查普曼（Matt Chapman）一棒掃回三分，而且一度還解決了十五位打者中的十四位；曾經在亞利桑那因為效果不佳而讓他吃盡苦頭的指叉球，在這場比賽中則是威力驚人，「所有的投手都一樣，」總教練麥克・梭夏說，「他們都只想趕緊離開亞利桑那，那是毫無疑問的。」

大谷的直球球速衝上了九十九點六英里。

「我覺得他的球路很不錯，而且他今天控球很好，不管是內角外角、高球低球，我們很難準確打中他的球，」查普曼說。

大谷在訪問室站在一大群記者面前描述了他的第一次大聯盟先發：「我當然很高興，我對我的表現很滿意，我更高興的是球隊贏了比賽。」

天使隊接著回到主場，展開他們在天使球場的第一個系列戰，大谷也立刻證明了他的打擊也是大聯盟水準。距離某個無名球探把大谷拿來跟高中生做比較還不到一個月，大谷就已經把那個評價給徹底粉碎；他從克里夫蘭印地安人隊右投手賈許・湯姆林（Josh Tomlin）手中擊出了他的第一支全壘打，然而當他回到休息區的時候，等待著他的卻是……什麼都沒有。這是一個大聯盟的傳統，大谷的隊友在他擊出第一支全壘打、應該歡呼迎接的時候，給了他一個沉默以對；大谷發現大家在逗他，於是就笑著沿著休息區一路假裝著在跟隱形隊友們擊掌，真正的隊友們很快就沉不住氣，立刻跳了起來和他一起慶祝。第二天晚上大谷又打了一支全壘打，這一次的對手是去年才拿到第二座美國聯盟賽揚獎的右投手柯瑞·克魯伯（Corey Kluber），然後在星期五的下一場比賽，大谷又打了一支全壘打。

到了星期天，大谷回到了投手丘上，第一次在自家主場投球，大谷旋風早就吹了起來，四萬四千七百四十二位球迷塞滿了球場，全都是來看大谷投球的，而他也沒讓人失望；對手是他一星期前才對決過的奧克蘭運動家隊，大谷一直投到第七局都還保持完美，直到游擊手馬可仕·席米恩（Marcus Semien）結結實實擊出了一隻左外野方向的安打才被打破。觀眾先是因為完全比賽破功了而嘆息，但是立刻也為大谷的表現大聲歡呼；幾分鐘之後大谷又讓一位打者上壘，但是他隨即三振了運動家隊的一壘手麥特·歐森（Matt Olson）來結束這局比賽，在觀眾的歡呼聲中，大谷握著拳走下投手丘，這是他在穿上天使隊球衣之後第一次展露了一絲情緒。

大谷三振了十二位打者，保送了一位，在七局投球裡只被擊出一支安打，也沒有失分，這讓兩邊球隊、甚至是整個棒球界都對他印象深刻；就是這一整個星期超水準的表現，大谷徹底粉碎了那些「他還不夠資格在大聯盟打球」的質疑聲。

在這第一個星期之後，大谷以他的表現拿下了該週美國聯盟最佳球員的榮譽，也被選為四月份的美國聯盟最佳新人；他的打擊率是三成四一，擊出四支全壘打，在投手丘上，他在前兩場的優異表現之後因為水泡問題而成績略為下滑，最後累積了兩勝一敗和四點四三的防禦率。

他手指上的水泡在那個月成了全世界最受矚目的皮膚傷勢，日本媒體天天都有專文報導。

* * *

葛雷絲．麥克娜米已經習慣了被關於水泡的問題連環攻擊，二十三年以前當她第一次進入棒球界在洛杉磯道奇隊工作時，就已經領教過日本記者們對於所有與野茂英雄有關的大小消息都毫不放過的執著；那時的她才剛從大學畢業，道奇隊在一九九五年球季前簽下了野茂，也聘請了她來協助日本媒體。

道奇隊在野茂到佛羅里達州維羅海灘市（Vero Beach, Florida）春訓基地報到的第一天，就領教了日本媒體的威力；那一天有五十多個記者等著他，而野茂和他的翻譯只好慢慢開著車繞圈，讓媒體步行跟著。「他們就一直繞圈，然後記者們就一直跟在後面，直到他們都累趴了為止，」前任道奇隊公關主任戴瑞克．赫爾（Derrick Hall）回憶著說，「我們在那邊看追逐戰看了三十分鐘，全都覺得這個人的吸引力未免也太強大了。」

野茂就像是個拓荒者，在他之前除了一九六〇年代舊金山巨人隊的投手村上雅則之外，一直沒有日本球員出現在大聯盟過；對比野茂年代的媒體風氣，一九六〇年代大概跟一八六〇一樣古老，對於要如何處理這些遠道而來、只為了報導一位選手的日本媒體，道奇隊也只能憑空摸索。在那之後，類似的媒體大隊會繼續跟著所有的日本明星，從鈴木一朗、到松井秀喜、到達比修有、到大谷翔平，這一切都是從野茂開始的；「我們大概創造了很多先例，讓其他球隊都可以照著去做，」麥克娜米說。

麥克娜米在一九九八年球季之後就離開了道奇隊，她放下了棒球事業，轉而到一家電影公司擔任行銷，也結婚成家，但是二十年後，她又回到了棒球場上。麥克娜米在野茂時期累積了豐富的經驗，加上她剛好就住在天使球場所在的橙縣（Orange County），讓她成了在大谷翔平加盟之後幫助天使隊處理媒體關係的最佳人選；她說除了媒體記者現在都用電子郵件申請採訪證、再也不用傳真機了之外，其實從野茂時代到大谷翔平時代沒什麼不一樣。

在二〇一八年大谷的第一個春訓，天使隊一共發出了八十張採訪證給日本記者，包括電視台工作人員等等；而在那場必須辦在球場旁旅館宴會廳的第一場正式記者會，天使隊一共發出大概三百張採訪證。在球季進行期間，一般大概都會有五十多名日本記者出現，在大谷投球的那天會更多；雖然疫情期間對於移動進出的相關規範，以及二〇二一年在日本舉行的奧運會都讓日本記者團縮減了些，但是等到二〇二一年球季末，每天追著大谷跑的日本記者群又恢復到了大概五十人的規模。

大谷加入大聯盟的幾年間有許多日本記者來來去去，但其中三位在這前四年幾乎每一天都為他留下紀錄：松下裕一（Yuichi Matsushita）和安岡朋彥（Tomohiko Yasuoka）分別代表日本的兩大新聞通訊社：共同通訊社（Kyodo News）以及時事通信社（Jiji Press），齋藤庸裕（Nobuhiro Saito）則是全國三大運動新聞社之一日刊體育（Nikkan Sports News）的派駐記者。這三位記者的工作量驚人，每場比賽都會發出多則新聞，不像美國記者全年大多只看六、七成的比賽，剩下則交由團隊支援的記者來完成；日本其他的運動日報——《體育日本》（Sports Nippon）和《產經體育》（Sankei Sports）——也會固定派出記者報導大谷，但他們不會每場比賽都在。

這工作充滿挑戰，因為要寫的就只有一名球員，而這名球員還常常沒辦法接受訪問。大谷在二〇一八年剛到美國的時候，他一星期都會受訪好幾次，等到了春訓，他會先在翻譯水原一平的陪伴下接受美國記者訪問，然後再接受日本媒體訪問，而這些採訪通常都會在坦佩市魔鬼球場停車場裡的媒體大帳棚進行。等球季開打之後，大谷會在天使球場的訪問室，或是在客場球場休息室的走廊上受訪，而且他的背後一定會有一塊印有日本贊助商的背板；大谷極少像其他球員一樣，在自己的置物櫃前受訪，因為天使隊不想讓一整群媒體記者把整個球員休息室都給塞滿。在後續的球季裡訪問就慢慢變少了，一方面是因為大谷有一段時間都在接受復健治療，另一方面則是因為受到疫情影響，所有的採訪都改由Zoom視訊進行。

「訪問他的機會變少，也讓我們的工作變難了很多，」安岡朋彥在二〇二一年球季結束後說，「我們只好去訪問教練，還有訪問對手。」就算是大谷受訪的時候，那也都是團體聯訪；幾乎所有其他球員都會願意接受一對一的專訪，他們大多會配合那些長期跟隨球隊的專職記者，但是大谷不同，他有一條嚴格的規定，那就是他只接受團體聯訪，「我們每個人得到的都是一模一樣的回答，」松下裕一說，「對我來說這是最讓人沮喪的地方。」

洛杉磯時報專欄作家迪倫・赫南德茲（Dylan Hernandez）因為母親是日本人，所以可以以日語交談，他在地球兩端詳實記錄了大谷的一切；他說即使是在日本，大谷也很少接受專訪。「火腿隊用盡全力保護他，包括媒體的那些事也是，」赫南德茲說，「我的理解是跟其他那些一樣來美國打球的球員比起來，從他在日本的時候，他和媒體的接觸就比他們少了很多。」

就算他接受媒體的聯訪，大家也知道大谷只會給出一些不慍不火的簡單回答，曾經有記者用「機器人」來形容他，因為那些訪問幾乎都已經沒有任何情緒了，不過對他的隊友以及那些比較常在他身邊閒晃的人來說，那並不是真正的他；麥克娜米就說大谷的笑容和笑聲「很有感染力」，而且他就是一個「毫無缺陷的大好人」。松下裕一對於那個真正的大谷有過一點點印象，那是在火腿隊的時候，「如果你有機會可以坐下來一對一訪問他的話，他真的是一個蠻有趣的人，」松下裕一說；大谷或許應該多展現一些他的真實面，但目前看來他對這件事沒有任何興趣。「他其實是有點封閉沒錯，」赫南德茲說，「我不會說他不在意別人怎麼看他，因為我不認為真的是那樣，但是我認為他很滿意他的這個外在形象，他不需要外人認識真正的他，只要評論我的表現就好。」

讓記者們覺得困擾的，是天使隊偶爾還會為大谷阻擋媒體的拍攝，譬如說二〇一八年當他第一次在天使球場的牛棚練投時，有記者攀上了球場中外野的假岩山想要取得更好的拍攝角度，結果他們全都被天使隊給趕走；後來球季中當他因為手肘傷勢在復健時，球隊安排他在八月與亞利桑納響尾蛇隊的系列戰開始之前的休息日，前往坦佩市的魔鬼球場投一場模擬比賽，日本記者們本來是都被邀請的，但是後來又被告知模擬比賽不對外開放，於是他們只好跑到球場旁邊的旅館停車場，從那邊拍攝。

日本媒體與天使隊的互動關係有時確實會有點緊張，但是大部份時候雙方都懂得要互相體諒：「我們必須時時牢記有一整個國家在注意著他的一舉一動，」前天使隊公關副總裁提姆·密德（Tim Mead）在二〇一八年時曾說，「我們也理解我們有責任去幫助這些媒體成員，翔平也懂這個道理。」最直接的問題就是記者來得太多，常常塞滿球員休息室和記者工作室，密德說天使隊都有把這些問題放在心上：「這會是一個挑戰，但也是一個令人興奮的挑戰，」他說，「對我們來說，這麼多的媒體來採訪我們，就表示我們的球迷也變多了。」

麥克娜米說為了舒緩積壓在大谷身上的媒體壓力，她嘗試鼓勵記者們去寫一些關於其他天使隊球員的報導：「雖然他們都是被派來報導一位特定的球員，我希望也能夠把其他球員、把我們整支球隊都介紹給日本的球迷，」麥克娜米說。

P. 111

日本記者會主動向其他的球員和教練詢問大谷，麥克娜米也安排他們訪問天使隊的打擊教練、投手教練，甚至牛棚捕手；春訓時任何一位籍籍無名的小聯盟球員如果剛剛才在練習場中和大谷有過投打對決，他很可能立刻就會被日本記者給團團包圍住。

記者渴求所有與大谷有關的訊息，有的會一一計算他在打擊練習中所擊出的全壘打數量，也有的會去細數他在外野練投熱身時一共投了多少球；當大谷接受美國記者訪問時，他們問的大多是比較大範圍的問題，例如對自己表現的感想等等，但日本記者對於細節特別執著，他們甚至會問到為什麼上一場比賽投了十五顆指叉球，而這一場只投了十顆，或是為什麼打擊時用了不同的球棒等等。

「他們比較重視球賽的細節，」赫南德茲這麼解釋日本的媒體文化，「他們記錄比賽中的每一球，我相信有些美國記者也會這麼重視球賽細節，但是絕大多數的時候，我們比較喜歡寫關於個人的故事。」

當日本記者沒辦法問到大谷時，他們通常就會去訪問美國記者，詢問他們對大谷的評價，或是請他們預測大谷會打幾支全壘打、會拿幾次勝投，或是會得到什麼個人獎項等等。

除了記者之外，日本電視臺也派出攝影記者，幾乎全程都將鏡頭對準大谷；像日本政府營運的NHK日本放送協會每場比賽都會派遣攝影團隊，詳細記錄大谷踏上球場的每一刻。NHK也會向日本轉播有日本球員的球隊賽事，像是達比修有和菊池雄星的比賽都是他們轉播的內容，但大谷還是他們的關注重點；剛好他又是一位投打兩棲的選手，所以他上場的次數也比其他日本投手多得多。

球迷對大谷的關注在二〇一八年第一次爆發，之後二〇一九年和二〇二〇年因為他未能完整出賽而有點下降，但是等到那神奇的第四個球季之前，這一切又都回到了一開始的高點。

「大谷就是這麼特別，」松下裕一在二〇二一年時說，「他現在讓人特別關注，因為這樣的球員只有他一個，日本的談話節目都不討論政治了，他們只談大谷。」

＊　＊　＊

二〇一八年初，日本記者和球迷肯定早早就在日曆上將天使隊與水手隊五月在西雅圖的系列戰給圈了起來，因為這將會是大谷和鈴木一朗的第一次對決；鈴木一朗早已是在美國職棒大聯盟成就最高的日本選手，他在日本職棒的歐力士藍浪隊累積了一千兩百七十八支安打之後，又在大聯盟擊出了超過三千支安打，他也是大谷從小到大的偶像之一，雖然兩人曾在共同友人的安排之下共進過幾次晚餐，但這會是兩人第一次在球場上交手。然而這個夢幻對決卻在天使隊抵達西雅圖的前幾天就提前破局了，因為水手隊為了登錄更有戰力的年輕選手，而決定將當時已經四十四歲的一朗給移出球員名單，在剩餘的球季裡一朗再也沒有回到球場（後來二〇一九年水手隊在日本展開球季時，他才登場打了兩場比賽，然後就宣布了正式退休）。儘管如此，大谷還是在第一場比賽開打前，在外野與一朗有了交談的機會。

球賽開打之後，大谷在一朗的面前接連擊出一支一壘安打和一支二壘安打，但水手隊球迷卻是在大谷三振的時候發出了最大的歡呼聲；十二月的時候大谷才拒絕過水手隊的簽約提案，所以球迷直接就把氣全都出在他身上。「我實在不太習慣被噓，」大谷說，「有點奇怪，不自在，第一個打席（三振）我可能就是求好心切。」幾天之後，大谷在投手丘上回敬了水手隊，在六局的投球中只失去兩分，帶領天使隊贏得勝利，那天的球場彷彿有一股特別的電流，因為大谷的競爭對手是水手隊的王牌投手費利克斯．赫南德茲（Félix Hernández）；大谷的勝利不光證明了他投球的實力，也證明了在因為跑壘扭傷腳踝而錯過上次輪值之後，大谷已經完全恢復健康。巧合的是，這場比賽落在二〇一八年五月六日，距離貝比．魯斯第一次以投手之外的身分登場比賽、正式成為投打兩棲的選手，不多不少剛好整整一百年。

大谷這個現代貝比．魯斯的稱號在一個星期之後又上到了另一個高峰，在五月十三日對明尼蘇達雙城隊的先發比賽中，大谷投了六又三分之一局只失去一分，但是三振了十一位對手打者；而在幾天之前的系列戰第一戰，大谷才剛剛擊出過一支二壘安打和一支全壘打，接連的好表現讓雙城隊一壘手羅根．莫里森忍不住說出了目前為止對大谷最驚人的評價。

「他真的很棒，」莫里森說，「他才二十三歲，而他只會繼續進步，我想他現在的表現大概已經是前無古人了，而且大概也要很久以後我們才會再看到同樣的事，你知道他們球隊還有另外一個超級厲害的球員嗎？但是對我來說，大谷又能投又能打，他大概真的是全世界最厲害的球員了。」

莫里森認為大谷已經超越了曾經拿過兩次最有價值球員的麥克・楚奧特，這個評論立刻震撼了社群媒體，也再度推高了大谷的聲浪。

幾個星期之後，舊金山巨人隊投手麥迪森・邦加納（Madison Bumgarner）也以讚佩的口氣說到大谷的表現；邦加納一貫被認為是全大聯盟打擊能力最好的投手，因此他對大谷投打兩棲的比賽方式也有獨特的看法。

「我沒想過這是可行的，」邦加納說，「我也不知道這還能不能繼續下去，沒人知道，我們只能看接下來長期會有什麼發展，但是他確實從球季一開始就讓人刮目相看，特別是在春訓之後的轉變。」

大谷自春訓以來的進步，其實就是天使隊在亞利桑那時一直在告訴大家的；他必須花時間適應大聯盟的比賽用球和大聯盟的投手丘，這些都跟日本有一點不同，他的變化球必須離開乾燥稀薄的亞利桑那氣候才能發威，而他也需要正規球季的滿場觀眾來刺激他的腎上腺素。

然而他在打擊上的一個重大改變卻不是外人所能預期的，這展現出大谷極佳的調適能力，也成為他日後可以持續將自己從低潮中拉出來的主要原因，最後更促成了他在二〇二一年的大爆發。

大谷剛從日本來時，在打擊揮棒時會抬腿，在春訓時他嘗試適應大聯盟的投球水準，但一直無法準確掌握他的打擊節奏，春訓結束前，天使隊要照慣例回到洛杉磯與同城對手洛杉磯道奇隊進行球季開打前最後三場的熱身賽；一天下午在道奇球場熱身時，天使隊打擊教練艾瑞克・辛斯基建議大谷說他已經有足夠的揮棒力量，可以試試看不抬腿就直接揮棒，大谷試了，而且立刻就把球都打上了道奇球場的外野看臺，大谷跟辛斯基說：「我信了。」就這樣，從那天起他就再也不抬腿了。

大谷似乎隨時都可以對他的揮棒做出各種改變，就像開開關一樣，這也讓那些總是費盡心力要維持住正確打擊動作的隊友們讚嘆不已；「我們可能手移動個四分之一英吋或半英吋就會覺得完全不對勁，」資深二壘手伊恩・金斯勒說，「看他這樣實在太神奇了。」金斯勒說令人更加覺得不可置信的是大谷在打擊之餘還要花時間在投球上，因為大部份的打者幾乎都要天天練習打擊，才能上場比賽時有所發揮，而大谷反而是要為了投球，每個星期都不得不犧牲掉練習打擊的時間。

大谷新的、少了抬腿的揮棒動作，完全就像辛斯基說的一樣發揮了威力，他並不需要靠抬腿來製造額外的動力；辛斯基說這是結合了大谷身體強度和協調性所產生的天然力量，而揮棒速度就只是來自身體轉動時的扭力而已。

「每個人運用臀部的方式都不同，有的人比較靈活，」辛斯基說，「他在打擊的時候很有效的運用到了他的前腿，打直的前腿支撐住了他的力量，讓他能製造出強大的扭轉力。」

如果一位打者在臀部開始扭轉時能將手保持在後側，那當身體開始帶動雙手通過擊球區時就能產生更大的力量；更重要的是有些選手在擊中球時能製造出更多的逆旋，這會讓球更上升，也因此飛得更遠。

「當他的打擊動作都順暢連結起來的時候，他打出去的球比我們任何人看過的都遠，特別是在打擊練習的時候，」辛斯基說，「沒有圖表可以形容，這就是球探說的『燈塔神力[11]』。」

當大谷打中的球在坦佩市魔鬼球場飛越打擊者之眼時，他的隊友們只是笑著搖頭，一臉不敢置信的樣子，但這場打擊秀就這樣一直延續到正規球季；有時他在比賽中打出的全壘打已經夠讓人吃驚了，但是他在打擊練習時打出去的球，才更讓人嘴巴都合不起來。

球季剛開始的時候，在德州遊騎兵隊位在阿靈頓市的全球人壽球場[12]，大谷把一球打到了中野牆外斜坡上一排辦公室的屋頂上，天使隊助理打擊教練保羅・索倫托（Paul Sorrento）說除了麥克・楚奧特之外，他從未看過有人可以把球打到那麼遠；當被問到大谷怎麼能有這麼強大的力量時，索倫托只是簡單的伸出手指指了指天空，大概是說那是上帝賜與的神力吧！

幾個星期之後，天使隊到了丹佛市的庫爾斯球場，由於高海拔以及空氣稀薄，這裡一直是全大聯盟隊打者最有利的球場；在國家聯盟球場的比賽是沒有指定打擊的，因此這兩場比賽大谷都沒有上場，但是他還是參加了賽前的打擊練習。他把球一顆一顆的打到右外野最深遠的角落，有一球被他打到中右外野第三層看臺的最上方，把當地人都嚇呆了；退休球員萊恩．史匹柏斯（Ryan Spilborghs）當時是洛磯隊電視轉播單位的成員，他在第二天比賽期間就跑到了那一球的落點去看。「大家都對那球印象深刻，」天使隊游擊手安卓頓．西門斯（Andrelton Simmons）說，「我們都希望他能把球打到球場外去，但是那樣已經夠了。」

不到兩個星期之後，大谷在打擊練習時的這些誇張表現又在天使球場立下了新的里程碑。天使球場右外野全壘打牆距離本壘有三百四十八英尺，高度則是十八英尺；在那之後是四十一排的座椅，座椅之後則是一面在二〇一八年球季前的冬天才剛剛安裝好的、全新的頂級大螢幕，尺寸是九千五百平方英尺。沒人想過有人可以打中那面螢幕，但是在五月十八日的打擊練習中，大谷就做到了；他揮出的那球擊中了距離螢幕底端還要高出大約二十英尺的位置，為了滿足媒體的好奇心，天使隊到第二天才估算出那一球的飛行距離大約是五百一十三英尺遠。

＊　＊　＊

---

11 英文為 Light Tower Power，意指打者擊中的球可以飛越外野，擊中球場的照明燈具，用以形容打擊力道強大的打者。

12 此指舊的全球人壽球場，在新的全球人壽球場於二〇二〇年開幕之後，原址現已更名為喬克托球場。

靠著這些特大號全壘打和他在投手丘上優異的表現，大谷在他新人球季的前兩個月就將之前那些對他的質疑，以及他能否在大聯盟生存的議論給打得煙消雲散，於是討論的重點就開始轉移到天使隊使用他的方式。

一整個世紀累積下來的各種案例和經驗，都讓球隊和球員可以學會怎麼去保養自己，怎麼讓自己以最好的狀態完成一個球季；投手有投手的一套，打者也有打者的一套，但從來沒有投打兩棲的經驗傳承。

天使隊在簽下大谷的時候就說過他們已經有了完整的計劃，但是這個計畫的細節一直要等到春訓和正規球季期間，才慢慢開始出現樣貌；天使隊在這個計畫中收納了大谷的意見，也和過去在日本曾經照顧過他的球隊高層和醫護人員有過討論，當然天使隊自己訓練人員的規畫也包含在內。

天使隊也曾被火腿隊總教練栗山英樹警告過，說大谷絕對不會告訴任何人說他需要休息，所以球隊必須主動規定他放慢腳步；等到球季一開始，天使隊對大谷最明確的規定就是他每一次投球之間都會有最少六天的休息，而且在他投球的前一天和後一天他都不會上場打擊。雖然大谷在日本時偶爾會在投球的當天打擊，但天使隊並沒有照辦，因為除了大谷的出賽份量之外，這也會在戰術上成為天使隊的問題；如果大谷在先發投球時同時也上場打擊，這表示天使隊必須放棄指定打擊，如此一來在大谷之後上場接替的投手也變得必須打擊，等於影響了球隊的攻擊力。

到五月下旬，天使隊又幫大谷踩了煞車，就在原本預定要在洋基球場先發投球的四天前，天使隊就宣布由於必須「管控工作量」而讓他休息跳過這次先發；然而這可不是隨便的一次輪值先發，按照大谷原本排定的先發日期，他會是第一次和另一位來自日本的明星投手田中將大在投手丘上對決。對幾十位固定追蹤兩位球員以及數百萬計的日本棒球迷來說，這是一場他們期待已久的比賽，幸好雖然他們沒能同場先發投球，但最少大谷會以打者的身份上場迎戰田中。「我不覺得失望，因為我還是要以打者的身分上場面對他，所以不管怎麼說，總是會對上的，」大谷說，「接下來我總會有機會和他同場投球，所以我還是要專注在眼前的比賽上，不要想得太遠。」最後大谷在面對洋基隊的九次打數都沒有擊出安打，而在面對田中時他被三振了兩次，也被保送了一次。

但是避開洋基隊的這個決定還是讓許多日本球迷以及紐約的洋基隊球迷不滿，他們大多認為天使隊只是想要讓大谷避開當時全大聯盟成績最好的先發打線；曾經在大谷宣布不會與洋基隊簽約時，就以頭條標題嘲諷大谷是「弱雞」的《紐約每日新聞》也把握了這次機會又戳了大谷一下。這次的頭條標題是「真不翔話！你害怕了嗎？大谷不敢面對殺手打線二點零」，大谷的翻譯水原一平把這份報紙放在大谷在球員休息室的椅子上，後來大谷說自己沒特別說要看到它，只是覺得很有趣而已。在那一次的系列戰中，每當大谷被介紹上場打擊時，都會被球迷以滿滿的噓聲對待，這是洋基隊球迷一貫的作風，只是因為大谷跳過了原本應該先發投球的場次，才讓他更加成為一個目標。

天使隊當然會說，調整大谷的先發時程是為了他好，並不是為了避開洋基隊；總經理比利·艾普勒在球隊抵達紐約前幾天就先解釋過說，這是他一在強調過的原則問題：對於一位正在以史無前例的方式上場比賽的球員，天使隊的態度就是小心為上。「我對投手們所要承受的各種壓力有無上的敬重，」艾普勒說，「他們是比賽結束之後最疲憊不堪的人，當你的手臂連續爆炸九十、九十五、一百、一百零五、一百一十、一百一十五、一百二十次，我認為真的太多；然後還有室內練習、打擊練習，還有比賽等等，這位選手要應付的事情實在太多了，我們不得不小心應付，我們也知道現在還早，不需要著急，就這麼簡單。」在抵達紐約之前，大谷在前兩次的先發投球分別投了一百零三球和一百一十球，這些在當下分別都是他在球季中投過最多球的比賽。

額外的休息算起來就是三天，五月三十日大谷就回到投手丘上在底特律出戰老虎隊，但是距離他前一次先發投球已經十天了；第一局下半大谷投了一記時速九十一英里的快速直球，腦子裡立刻就亮起了紅燈。「我從高中以後就沒有投過九十一英里的快速直球了，所以我知道一定是哪裡出了問題，」大谷說。現在回頭看，這可能就是兩個星期之後診斷結果的第一個預言線索，但當時的大谷對於球速的銳減想得單純的多，那天晚上底特律很潮濕，大谷說可能他在賽前熱身時的全身大汗讓他誤以為自己的手臂已經準備好了；後來隨著比賽進行，他的球速回到了原來的水準，但他當晚的投球還是比預期提早結束，天使隊在五局之後就因為一段四十一分鐘的下雨暫停而將他換下場。一般來說，如果比賽暫停的時間接近四十五分鐘左右，原本在投球的投手就會被更換下場，因為已經休息而冷卻的手臂如果要重新再熱身投球，很可能會造成投手受傷，天使隊的調度也只是另一個他們保護大谷的例子而已。

一個星期之後的六月六日，大谷在天使球場登板迎戰堪薩斯皇家隊，他的快速直球在第一局就高達時速九十九英里，第二局也是一樣，但是到了第三局，他的球速一下子掉到了九十三到九十六英里，等到了第四局，他的球速又往下掉了一些，有一球甚至只剩下九十二點六英里。大谷在第四局保送了兩位打者，還投出一記連捕手馬丁．莫德納多都攔不下來的暴投；「當我看到他連直球都投不進好球帶，而且是好幾次都這樣，我就知道有什麼地方不對勁了。」莫德納多說。

大谷在第四局結束之後回到休息區時，讓總教練麥克．梭夏看了他手指上的水泡，水泡的問題在四月就已經讓他錯過了一次先發，當時大谷也說過這是他在日本時就曾經面對過的問題，後來他重新回到先發輪值，也沒有再被水泡的問題困擾過。

天使隊還是讓大谷在第五局上場熱身，但是梭夏覺得看起來狀況並不好，於是派了防護員艾瑞克．蒙森（Eric Munson）上場查看，然後在幾乎沒有什麼討論的情況下，他們就決定讓大谷下場休息。對於大谷的狀況，當時並沒有太多資訊，只有梭夏在賽後告訴記者說大谷手指上有了水泡，而球隊希望在水泡惡化之前就先將他替換下場；然而很特別的是，之前每一次先發賽後都會接受媒體訪問的大谷，那天卻突然無法配合。

後來大家才知道，如果麻煩只是水泡那麼一點大就好了。

接下來要經過接近三十四個月——中間還有兩次手術——整個棒球界才能再看到那個曾經在球場上閃爍耀眼的大谷翔平。

CHAPTER 07

令人沮喪的診斷結果

就在總教練麥克．梭夏說他是因為水泡才將大谷翔平替換下場的兩天之後，天使隊就宣布了一個震撼地球兩端的診療結果，那就是大谷的尺骨附屬韌帶受損。天使隊解釋說，大谷確實是因為水泡而退場休息，但是在事後因為感覺到手肘僵硬而向球隊回報；球隊在第二天帶大谷去接受詳細的檢查，之後就收到了這個令人失望的診療報告，一天之後球隊就宣布大谷的尺骨附屬韌帶受到第二級的扭傷，但並不需要接受手術。

就算沒有醫療學位也可以理解這條韌帶的重要性，任何人只要在過去三十年內關心過棒球，特別是在過去十年內，就會知道這韌帶對投手有多重要；尺骨附屬韌帶位在手肘內側，在正常活動時很少會被拉扯到，但投球的必要動作一點都不正常，受傷也是常事。這也是為什麼二〇一七年當日本傳出大谷的手肘韌帶有第一級扭傷時，天使隊只是集體聳了聳肩並不介意，因為任何一位參與過高等級比賽的選手都會有一定程度的韌帶傷勢；第一級表示韌帶曾經受到拉扯，並不需要手術治療，而第三級就表示韌帶已經完全斷裂，手術修復是唯一選項。然而大谷和天使隊在二〇一八年收到的診療報告是第二級扭傷，這個中間地帶是韌帶傷勢很大的一截模糊地帶，也因此會有許多不同的治療選項；在天使隊公開宣布大谷的傷勢時，他早已經開始了高濃度血小板血漿的注射治療，以及幹細胞注射治療，他會在治療三周之後再接受評估。

最嚴重的治療選項就會是湯米．約翰手術，這是一種在一九七四年研發出的重建手術，法蘭克．裘柏（Frank Jobe）在洛杉磯道奇隊左投手湯米．約翰（Tommy John）的身上進行實驗，不但挽救了約翰的職業生涯，也為尺骨附屬韌帶的治療方式帶來了革命性的改變；裘柏醫師取出約翰手腕上一截很少用到的肌腱，將它穿越在手肘骨頭上鑽出的洞中纏繞，讓肌腱取代韌帶原本的功能，重新穩定住手肘部位的完整結構。當年三十一歲的約翰在接受手術之後歷經兩年的復健，並在大聯盟續投了十四年，贏得了一百六十四場比賽；如此成功的手術自此被冠上湯米．約翰的大名，後來也變成對投手來說十分常見的手術，有些甚至在高中時就會接受開刀。任職多年的奧克蘭運動家隊總經理比利．賓恩（Billy Beane）就曾抱怨過：「投手只有兩種，一種是開過湯米．約翰手術的，另一種就是遲早要開湯米．約翰手術。」而根據著名湯米．約翰手術研究者強恩．洛格爾（Jon Roegele）的資料顯示，二〇二一年為止，超過百分之三十的大聯盟投手都接受過這個手術。

大谷終究還是會被列入那個統計數字裡，但是二〇一八年六月，那時的大谷和天使隊都還不願意接受那個結果。

第一，就跟天使隊總經理比利・艾普勒在接下來的幾個月一再強調的一樣，當時所有診斷過大谷或是檢視過診斷報告的醫師們裡，沒有一位建議開刀，所以那個選項並不存在；而且大谷的韌帶看起來狀況仍然不錯，足以讓醫師們認為不需要開刀就可以直接治療。

後來大谷說當時他只是覺得手肘僵硬而不是痛，這讓他決定選擇非侵入式的治療；「我的腦子裡已經做好決定要快點回到球場，」大谷在接受診療的幾個月後回憶著說。

另一個讓天使隊決定不開刀的原因是時間，湯米・約翰手術的復健期通常是十二到十八個月，但只有投手往往需要最少十四或十五個月的復健才能重返球場。如果大谷在二〇一八年六月接受手術，這就表示即使他在二〇一九年可以恢復投球，也不足以對天使隊做出任何有意義的貢獻，而且他極有可能要到二〇二〇年才能上場投球；但是如果他先嘗試其他的治療方式，就算最後還是要在二〇一八年接受手術，他還是可以有足夠的時間復健，並在二〇二〇年回到球場，他們不需要急著決定。而等待的好處就是，如果非侵入式的治療有效，大谷就可以完全避開。

還有另外一個讓大谷與其他投手完全不同的評估條件，就是即使他必須因為復健手肘而無法上場投球，他還是可以以打者的身分為球隊做出貢獻。由於大谷是以右手投球但以左手打擊，所以受傷的右手肘韌帶幾乎完全不會影響到他的打擊；艾普勒就說，天使隊在看到第一次的診斷報告時就知道，球隊可以完全忽略大谷的傷勢，直接將他轉為一位全職打者就好。「如果他從頭到尾就只是一位指定打擊，一輩子都是，那他大概可以不管這個傷勢繼續打下去，但這並不是他的狀況，這也不是我們想要對待選手的方式，」艾普勒說。大谷是為了想要成為一位投打兩棲的球員才加入天使隊，而且在他大聯盟生涯的前十個星期，他也證明了他絕對有能力可以做到；極度需要投手戰力的天使隊需要大谷能做出貢獻，他們沒有道理放棄，然而大谷想要不接受湯米．約翰手術就重返投手丘的最後一絲希望，就被寄託在這個機率其實並不高的治療方式上。

高濃度血小板血漿治療以及幹細胞治療這兩種治療方式，都是使用高度濃縮的人體自我修復成分來治療傷勢。血小板是最小的血液細胞，他們在人體需要的時候會凝結成血塊來修復組織；血液中通常有百分之六的血小板，在進行高濃度血小板血漿治療時，會將自患者身上抽出的血液高速旋轉，讓血小板的濃度提高到百分之九十四左右，再注射回患者受傷的部位。幹細胞是人體的原始細胞，可以在身體需要的時候轉化為其他的組織細胞；幹細胞治療會先抽取患者骨髓，然後從富含幹細胞的骨髓中萃取出可用組織，再注射回受傷的部位。雖然這兩種治療方式對加速傷勢復原的成效都未有定論，但風險非常小，所以大谷和天使隊都認為值得一試。

這條路天使隊曾經走過，前兩次分別是左投手安德魯．希尼和右投手蓋瑞特．理查斯，他們兩位都被診斷出韌帶受損，並在二〇一六年五月接受了高濃度血小板血漿治療以及幹細胞治療；希尼在大約兩個月之後還是必須接受湯米．約翰手術，而理查特則在注射之後超過兩年都不需要進行手術，雖然他因為另一次受傷而幾乎錯過整個二〇一七年球季，但一直到二〇一八年六月，沒有進行韌帶手術的理查特仍然可以正常投球。

大谷在二〇一七年就曾於日本接受過高濃度血小板血漿治療，這也是他的韌帶第一次被診斷出有傷勢；那一次的治療讓他可以順利來到美國度過春訓以及二〇一八年球季的前兩個月，但卻沒能避免再一次發生狀況。

不過高濃度血小板血漿治療有一個最光鮮奪目的前例，而且還是艾普勒和大谷的熟人；日籍投手田中將大在二〇一四年時是紐約洋基隊的一員，那時他被診斷出手肘韌帶有部份撕裂傷，而艾普勒正是洋基隊的副總經理。田中接受了高濃度血小板血漿治療，並在兩個月之後就重回投手丘；一直到大谷被診斷出韌帶受傷的二〇一八年六月，沒有開刀的田中仍然在投手丘上表現優異。仔細計算起來，從田中接受高濃度血小板血漿治療到大谷受傷為止，田中在那四年之間一共替洋基隊先發主投了一百場比賽，他拿下了二十六勝並且累積了僅有三點二六的防禦率。

田中畢竟是個極少數的特例，絕大多數的大聯盟投手在嘗試使用幹細胞治療和高濃度血小板血漿治療來修復他們的韌帶時，通常最後的結果都和希尼一樣終究必須開刀；一度曾經避開了開刀的理查特，在大谷的受傷診斷之後一個月也不得不接受了湯米．約翰手術，而就在天使隊宣布理查特決定接受手術的那一天，艾普勒也被問到對於讓大谷接受高濃度血小板血漿治療以及幹細胞治療的這個決定上，天使隊會不會想要做出改變。「不會的，每一個球員在生理上都是獨一無二的，」艾普勒說，「我信任那些上過醫學院、在醫院上過班的人，他們在這方面的知識比我豐富多了，這也是為什麼我們雇用這些專家。」

那時大谷已經有大概一個月沒有投球，但已經重新回到打線，他一共有三個星期完全沒有投球也沒有揮棒，然後花了四天進行打擊練習，其中包括有兩天在天使球場面對小聯盟投手的二十次打擊機會；七月三日大谷在西雅圖擔任天使隊的指定打擊，大概是因為之前一整個月只有兩次真正面對投手，狀況不好的大谷被三振了三次，一共四次打擊機會都沒有任何安打。

「我不會覺得好像又回到了春訓，」大谷說，「這不像春訓，在這裡的氣氛完全不一樣，因為我是在大聯盟球場面對大聯盟投手，我可能還需要一些時間來調整。」

接下來的兩個月大谷就全程進駐了天使隊的先發打線，八月三日在克里夫蘭市出戰印地安人隊[13]時，他交出了當時為止表現最佳的單場打擊成績，擊出兩支全壘打，其中一支往右外野方向飛出了四百四十三英尺遠；他一共擊出四支安打，其中一支還在第八局激發了天使隊的反攻氣勢，他在上壘之後盜上三壘進入得分位置，最後也讓球隊拿下勝利。

「這就是翔平的過人之處，」總教練麥克．梭夏說，「他在各方面都能力超人，除了跑壘之外當然打擊也是，這是一場精采的比賽。」大谷在這場比賽擊出了他球季的第十支全壘打，成為大聯盟有史以來第一位在同一個球季中擊出十支全壘打，也投出過五十次三振的選手，這是連貝比．魯斯都沒有過的成就；魯斯投球的年代和現在二十一世紀的打者們不同，那時的打者更加重視能夠準確擊中球，也因此魯斯投手生涯平均每九局投球只有三點六次三振。當魯斯從一九一八年開始在其他防守位置出賽時，他上場投球的次數就大概只有之前專任投手時的一半，那年他在一百六十六又三分之一局的投球中投出了四十次的三振；對比起來，二〇一八年當大谷因為傷勢而停止投球時，他在四十九又三分之一局的投球中已經投出了六十一次的三振。

隨著時間一星期一星期過去，大谷持續累積這項紀錄的機會也越來越高，所有跡象都顯示他的韌帶復原的狀況良好，他很快就可以再上場投球。七月十九日是大谷受傷六個星期之後第一次被解禁獲准練投，當時所設下的目標是希望能讓大谷在九月時以投手的身分上場比賽；「這是我今年球季的目標之一，就是要能回到投手丘上，」大谷說，「我必須繼續努力、繼續照著正確的步驟走，才能達到這個目標。」梭夏也對前景表示樂觀：「只要他的復健過程和計畫一樣順利，我們確實預期他今年會再上場投球。」

到了八月六日，也就是接受注射治療的兩個月之後，大谷站上了天使球場的牛棚投手丘，嘗試進行了他所有的投球動作，但只是揮舞著毛巾而沒有真正投球；八月十一日他又站上了投手丘，這次是和一位站在本壘板後的捕手傳接球，幾天之後又再試了一次，這次則是讓捕手蹲了下來。每隔幾天大谷就增加了投球的數量和力道，他很快就站上了天使球場的投手丘，讓不同的打者站在打擊區裡配合他練投；他投了十五球，休息了一下又回到投手丘上投了十八球，模擬著在

13　克里夫蘭印地安人隊（Cleveland Indians）已於二〇二二年球季起正式更名為克里夫蘭守護者隊（Cleveland Guardians）。

正式比賽中連續主投兩局的出賽狀況。

八月二十日是天使隊的休兵日，球隊正在鳳凰城等待即將與亞利桑那響尾蛇隊進行的跨聯盟系列戰；天使隊位在坦佩市的春訓基地剛好就在附近，於是大谷就到基地去面對小聯盟打者，投了一場五十球的模擬比賽。天使隊在基地有各種測量球速與轉速的高科技器材，而測量出來的結果也讓他們滿意；「我們很高興他在各項測量都有達到目標，」艾普勒說，「以他目前所投過的模擬比賽來看，不管是數據上的回饋、現場教練的報告、影像的分析，還有醫療人員的資料，我們對看到的一切都覺得很高興。」一個星期之後大谷又投了一場五十球的模擬比賽，他覺得這樣已經足夠；「個人來說，我覺得我已經不需要更多的模擬比賽了，但這終究不是我可以決定的，」大谷說，「這要讓教練團和醫療人員來評估，我必須先和他們談談。」

在這整段過程之中，有一個問題一直讓天使隊遭受質疑，那就是到底為什麼要讓大谷回來投球？球季進行到八月時，天使隊的成績已經再一次令人失望，季後賽也早就遙不可及，包含天使隊球迷在內，許多人都覺得根本不需要再冒險讓大谷在這個球季尾聲回來投球；為什麼不讓他就休息到球季結束，給他的手肘有時間復原，然後等到二〇一九年球季再重新開始？這些都是見證過球隊被投手傷勢拖垮的天使隊球迷，就像一個月前剛剛動了湯米．約翰手術的蓋瑞特．理查斯，他已經是天使隊在二〇一八年第五位接受湯米．約翰手術的投手；四月份剛剛崛起成為天使隊終結者的右投手凱南．米德爾頓（Keynan Middleton）沒多久就開了刀，右投手傑西．拉米瑞茲（JC Ramírez）、布雷克．伍德（Blake Wood），以及左投手約翰．藍柏（John Lamb）也都先後在二〇一八年動了湯米．約翰手術。如果從二〇一四年算起，天使隊還有左投手泰勒．史凱格斯（Tyler Skaggs）、安德魯．希尼，以及右投手尼克．卓皮諾（Nick Tropeano）動過同樣的手術；對天使隊這樣一支擁有超級巨星麥克．楚奧特在陣中的球隊來說，投手傷勢一直是球隊自二〇一四年以來都無法打進季後賽的最大原因。

對天使隊來說，不讓大谷投球所必須承擔的風險可能更大，因為大谷的韌帶終究是要能承受投出時速一百英里快速直球的壓力，也必須面對大聯盟比賽強度所激發的腎上腺素，而目前為止他在牛棚以及模擬比賽中所做的一切，都無法證明他的韌帶可以做到；最糟的情況就是如果天使隊現在就讓大谷停止投球，然後一直到二〇一九年的春訓才恢復，要是他的韌帶到那時又再進一步受傷，不要說整個二〇一九年了，很可能整個二〇二〇年球季都無法看到大谷投球，而且還會有很長一段時間連上場打擊都沒有辦法。如果大谷最後還是需要進行湯米．約翰手術，那天使隊希望能越快知道越好，這對大谷來說也是好事，因為這樣在球季結束後他就會知道自己在休兵期需要做些什麼；要不就是充滿信心的知道手肘已經可以再承受正規球季的賽事強度，要不就是接受他必須開刀治療的命運。

「能夠讓他在球季結束前回到投手丘上，不管對選手還是對球隊都有很大的好處，」艾普勒說，「這會讓選手覺得安心，這很重要，如果你問那些受過傷的選手，你做個統計好了，就算不是全部，絕大多的人都會說，一個正常的冬天，一個可以不受任何限制、可以完全照著我自己正常訓練課表來準備的冬天，對他們來說有多麼重要。」而天使隊當然也希望當球隊進入冬天、要開始建構起下一個球季的球隊陣容時，他們可以把大谷算在二〇一九年的投手陣容裡。

在大谷投完了兩場模擬比賽、宣布自己已經準備好了之後幾天，天使隊就決定讓他接受這最後的考驗，讓他在九月二日的比賽先發投球；那是在休士頓出戰太空人隊四連戰的最後一場比賽，距離他被診斷出尺骨附屬韌帶並接受幹細胞注射治療已經接近三個月，大谷終於將在全國轉播的《ESPN周日棒球夜》先發出戰排名第一的太空人隊。

整個棒球界都關注著休士頓美粒果球場的投手丘，每一球都是大谷對他韌帶強度的測試；雷達測速槍上的每一個數字，還有大谷臉上的每一個表情，全都遭受著最嚴苛的檢視。

大谷解決了前八名打者中的六位，他的快速直球球速最高衝上了時速九十九英里，但大部份都在九十五到九十七英里之間；他在第一局投出一次保送也被擊出一支安打，但沒有太大問題，接下來大谷在第二局的表現完美，但並不是沒有出現狀況。太空人隊的馬文・岡薩雷茲（Marwin González）擊出一記強勁的反彈球，而大谷直覺的回身伸出手攔截這一球；球擊中了大谷的無名指之後反彈給了三壘手泰勒・沃德（Taylor Ward），剛好來得及傳到一壘造成出局。總教練麥克・梭夏走上了休息區的階梯想要進場查看大谷的狀況，但大谷立刻示意說自己沒有問題；接下來他以一記指叉球三振了尤里・古力歐（Yuli Gurriel），然後讓前一個月剛剛被交易到太空人隊的前隊友馬丁・莫德納多擊出一記滾地球出局，結束了這一局的比賽。

到了第三局，大谷的第一記快速直球只有九十點二英里，然後接下來的也全都在九十一到九十二英里；大谷先投出了一個保送，然後一記在大腿高度的滑球被喬治・史普林格（George Springer）擊出了一支兩分打點的全壘打。接下來他投出的第四十九球讓荷西・奧圖維（José Altuve）擊出滾地球出局，那也是他這場比賽的最後一球；總教練梭夏在第三局兩人出局的情況下，決定將他替換下場。

球速下降是最引人注意的事，但還不至於讓人緊張，大谷在模擬比賽裡都只投了五十球，所以替換他下場的時機也不是什麼問題；大谷在賽後說自己覺得手肘很好，但背部有點不舒服，而且被反彈球打中的手指也開始發腫，「我要等到明天才知道身體會有什麼反應，」大谷說，「至於現在，我覺得身體感覺不錯，手肘也覺得很好。」

第二天天使隊到了阿靈頓出戰德州遊騎兵隊，大谷和梭夏都說手肘沒有問題；「我昨天才在比賽中投過球，所以手肘有點酸，這很正常，」大谷說，「我會繼續觀察，也要為下一次的先發做好準備。」

然而兩天之後大谷又再接受了一次核磁共振成像檢驗，這次的結果顯示他的尺骨附屬韌帶又再度受傷了；而醫生的建議就是進行湯米・約翰手術，他們躲避開刀躲了三個月，該來的還是來了。大谷並不覺得意外，「其實在我腦海深處，我已經有了接受湯米・約翰手術的心理準備，」

他說，「這件事一直在被我放在腦海深處。」雖然天使隊想要幫大谷避開開刀的種種努力，不管是各種治療方式以及讓他嘗試在二〇一八年投球，最後終究還最後功虧一簣，但艾普勒還是為球隊的這些決定做出了辯解；他說天使隊在這三個月之內為大谷做了各種詳細的檢測，而且「所有的診斷結果都讓我們有信心，知道他的韌帶可以承受更進一步的考驗。」對於像大谷這樣能投出時速一百英里快速直球的投手來說，他們的手臂裡都藏著一顆定時炸彈，這是天使隊也無法幫大谷避開的宿命。「如果你連續幾年都這麼用力投球、都這樣拉扯著韌帶，那你一定會面臨這些風險，」艾普勒說，「用力投球是一件好事嗎？當然是，因為它會幫你解決打者出局，但是用力投球會帶來風險嗎？當然也會，因為它拉扯著的是你的韌帶。」

儘管除了手術之外已經沒有什麼其他選項了，大谷還是必須正式向球隊同意「開刀動手術」這個決定，而他似乎還沒有準備好要這麼做。在考慮的這段期間，大谷卻展現出了強大的心靈力量，得知自己必須開刀的那天，他在對遊騎兵隊的比賽中擊出了兩支全壘打；「他一點都沒有放慢腳步，」梭夏說，「他熱愛比賽，雖然今天的消息肯定會讓他覺得失望，但他還是想上場打球，他在今晚比賽的表現非常好，不能再要求他什麼了。」

不管以後還能不能再投球，大谷明顯還是一位具有強大威脅性的打者，他最後也決定要以打者的身分盡情享受最後這幾個星期，等球季結束再接受手術治療；「我覺得我的打擊能力現在正在進步，我想要在這些重要的比賽中盡量累積經驗，」大谷說。

大谷在剩餘的九月裡全職擔任打者，最後整個球季累積了兩成八五的打擊率，並在三百二十六次打數中擊出二十二支全壘打，他〇點九二五的ＯＰＳ整體攻擊指數[14]在美國聯盟所有超過三百次打數的打者中名列第六；雖然他在下半球季只投了二又三分之二局，但在全年累積五十一又三分之二局的投球中，他的防禦率是三點三一。打擊加上投球的統計數據讓大谷被選為美國聯盟的新人王，負責投票的三十位記者中有二十五位都投給了大谷；投打兩棲的優異表現也讓大谷站上了一個除了貝比．魯斯之外別無他人的特殊位置，魯斯是大谷之前最後一位曾經投打兩棲都交出優異成績的選手，但那已經是九十九年前的事了。

魯斯的投打兩棲只延續了一九一八年和一九一九年兩個球季，他說那對體能的要求實在太大，而且他比較喜歡打擊；大谷的兩棲生涯還不滿一個球季，就必須在十月一日接受了手肘重建手術，沒人知道什麼時候、或是有沒有可能，再看到大谷的投打二刀流。

14　整體攻擊指數是進階數據中用來評量球員打擊能力的一種統計，計算方式是將上壘率與長打率相加；通常〇點九以上的ＯＰＳ被視為優秀打者，表現極佳的打者ＯＰＳ則會超過一。

CHAPTER 08

充滿挫折的兩個球季

就在大谷要開刀的前一天，天使隊二〇一八年的球季也戲劇性的畫下了句點。幾星期之前一份報導就指出，天使隊即將與職掌總教練兵符已經十九年的麥克．梭夏結束合作關係；當時梭夏否認了報導的內容，甚至直指那是胡說八道，但隨著球季越來越接近尾聲，這消息的可信度就越來越高。到了球季的最後一個周末，天使隊幾乎已經不隱藏了，他們辦了一個麥克．梭夏的搖頭公仔之夜，還在每一局的換場期間在大螢幕上播出他職棒生涯的精采回憶影片。

就在泰勒．沃德的再見全壘打幫天使隊以勝利結束今年球季之後沒多久，梭夏坐在爆滿的媒體訪問室桌前，正式宣布他將離開總教練的位置；「我毫不懷疑這對我來說是對的，對球團來說也是個正確的決定，」梭夏在十分鐘的發言中一度語帶哽咽，然後才接受了記者提問，「我經歷了不可思議的十九年，這一切都太棒了。」

對天使隊來說，這確實就是一個時代的終結，但這也為大谷的大聯盟之路帶來了新的挑戰；那個在二〇一七年初見面時就以謙虛自嘲來逗笑大谷的總教練，已經不會出現在大谷的第二個球季了。

畢業自常春藤名校達特茅斯學院（Dartmouth College）的資深大聯盟捕手布萊德・奧斯莫斯（Brad Ausmus）成了新任的總教練。奧斯莫斯在球員時就被看好會成為一位總教練，所以當底特律老虎隊讓他第一次成為總教練的時候，一點都不令人意外；奧斯莫斯在第一年就將老虎隊帶進了季後賽，但是最後也只多待了三年，就在二〇一七年因為九十八場敗仗的戰績而下臺離開。天使隊總經理比利・艾普勒立刻就聘請了奧斯莫斯擔任特別助理，而且兩人在二〇一八年球季幾乎形影不離，一起關注著大谷在大聯盟戲劇性的初登場；到了十月，艾普勒就宣佈將由奧斯莫斯來填補梭夏所留下的空缺，也由他來承接大谷。

「你打算怎麼使用大谷？」就成了每一位負責帶領這位兩棲明星的總教練每年都必須回答的複雜問題。

在二〇一九年春訓開始的前一天，奧斯莫斯也必須面對這個問題，但其實怎麼用並不是問題，何時用才是；大谷要到二〇二〇年才能投球，所以這個問題問的其實是大谷何時會上場打擊。奧斯莫斯說天使隊在五月之前都不會將他放上打線陣容，但這就引人追問為什麼天使隊沒有盡早在九月五日就讓大谷開刀，而是讓他以「正式比賽的打擊機會可以累積經驗」為理由，將手術日期往後延遲了近乎一個月。

「我知道我可能會趕不上球季開幕日，但是去年當醫生告訴我說我必須接受湯米・約翰手術的時候，我覺得我的打擊狀況很好，而且看球看得很清楚，所以我想要在球季結束前多爭取一些經驗，」大谷在二〇一九年春訓開始時說，「我覺得那一定會對今年球季有幫助，或許我會錯過第一個月，但是長期來看，我認為這對我自己跟對球隊都會有幫助。」

然而計畫並沒有想像中順利，大谷沒能在春訓熱身賽中上場比賽，而且要等到了四月底五月初才開始和天使隊的小聯盟選手們練習打擊，等他終於回到天使隊先發打線時，那已經是五月七日了。

大谷在球季開始時表現不佳，到球季結束時也是如此，他的OPS整體攻擊指數從前一年新人年的〇點九二五降到了〇點八四八，這是因為他的長打能力不如預期；大谷在二〇一八年的三百二十六次打數中擊出二十二支全壘打，但是在二〇一九年的三百八十四次打擊中，他只擊出了十八支全壘打。

成績差異的原因非常好找，現在球場上所發生的一切事情都會被各種科技儀器分析，而「擊球仰角」就是一個近幾年來最被廣泛提及的專業術語。簡單來說，越來越多的打者都發現，想要有好的成績已經不能只靠用力擊球了，把球往天上打也一樣重要；一個強勁的平飛球或是滾地球可能會形成一支一壘安打，但是把球打高會提高擊出全壘打的可能，還能避免打成雙殺。

大谷在二〇一八年時的平均擊球仰角是十二點三度，但到了二〇一九年卻降到了六點八度，他打擊進場內的球有百分之四十九點六是滾地球，這也比二〇一八年的百分之四十三點六要高；

他擊出高飛球的比例從二〇一八年的百分之二十四下降到二〇一九年的百分之十八，扣除了滾地球和高飛球，剩下的就是平飛球了。大谷的擊球初速在這兩個球季幾乎完全一樣，二〇一八年是時速九十二點九英里，二〇一九年則是九十二點八英里，但他整體的表現卻退步了。

「他沒有像去年一樣把球往上打，」奧斯莫斯說，同時也指出大谷的擊球點不夠往前，「他還是有能力擊出安打甚至長打，但他去年那種一飛衝天的球不見了。」

大谷以特大號的全壘打在二〇一八年成為大家關注的焦點，但是那強大的力道卻在二〇一九年成了稀客，大谷對這個狀況也沒有多做說明；「我必須對我的揮棒動作做出一些小調整，」他在九月時說，「我會說這是動作上的問題，而不是對時間點的掌握，有很多我不應該打到界外的球都被我打成了界外球，所以我認為這是我打擊動作上的問題，時機節奏上是沒問題的。」

打擊教練傑瑞米．瑞德指出，調整擊球仰角說來容易，但做起來並不是那麼一回事；前一年球季天使隊外野手寇爾．卡胡恩（Kole Calhoun）就因為想要調高他的擊球仰角而修改了打擊動作，結果他的打擊整個因此亂了調，讓他必須進到傷兵名單上去重新建立起一整套新的打擊動作才行。

「當他們開始思考要打高，還有擊球仰角和那些其他的事，往往就會越想越多，」瑞德在提到大谷時說，「有時候他們想得太多就忙不過來了。」

瑞德說大谷難免會想要多嘗試一些不同的方式，因為他實在也沒有什麼別的事可做；他沒辦法投球，也沒有其他的防守位置，大谷在二〇一九年唯一能做的就是耗在打擊練習區裡。瑞德還說大谷為了修復他的揮棒動作，有時候實在太認真了，但是他並不擔心，因為他在二〇一八年親眼看過他的天賦能力；「如果你可以一整年都表現得那麼好，」瑞德說，「那就是真的，跑不掉的。」

大谷在二〇一九年球季還是有表現的精采，特別是六月十三日在純品康納球場對坦帕灣光芒隊的比賽中，他在第一次上場打擊時就擊出一支右外野方向的三分全壘打；他在第三局擊出一支左外野方向的二壘安打，然後在第五局又利用一支右外野邊線方向的平飛安打快速跑出一支三壘安打。當內野手大衛・佛列齊（David Fletcher）向大谷提及他只要再擊出一支一壘安打就可以達成完全打擊[15]時，大谷回答說：「不，我想再打一支全壘打。」果不其然，大谷在下一次上場打擊時連著大力揮棒了好幾次，但最後還是在兩好球的情況下碰出了一支中外野方向的軟弱一壘安打；「如果你看了他那次打擊就知道，他絕對是想再打一支全壘打，」佛列齊說，「但是我很高興他打出了那支一壘安打。」

大谷是第一位在大聯盟達成完全打擊的日本選手，這是他在日本五年職棒生涯也沒有達成過的成績；上一位做到完成打擊的天使隊選手，是六年前的麥克・楚奧特。

15　完全打擊是指同一名打者在同一場比賽中分別擊出一壘安打、二壘安打、三壘安打，以及全壘打。

「就是很高興我可以做到，」大谷說，「在我之前有好多偉大的日本球員，我很高興能夠成為第一個做到的，也讓我對未來充滿信心。」

身為大谷生涯里程碑的最直接受益者，天使隊這場比賽的先發投手也特別向大谷致謝。

「他的狀況越來越好了，」左投手泰勒．史凱格斯說，「這很令人興奮，他看起來越來越像去年的大谷，這真的超厲害。」

＊＊＊

史凱格斯和大谷翔平在球員休息室裡是鄰居，不管是在坦佩市的春訓基地還是在安納罕的天使球場，他們的經紀人也一樣是涅斯．巴雷洛；二〇一九年的大谷正在為湯米．約翰手術進行復健，這是一條史凱格斯在幾年前也同樣走過的路。

「翔平真的很關心泰勒，」巴雷洛說，「他愛泰勒，泰勒也愛翔平，就算不是整個天使隊，整個休息室裡絕大部份的人也都愛泰勒。」

史凱格斯是在二〇〇九年被天使隊選進陣中，他在二〇一〇年被交易出去，但是到二〇一三年又回到天使隊；他是球員休息室中最受歡迎的人物，不管是隊友、記者、還是負責打掃球場的工作人員，人人都喜歡他。

P. 143

就在史凱格斯正要站穩大聯盟的時候，他突然覺得自己前臂有點緊繃，那是二〇一四年七月在巴爾的摩市一個悶熱的晚上；他的直覺最後被證實是尺骨附屬韌帶斷裂，而他也成為湯米．約翰手術歷史上的一個統計數字。後續的第二次受傷拖緩了他的復健，他花了接近兩年的時間，要到二〇一六年七月才回到投手丘上；二〇一八年當大多數關心天使隊的人都聚焦在大谷的優異表現上時，史凱格斯的投球成績也正在突飛猛進的進步，他差一點點就被選入明星隊，但是接下來在下半季的成績就因為鼠蹊部受傷而略為退步。

二〇一九年球季開始時，大谷和史凱格斯在坦佩市球員休息室的座位距離彼此只有幾英尺，史凱格斯宣示說他要交出像二〇一八年上半球季的成績，而不是下半球季；「我不太想討論去年，因為那讓我覺得像吃錯東西一樣不太舒服，我想要證明給大家看那並不是我，」他接著說，「我很期待可以複製去年上半季的表現，而且一路保持到球季結束。」

巧合的是，史凱格斯說自己開始覺得重返高峰的關鍵比賽，就是大谷達成完全打擊的那一場；史凱格斯說自己在對光芒隊的比賽中掌握著很好的節奏，但比賽一度因為照明燈故障而被暫停了三十六分鐘，影響了他的調整。他的下一次先發是在多倫多，史凱格斯在七又三分之一局中只失一分，也交出一場典型史凱格斯的比賽；他在第七局時看到牛棚有投手在練投，這表示他即將被替換下場，這讓他當場暴怒，以他全場球速最快的一球三振對手並結束了對手的進攻，他回到休息區時對著總教練奧斯莫斯說：「這是我的比賽，把電話掛上。」

不到兩個星期之後，天使隊到外地出戰德州遊騎兵隊和休士頓太空人隊；為了紀念這趟德州之旅，全隊決定在六月三十日登機時都打扮成牛仔的樣子，史凱格斯穿著黑色靴子、黑色的牛仔褲、一件黑色的上衣，以及一頂黑色的牛仔帽。

那天晚上是全隊最後一次看到史凱格斯。

第二天警察就發現他倒臥在旅館房間床上，幾星期之後法醫宣布史凱格斯體內有鴉片類藥物的反應；他才二十七歲，過世的消息震撼了天使隊和整個棒球界，當晚和遊騎兵隊的比賽也因此延期。第二天當天使隊球員回到球場時，每個人的球衣上都多了一個史凱格斯四十五號的小布章；大聯盟所有認識史凱格斯的球員，有的在帽子上寫下四十五號，有的則在投手丘紅土上畫下號碼以表達他們對他的想念。

「從我去年加入天使隊以來，泰勒就是我的好朋友，」大谷在一份聲明中說，「對於他的離去，文字沒有辦法表達我最深切的哀痛，我的悼念之心與他的家人同在。」

在悲劇發生之後，天使隊連續贏了兩場比賽，但是在客場的六場比賽中只贏了三場；七月五日他們在休士頓擊敗了肯定會進名人堂的明星投手賈斯汀·韋蘭德（Justin Verlander），天使隊從他手中一共擊出三支全壘打，其中一支是大谷打的，那天剛好也是大谷二十五歲的生日。

天使隊在明星賽假期之後回到主場，七月十二日是他們在失去史凱格斯之後第一次在天使球場出賽，每位球員都穿上了背號四十五號的球衣，背上的名字都是史凱格斯；史凱格斯的母親黛比為比賽開球，比賽開打前大家默哀了四十五秒，球場也播放了一段紀念史凱格斯的影片。

然後天使隊把這變成了一場讓人永誌難忘的比賽。兩位浪人右投手泰勒・柯爾（Taylor Cole）和菲力克斯・潘尼亞（Félix Peña）聯手對西雅圖水手隊投出了一場無安打比賽，柯爾先發投了前兩局，潘尼亞則投完了剩下的七局，天使隊以十三比〇獲勝；比賽結束之後，每個選手都把身上的四十五號球衣脫下來平舖在投手丘上，潘尼亞把自己的球衣脫下來放在投手丘頂端，蓋住了那塊幾星期前史凱格斯才踏過的投手板上。

「我知道他今天與我們同在，」柯爾說，「他看照著我們，他是今晚這一切的一分子，毫無疑問。」

天使隊在那幾個星期的表現有如神助，他們連續兩場在道奇球場擊敗勁敵道奇隊，也在七月二十四日把球隊戰績提升到五十四勝四十九敗，眼看已經有機會可以競逐一個季後賽的位置。

然後一切就突然全崩塌了，或許是因為失去隊友的情緒壓力終於壓垮了他們，天使隊在接下來的十四場比賽中輸掉了十二場，其中包括一場令人惱怒的十六局延長賽，天使隊居然輸給了最後累積一百零八敗的巴爾的摩金鶯隊。

悲劇的烏雲飄罩，加上眼看又是一個失敗的球季，大谷也在下半球季陷入了低潮，他在最後的五十三場比賽中只擊出了四支全壘打；在那段期間他的打擊率只有兩成六九，OPS整體攻擊指數也只有〇點七六七，而問題並不只是他無法把球打高而已。

九月十二日天使隊宣布大谷將會接受膝蓋手術，並且錯過球季最後的十五場比賽，這是大谷一個先天性的身體狀況，而且他從春訓時就感覺到不舒服；大谷的左膝蓋有先天性分裂髕骨（Bipartite Patella）的症狀，原本應該融合的膝蓋髕骨並沒有在生長期合而為一，因此分裂成了兩塊。大谷一直沒有感覺到有什麼問題，要到二〇一九年的春訓期間，他才第一次覺得有點不舒服；這個狀況從來就沒有被公開過，但是當即將接受手術的消息傳出之後，許多大谷身邊的人都開始認為或許這就是為什麼他二〇一九年的表現沒有二〇一八年好。

二〇一九年九月距離大谷的湯米．約翰手術已接近一年，他也早已開始練習投球，天使隊認為如果大谷在膝蓋不舒服的情況下繼續練投，很可能會因此而更改他的投球動作，進而提高他再度受傷的可能性，所以天使隊決定立刻為大谷進行膝蓋手術，這會讓他在接下來的幾個月都無法再繼續練習投球。

這對單季吞下九十場敗仗的天使隊來說又是一個沉重的壞消息，這是他們自一九九九年以來最差的戰績，噩夢般的球季也讓總教練布萊德．奧斯莫斯短短一年就不得不下臺離開。

整個球隊和大谷都在往錯誤的方向前進。

* * *

喬・麥登（Joe Maddon）是天使隊與往日榮耀的一個連結，在那之後他率領芝加哥小熊隊終結了歷時一百零八年的冠軍荒，在二〇一六年贏得世界大賽總冠軍，也成為了一位炙手可熱的明星總教練。

當消息從芝加哥傳出，說小熊隊和麥登有可能在二〇一九年球季結束之後就不再續約時，外界就開始猜測天使隊老闆阿提・莫里諾已經開始注意麥登。

天使隊在一九七五年就以自由球員的方式簽下了麥登，麥登畢業於位在賓夕法尼亞州中部的拉法葉學院（Lafayette College），他的小聯盟生涯並不順利，但是他很快就在天使隊的農場系統裡嘗試起各種不同的角色，從教練到加入球員發展部門什麼都有；他也曾經擔任過球探，多年來最常掛在嘴邊的就是他成功說服天使隊傳奇外野手提姆・賽門（Tim Salmon）與天使隊簽下合約的故事。麥登最後成為天使隊大聯盟教練團的成員之一，有幾次還代理過總教練的職務；二〇〇二年時他是總教練麥克・梭夏的首席教練，那一年天使隊終於擺脫了一九八二年和一九八六年兩度在季後賽被逆轉的慘痛回憶，第一次拿下了世界冠軍。

坦帕灣魔鬼魚隊[16]在二〇〇六年讓麥登第一次成為全職的大聯盟總教練，在那之前，這支擴編球隊在成立九年以來有八年都是聯盟分區裡的最後一名，最好的時候輸過九十一場比賽，最糟

16 坦帕灣魔鬼魚隊（Tampa Bay Devil Rays）已於二〇〇八年更名為坦帕灣光芒隊（Tampa Bay Rays）。

的時候輸過一百零六場。

麥登是球員和球團高層之間最好的橋樑，他是個有傳統風格的老派總教練，但是特別擅長與球員溝通，並保持球隊上下輕鬆的心情，他甚至曾經為了打破球季期間的沉悶乏味而將一隻企鵝帶進了球員休息室。麥登充滿個人特色的風格加上對科技新知的喜好，讓他可以完全接受光芒隊對於各種數據分析的強烈依賴；小市場球隊的經費有限，他們也必須這樣才能擠出每一場勝利，麥登和他的光芒隊在比賽中積極防守佈陣次數，更是遠遠超過其他大聯盟球隊。

光芒隊在麥登的第一個球季輸了一百零一場比賽，但是到了第三個球季他們就贏了九十七場比賽，打進了二〇〇八年的世界大賽，可惜最後輸給了費城費城人隊；但是在接下來的五年當中，光芒隊在麥登的帶領之下三度打進季後賽，擺脫了常敗軍的形象。

在二〇一五年球季之前，小熊隊從光芒隊陣中將麥登挖走，而穿上了新球衣的麥登仍然是勝利保證，二〇一六年他就帶領著小熊隊拿下一百零三勝以及那座渴望已久的世界冠軍獎盃；但即使麥登成功的破除了小熊隊的詛咒，他和芝加哥的緣分似乎在二〇一九年還是走到了盡頭。

麥登結束了與小熊隊的合約之後，立刻就成為天使隊的第一號目標，因為莫里諾為了要安撫越來越失去耐性的球迷們，早就迫不及待的想要重溫天使隊過去的光榮歷史，「我們的目標一直都是要再贏一次世界冠軍，」莫里諾在宣布麥登成為新任總教練時說，「我們要再跳上那輛勝利的列車，過去的幾年實在太辛苦了。」

麥登跟過去幾年一點關係都沒有，他也完全沒有機會看到過大谷翔平的現況；雖然他曾經在大谷和天使隊簽約之前，與小熊隊的代表團一起見過大谷，但是在那之後，他唯一看過的就是大谷在二〇一八年和二〇一九年兩個球季的精彩影片。對於那個最基本的「你打算怎麼使用大谷」提問，麥登並沒有任何預設立場，在走馬上任幾個月之後，麥登在聖地牙哥的冬季會議中被問到會不會考慮讓大谷在投球的當天也同時上場打擊，這是天使隊在大谷手肘受傷前從未嘗試過的事；「為什麼不？」麥登說，「一整年累積下來這可能是五十幾次的打擊機會，如果不去用就沒有了。」當天稍晚總經理比利．艾普勒就稍微踩了煞車，畢竟大谷在上一次投球之後已經接受了兩次手術，而且當時的大谷在膝蓋手術之後也尚未開始恢復傳接球；艾普勒當然不希望替大谷增加更多壓力，但那也是外界第一次發現麥登似乎不想在大谷身上設下太多限制。

當天使隊展開二〇二〇年春訓時，麥登才剛上任沒多久，他決定先照著球團小心謹慎的計畫來監督大谷，這其中包括了對投球局數的限制。二〇一七年在北海道日本火腿鬥士隊的時候，大谷因為腳踝和大腿的傷勢，只投了二十六又三分之一局，二〇一八年他在天使隊因為手肘受傷只投了五十一又三分之二局，二〇一九年他完全沒有投球；天使隊當然不可能讓他在二〇二〇年完全不受限制，但是他們也不想像二〇一二年的華盛頓國民隊一樣，被自己的規定給逼進了死角。

國民隊年輕的王牌投手史蒂芬．史崔斯伯格（Stephen Strasburg）當年球季正從湯米．約翰手術後復出，所以國民隊決定限制他的投球局數；史崔斯伯格在球季中照著正常的先發輪值上場投球，結果到了九月就把局數限制給用完了，正在為季後賽努力的國民隊決定依照原定計畫不再讓他上場投球，這個決定也在國民隊球迷中引發了激烈的爭辯。為了避免碰到同樣的困擾，天使隊決定讓大谷晚一點開始球季，這樣子或許他們可以讓大谷投完整個正規球季，甚至還有可能在季後賽登場投球。

一則嚴格來說只有大谷用得到的新規定也讓天使隊獲益良多，這則規定讓一名選手可以用野手的身分留在大聯盟正式名單上，但是同時又以投手的身分在小聯盟復健練投；意思就是大谷可以用打者的身分在大聯盟展開球季，然後每一次需要到小聯盟練投比賽的時候都可以當天來回，就像是把他投手部份的春訓延遲到四月五月才開始，球隊也不用把他移出正式名單。

這個計畫看起來完整周延，然而就像我們每一個人在二〇二〇年初定下的計畫一樣，一下子就全都變了。

＊　＊　＊

當二月底「新冠病毒」這個詞開始在各個春訓基地流傳時，大家正如往常一般進行著正常的春訓課表，也沒人想到即將到來的球季會受到甚麼影響；然後大聯盟終於在三月十日正視了這個病毒的威脅性，宣布媒體成員再也不能進入到球員休息室去，取而代之的是所有訪問都必須在室外進行，選手也必須距離記者最少六英尺遠。當天天使隊在亞利桑那州皮奧里亞市（**Peoria, Arizona**）和西雅圖水手隊在滿場觀眾前打了一場乏善可陳的熱身賽，第二天早上鳳凰城一帶大雨傾盆而下，天使隊原本的的比賽也因而取消；選手們全都各自回家，也完全沒有人想到下一次要再這樣無拘無束聚在一起，會是超過一年以後的事了。

三月十一日晚間，美國職業籃球NBA猶他爵士隊的魯迪·戈貝爾（Rudy Gobert）被診斷出感染了新冠病毒，當晚在奧克拉荷馬市的比賽也因此在開打前被緊急延期，這也觸發了全美國乃至全世界一連串運動賽事和大型活動都相繼遭到取消；天使隊在三月十二日並沒有比賽，但是還沒等到十三日大家重新回到球場，大聯盟就宣布暫停一切春訓活動，也將球季開幕戰先順延兩個星期再說。天使隊球員被告知他們可以選擇留在亞利桑那、前往南加州，或是回到他們休賽期間的居住地，但是短時間都不會有任何棒球活動，他們必須自己盡量持續鍛鍊，並為隨時有可能恢復進行的春訓和球季做好準備；大谷決定回到南加州，而事後他也說這段暫停期間對他的個人生活影響並不大。

「當然，有一段時間我根本不能出門，但是我本來就不太常出去，所以這其實沒什麼麻煩，真的，」大谷說，「即使我們的行動受到限制，我還是可以繼續訓練，所以我不覺得有什麼困擾。」

隨著休兵期從幾星期延長到幾個月，大谷和幾個隊友開始在天使球場一起練球，沒有人知道球季什麼時候會再開始，或是到底會不會再開始，但球季的順延對大谷來說是件好事，而天使隊也不需要再擔心他的投球局數限制；等到大聯盟終於和球員取得共識，決定要在七月二十三日展開一個每隊只有六十場比賽的球季時，天使隊已經做好準備，要讓大谷以兩棲選手的身分打滿這一整個縮了水的球季。

各隊從七月開始在主場球場為即將復賽的球季做準備，大家把這稱作是夏令營，球員們幾乎天天都要接受新冠病毒的檢測，整個球場設施也重新做過規劃，讓每個人之間都可以保持足夠的距離；球員們不再像以前一樣可以一起在球員休息室裡打發時間，而是被一一分配到球場的豪華包廂裡，訓練也被分開成人數不多的小組。有些球員會戴著口罩到球場練球，有時候則會有球員突然消失好幾天；球隊不會說明是為了什麼，但絕大多數的時候都是因為他們感染上了新冠病毒。

就在這樣的情境之下，大谷終於開始加強他的投球訓練，為他自湯米·約翰手術之後、眾所矚目的第一次重返投手丘做好準備。大谷在五月和六月時已經在天使球場的打擊練習中面對過打者，夏令營開始之後他也在三場隊內分組練習賽中投過球；他的表現並不是太搶眼，但是二〇一八年的春訓已經教會大家一件事，那就是不該用熱身賽的表現來評量大谷，更別說是隊內練習賽了。在他的新人年球季一開始，大谷就在奧克蘭球場打開了他的開關，而二〇二〇年天使隊的球季就這麼巧，也會在奧克蘭開打。

大谷在七月二十六日出戰運動家隊，這是他在六百九十三天之後第一次在正規球季比賽中站上投手丘；他在那場於休士頓舉辦的《ESPN周日棒球夜》比賽之後開了兩次刀，現在終於恢復投球，但是球場空無一人，只有模擬著球場噪音的人工音效透過球場播音系統灌進場上。大谷用一記時速九十二點五英里的快速直球開啟了第一局的比賽，打者是馬可士・席米恩（Marcus Semien），第二球是一記九十三點五英里的快速直球，投在中間偏低的位置，席米恩用力擊出了一支中外野方向的一壘安打。

大谷接著連續保送了三位打者，擠回了一分，然後接連被打出兩支一壘安打，又失了三分；總教練麥登將他替換下場，他一位打者都沒能解決，就結束了在這場比賽的投球。

大谷的直球平均時速是九十二點九英里，比起他手術之前的九十六點七英里慢了一些；麥登堅持大谷在隊內練習賽時的球速都很正常，沒有理由去懷疑他是不是又受了傷。

大谷說他在投手丘上有一些遲疑，不太敢「吃到飽[17]」，用力去把球速推到極限；投手教練米奇・卡拉韋（Mickey Callaway）認為剛剛傷癒復出的投手覺得遲疑是很正常的事，而且這些狀況通常會在小聯盟復健比賽中排除，但是大谷因為疫情的關係沒辦法去復健比賽，他手術之後第

17 原文為Let it eat，是美國棒球界慣用的俚語，用來形容投手全力投出快速直球，即使為了逼出球速而犧牲控球也沒關係。

一次面對敵隊打者就是在正規球季比賽裡。

「我必須把比賽的感覺找回來，」大谷說，「現在我覺得好像只是在丟球而不是投球，我身上還有一些銹，我必須有個新戰術。」

還在和大谷培養感情的麥登，則是在這場惡夢般的出賽之後全力支持大谷，「你要有點耐性啊！老兄，」麥登說，「不能因為一兩個錯誤就拋出毛巾投降，絕對不能，這傢伙就跟你們想像中的一樣棒，他只是還不太習慣重新回到那裏而已，當你從這麼嚴重的傷勢復原回來，你必須拼命去克服那些路障，才能回到你原來的地方。」

一個星期之後大谷得到了第二個機會，這次是在天使球場迎戰休士頓太空人隊，一開始天使隊和全世界的大谷球迷們都覺得自己的呼吸又順暢了起來；大谷只投了八球就結束了完美的第一局，他的快速直球時速高達九十五點八英里，而且他用最能代表他的指叉球三振了對手的開路先鋒喬治·史普林格（George Springer）。

然後第二局就來了，大谷先是和麥克·布蘭德利（Michael Brantley）對決了八球之後將他保送，接下來又對尤里·古力歐（Yuli Gurriel）投了七球，也將他保送，他對賈許·瑞迪克（Josh Reddick）投得吃力，最後也是七球將他保送；對瑞迪克投出的第六球球速達到九十七點一英里，這是大谷在兩次先發中投得最快的一球，但是在那球之後他拉了一下手臂，左手又從右手二頭肌一路往下摸到前臂。

大谷在第二局一共投了四十二球，然後麥登就上來將他替換下去休息；大谷投出第五個保送的最後三個快速直球，球速平均只有八十九英里。

天使隊在比賽結束後立刻就將大谷送去接受核磁共振成像檢驗，第二天天使隊就宣布診斷結果是大谷的旋前屈肌群有第一到第二級的拉傷；旋前屈肌群指的是手肘部位一整個區塊的肌肉和肌腱，通常這樣的傷勢最多需要兩個月的時間療養，但這是一個已經延期又縮水了的球季，於是投手大谷的二〇二〇年球季就此結束。距離湯米．約翰手術二十二個月之後，大谷在兩次不怎麼樣的先發投球、面對十六名打者之後，又受傷了。

新的傷勢再度引來了對大谷是否應該放棄投打兩棲的討論，麥登承認「或許會有那一天，」但是他還沒有準備好要放棄，「從我所看到的，我相信他可以成為一個二刀流球員，」麥登說，「我們只是要想辦法克服這些手臂上的問題，找出解決的方法。」

同一時間天使隊也悄悄開始為大谷擬定一個替代計畫，在決定讓他停機休養的幾個星期之後，天使隊開始讓大谷在右外野練習接高飛球，也在一壘練習接滾地球；大谷說天使隊從來沒有告訴過他最後的目標到底是什麼，他只知道「他們想要我多練一點，把自己準備好。」大谷在日本職棒的第一年曾經短暫擔任過外野手，當被問到為什麼沒有繼續下去時，大谷說：「我也不知道，也許是因為我不夠好。」麥登並不這麼認為，他對打擊練習時大谷在外野接球的身手印象深刻，他也認為大谷在一壘的守備動作很流暢；這些練習部份原因是想看看如果大谷再也不投球了，能不能適應這些防守位置，另一部份是想要讓大谷在打擊之外還有別的事做，大谷並不想要認輸，「我還是會專注在投球上，」他說，「那是我現階段的計畫。」

連續第二年沒有辦法繼續上場投球，大谷再度變回了單棲球員，大家理所當然的認為少了投球對心理和生理所帶來的壓力，他應該會打得更好，但現實卻不是這樣，他的打擊成績在二〇一九年退步了一些，到了二〇二〇年簡直就是慘劇。

大谷在前二十七次打數中被三振了九次，只擊出了四支安打，雖然他在天使隊宣布不再讓他投球的那天就打了一支全壘打——就像他在二〇一八年知道自己必須動湯米．約翰手術那天，就打了兩支全壘打一樣——但他整體的打擊表現實在是乏善可陳。

八月二十一日大谷不在天使隊的先發名單上，麥登對大谷的低潮發表了意見，那時大谷的打擊率已經降到一成七一，OPS整體攻擊指數也掉到了〇點六二三；「很明顯他目前的表現並不符合他的水準，」麥登說，「我需要給他多一點時間去磨練一下，暫時不要再去為比賽的成績而煩惱，把他給修好對我們來說實在太重要了。」

那時的大谷在七十六次打數中被三振了二十一次，而且他看起來狀況很糟，常常用力揮棒到連頭盔都掉了下來，他在打擊區裡沒辦法保持平衡，前腿常常帶著身體往一壘衝；碰到左投手的時候狀況特別糟，「我們需要他把安全帶綁上，」麥登說，意思是要叫大谷控制好自己的的揮棒動作，在打擊區裡穩定下來。

到了九月，大谷的打擊率還是不到兩成，於是他在板凳上坐了一整個星期，幾個月後大谷說，當時不在先發陣容的他開始覺得自己「很沒用」，「我對於自己什麼都做不到覺得很挫折，那是最艱難的事，」他說。麥登說大谷在打擊練習區裡把所有該做的練習都做了，也持續在進步，但是這些進步都沒有在比賽中表現出來。

大谷認為部份原因可能是因為疫情期間為了保護選手，不要給選手群聚的機會，所以他們不能像疫情前一樣，在比賽期間到影像室觀看比賽影片；「我想看到自己在某些區域碰到某些球路時是怎麼揮棒的，」大谷說，「最理想的情況就是可以馬上看到重播，我覺得那對我的幫助一定會很大。」

球季結束時大谷的打擊率只有一成九，OPS整體攻擊指數也只有〇點六五七，一共只擊出了七支全壘打，當他在球季的最後一個周末面對天使隊隨隊記者的提問時，他為自己這個失敗的球季負起了全責；「從這些數字很清楚的可以看到我今年球季表現得並不好，這我完全清楚，」大谷說，「我發現了很多我在這個休賽季需要好好加強的地方，這些每年都會有，但今年有點不太一樣，我有很多需要努力的地方，我迫不及待要趕快開始練球。」

到了十一月，大谷在接受日本媒體詢問的時候，對自己的分析就更加尖銳了。

他用了「情けない」這個詞，翻譯過來就是「可憐」、「沒出息」的意思。

「我沒辦法像我想像中那樣打到球，」大谷說，「我大概從來沒有體驗過這種感覺，明明很想做到一件事，但是卻完全沒有辦法做到。」

但是那個時候受訪的大谷，早就已經開始練球，積極的為了重振他的職業生涯而努力。

CHAPTER 09

用高科技打磨鑽石

在那個大谷翔平自稱是「可憐」的球季之後，他立刻就開始尋找更多新的訓練方式，對於曾經稱霸日本職棒、而且一踏上大聯盟就拿下新人王的大谷來說，二〇一九年和二〇二〇年這兩個球季是他完全無法接受的。

「你看到的是一位從來沒有經歷過這種挫折感的球員，」大谷的經紀人涅斯．巴雷洛說，「這有點像是要來個心靈探索，要跟自己說『等等，我是怎麼了？我該怎麼改進？』」

巴雷洛說他跟大谷決定「把引擎蓋掀開」，把訓練內容的每一個細節都仔細分析一遍，看看還可以做些什麼來讓他回到原本的成績水準，他們檢視了球場上和健身房裡的訓練，甚至還研究了他的營養攝取；大谷的天賦能力一直都在，他也在二〇一八年球季的前十個星期證明了自己可以是一位成功的兩棲球員，二〇二〇年季後到二〇二一年球季開打前的這段時間，就只是要把那個大谷給找回來而已。

「最重要的就是把這塊精美的鑽石打磨起來，」巴雷洛說，「它可能沾了點東西，我們要的就是把它打磨一下；我們沒有把大谷關起來，然後天天拿個什麼神奇藥水給他喝，不是這樣的，他早就什麼都會了，那些天賦能力一直都在那。」

但是要打磨這塊鑽石，就需要大谷全心全意的投入，「翔平要開始自己掌握他的職業生涯，自己掌握球季後的這些訓練，去嘗試一些新的方式，」巴雷洛說，「於是我們就這麼做了。」

不過大谷的冬季重生之路最重要的一個關鍵，卻是在他還沒開始訓練就已經先發生了。大谷在球季結束之後是完全健康的，這是和過去兩年最大的不同；他在二〇一八年的十月接受了湯米．約翰手肘重建手術，然後在二〇一九年的九月接受了膝蓋手術，所以在兩個冬季他都在復健。大家都知道剛動過湯米．約翰手術的大谷肯定無法全力訓練，但膝蓋手術當時對他的影響卻少有人知；不管對投手或是對打者來說，下半身都是最重要的關鍵，而慣於進行高強度、高重量腿部訓練的大谷，在二〇一九年卻因為膝蓋手術的關係無法正常訓練，很可能也影響了他在來年球季的表現。二〇二〇年十月距離大谷的膝蓋手術已經超過一年，這次他就可以全力進行下半身的腿部鍛鍊了。

大谷的腿力以及他與生俱來可以快速進步的能力，其實在好幾年前就已經展現出來了。

在二〇一八年一月，天使隊總經理比利．艾普勒和他的團隊專程飛往日本，要為大谷在第一次參加大聯盟春訓之前先進行一些測試，其中的一個測試項目是垂直跳高，而大谷的成績很普通；以他在其他各方面的優異表現，這樣普通的成績實在太讓人驚訝了，而大谷自己更是失望，在那之前他從未做過垂直跳高的測試，也不了解其中的技巧。

一個月之後大谷到了亞利桑那，天使隊也再為他測試了一次，結果他一口氣進步了九英寸，是全隊裡表現最好的球員之一；通常一般人如果可以在垂直跳高進步兩到三英寸就是非常厲害的事了，但大谷花了幾個星期的時間看YouTube影片學習垂直跳高的正確技巧，而且很快就用他爆發力驚人的雙腿展現出讓人下巴都要掉下來的大幅進步。

二〇二〇年到二〇二一年的冬天大谷終於恢復了健康、健壯的大腿，而他的重建之路——也就是巴雷洛說的打磨——則要從拜訪Driveline棒球訓練中心展開。

Driveline是凱爾．巴帝（Kyle Boddy）的心血結晶，巴帝是一個數學奇才，也曾經在微軟負責過軟體開發，但是卻決定把他的經歷用來幫助棒球員更進一步；他先是花時間學習生物力學，然後設立了一個部落格，多年之後這一切累積起來變成了一個位在西雅圖地區的貨倉，裡面塞滿了電腦、高速相機，以及加重的棒球，而大聯盟球員和那些懷抱大聯盟美夢的年輕新秀全都前仆後繼的前往Driveline集合。

大聯盟球隊必須專注在比賽的勝敗紀錄上，但是Driveline工作人員全心全意關注的只是如何讓學員的成績表現更進步；這裡教練對學員的比例比大聯盟球團好很多，而且運用到的科技也大多更先進，因為這就是Driveline的特色。

比爾．黑索（Bill Hazel）是Driveline的投手訓練主任，他說部分大聯盟球團非常先進，但其他的球隊有些甚至連最基本的投球評鑑系統都沒有；投球評鑑是指用轉速和位移等客觀資料來分析投手投出的每一球，Driveline使用的儀器包括Rapsodo感測儀和Edgertronic高速攝影機，並用這些器材來協助投手改進他們的投球。Rapsodo是放置在投捕手之間的地面上、一個三角形大約六英寸高的感應器，它會追蹤球在每秒鐘的旋轉速度以及轉軸角度，同時也會呈現出球路變化的軌跡；投手可以根據這些資料來嘗試不同的握球方式，藉此提高球的轉速，這會讓變化球的軌跡更犀利，也會讓快速直球的直線路徑更加延伸，在視覺效果上讓打者產生球會上升的錯覺，好像違反了地心引力似的。

一般相機拍攝出來很可能會模糊不清的投球動作，可以用Edgertronic高速攝影機拍攝出高解析度的慢動作影像，讓投手可以清楚看到每一個動作的細節；Edgertronic聚焦在球離手時的投手手上，所以投手和教練可以藉此分析握球姿勢對棒球轉動和位移軌跡的影響。Rapsodo感測儀加上Edgertronic高速攝影機讓投手可以得到客觀而且具有實際效用的資訊，不再像過去一樣只是單純依靠「感覺」來做調整。

Driveline的投球「實驗室」就像是個熱門景點一樣，吸引了許多大聯盟投手到西雅圖去磨練他們的球技，賽揚獎得主崔佛・鮑爾（Trevor Bauer）和克雷頓・克蕭（Clayton Kershaw）都曾到過Driveline；每年都有球員先在這裡開發了新的技能之後，才到大聯盟春訓去報到，其他還有更多球員若不是曾在小聯盟甚至是業餘時期接受過Driveline的協助，他們可能根本不會有上大聯盟的機會。

自從Driveline這個新名詞進入了棒球界的日常詞彙之後，大家討論的重點都是他們如何幫投手們提升了球速；因為從古至今棒球教練和球探總是認為球速是一種與生俱來的能力，後天是無法再有任何顯著改善的，但巴帝和Driveline的工作人員卻開始挑戰這個傳統認知。

最特別的是他們用高速攝影機來拍攝球員的動作，透過穿戴在身上特定部位的感應器記錄下來，讓電腦可以投過分析這些資料，找出成效最好的動作方式和順序。

「差不多每一位來到這裡的運動員，我們都是這樣開始的，」黑索說，「我們會先做一些動態擷取分析，這是一切的基礎，他們動作上沒有效率的地方在哪裡？因為更好的動作效率、在投手丘上更好的移動方式，一般來說都會讓球速提升，或是讓投手以更有效率的方式達到同樣的球速水準，這對他們的長期健康有很大好處。」

Driveline也用加重的棒球來改善球員的動作和球速，各種棒球以鮮艷顏色代表著不同的重量，他們大多比標準棒球的五盎司（約一百四十一點七五公克）還要重；黑索用了個最極端的例子來解釋加重棒球的原理，「如果我要你丟一顆保齡球，你在投擲的時候一定不可能讓它離你身體太遠，」黑索說，「你一定會讓球靠近你的身體，所以丟棒球也是一樣，一般來說我們不希望投手的手在投球時離開身體太遠，我們也不想看到手肘打開。」黑索補充說，加重的棒球比較不容易丟，所以投手在投擲的時候必須在動作上更精準、更有效率，才能達到想要的效果；

Driveline的加重棒球到了二〇二一年已經被廣泛採用，看到大聯盟投手——包括大谷在內——拿著一顆顏色鮮豔的棒球對著牆上軟墊砸去，也成了一件再平常不過的事。

在大谷翔平踏進滿是高速攝影機的Driveline之前，貝比・魯斯在九十五年前走進了退役拳擊手阿堤・麥克高文（Artie McGovern）的健身房；透過衝刺跑和拋擲藥球等在當時算是領先潮流的訓練方式，他也想讓自己的體能狀態變得更好。

在一九二〇年代，棒球選手在休兵的冬季是不會去健身房運動的，他們都有其他的工作，需要薪水來養家活口；也因為這樣，他們的體能鍛鍊都必須等到球隊春訓才能開始，但是魯斯不一樣，他是少數幾位有足夠的薪水可以只靠打棒球維生的球員。然而球季結束之後的自由時間對魯斯來說也是一種詛咒，他對口腹之慾和醇酒美人的喜好早就聞名於世，這些恣意的放縱在他三十歲時就開始對他造成影響；在一九二五年的球季結束之後，魯斯接受《柯利爾斯》（Collier's）雜誌訪問並說自己「是個寶貝，也是個笨蛋」，他說那些享樂使得他在球場上的表現令人失望。

魯斯在紐約洋基隊擔任全職打者的前五年，他的打擊率是三成七〇，OPS整體攻擊指數則是一點二八八，平均一個球季擊出四十七支全壘打；但是在一九二五年球季，他因為大腸膿瘍手術而錯過了球季的前兩個月，打擊率只有兩成九〇、擊出二十五支全壘打、OPS只有〇點九三六，魯斯認為那都是他生活習慣不佳所造成的。這些成績數字其實並不差，但對魯斯來說卻是一個顯著的退步，這也是讓他開始擔心自己的職業生涯會繼續往哪個方向走。

這讓魯斯決定找上前職業拳擊手阿堤．麥克高文，麥克高文的健身房專門為紐約的名人和富豪服務，魯斯在洋基隊的隊友盧．蓋瑞格（Lou Gehrig）也在那裏健身；麥克高文是一位嚴格的教官，他會指派訓練師專程到客戶的公寓或是家中監督，以確保他們都有確實完成他所要求的訓練內容。麥克高文告訴《柯利爾斯》雜誌說魯斯在剛開始健身時是一個「體能大災難」，「他的血壓太低、心跳太高，他是我所有接觸過的客戶中最接近整個完蛋的一個，他這輩子過得太享受，而現在就不得不去面對這些無法避免的痛苦後果。」

麥克高文改變了魯斯的飲食，把紅肉和甜食全都排除；新的飲食計畫包括早餐吃水煮蛋和吐司、午餐吃沙拉、晚餐吃羊肉或是雞肉配蔬菜，還有一份沙拉。

麥克高文讓魯斯每天照著訓練計畫進行各種操練，從抬腿和捲腹這些他一大早躺在床上就可以做的運動開始，加上長途散步、划船機、健身自行車、還有拳擊；在麥克高文和旗下的訓練師合作之下，魯斯很快就有了明顯的進步。

「剛開始的時候貝比動作很遲緩，而且訓練時都一副很無趣的樣子，」麥克高文說，「現在他的警覺性和靈敏度都提高了，他的動作也更簡潔有力，他甚至會跟大家開玩笑了，不像之前他根本懶得說話。」

魯斯也打手球，很多很多的手球比賽；在魯斯剛開始和麥克高文訓練的時候，一場比賽就可以讓他累趴，但是很快的他就可以連續打個五、六場比賽都沒關係。記者們開始好奇魯斯和麥可高文訓練的內容到底是什麼，於是一名記者保羅・蓋立可（Paul Gallico）就決定直接前往麥可高文的健身房，和當時已經被稱作「猛打蘇丹王」（Sultan of Swat）的魯斯來一場手球比賽。

「他的腳步真是不可思議的快，」蓋立可在報導中寫道，「棒球迷都覺得以一個大個子來說，他已經很快了，但是真正走進一個窄小的、封閉的球場裡，你才能真正感受到這個體重兩百二十英磅（九十九點九公斤）的壯漢是怎麼快速移動的，他很輕鬆的就能用手打到那些你根本不覺得他能碰到的球。」

魯斯在和麥克高文鍛鍊了六個星期之後就瘦了四十四英鎊（十九點九八公斤），他的腰圍少了八英吋半變成四十英吋；訓練的成果也展現在他球場的比賽成績上。

一九二六年球季開打後，魯斯恢復了正常成績水準，全季交出了三成七二的打擊率，擊出四十七支全壘打，OPS整體攻擊指數也高達一點二五二；接下來他一到冬天就和麥克高文一起訓練，並在一九二七年以六十支全壘打打破了他在一九二一年創下的聯盟紀錄五十九支，之後一直到四十歲之前他都持續交出超凡出眾的成績，這一切都要歸功於麥克高文健身房帶給他的體能改造。

大谷翔平抵達Driveline的時候當然不是來體能改造的，他想要的是更多的資訊；「我覺得去那邊是件好事，」他在數個月之後回憶著說，「多聽一個第三方的意見對我來說無傷大雅，而且他們給我的意見都很棒，都是很好的資訊，我吸收到很多，而且我覺得給了我很大的啟發。」

Driveline提供的資料讓大谷更深入了解了自己疲勞的程度，這不只對他在冬季的訓練有幫助，同時也讓他理解在球季期間自己需要多少休息時間；天使隊在前二年說穿了就只是在對大谷做實驗，他們讓他在先發投球日之前和之後都完全休息，有的時候在他牛棚練投的日子不讓他參加打擊練習等等。大谷一再堅持自己不需要這麼多休息時間，二〇一八年他登上大聯盟的第一個月時就這麼說過，但是他還是遵守著天使隊的這些規定，最主要的原因就是他沒有足夠的研究資料來為他的自信佐證，而在Driveline他得到了他需要的第一手資料。

「我想我們終於收集到了足夠的研究資料來判斷何時他是真的累了，還有何時他其實並不累，」巴雷洛在大谷結束了Driveline之行後說，「收集這些資料是我們今年休賽期間的任務之一，這讓我們知道什麼時候他的正在高峰、什麼時候他不在高峰、什麼時候他需要休息、什麼時候他不需要休息等等。」

Driveline用了幾種不同的測試方式來測量大谷的體能強度，他們也用了自行研發的科技器材來測量投手手臂所承受的壓力。大約在二〇一〇年時有一家叫摩特斯（Motus）的公司在市場上推出了一款投手可以穿套在手臂上的袖套，透過袖套上的感應器所記錄下來的數據，教練和投手在投球或是傳接球時都可以看到手臂所感受到的實際壓力，這些客觀數據比單純計算投球數量有意義多了。Driveline後來把摩特斯這些感應器的專利都買了下來，然後把他們重新設計出一個叫做脈動（Pulse）的產品；Driveline把原本的袖套更改成一個套在上臂二頭肌部位的束環，這個束環可以依據不同種類的球或是投擲物來分析手臂壓力，收集下來的資料也比之前更加精準。「脈動」讓投手可以用更高的強度來訓練他們的手臂，因為投手可以掌握到更多數據化的資料，讓他們準確判斷自己的訓練量是否已經接近了警戒點。

「我們常常看到很多運動員在投擲這一塊其實是訓練不足的，」黑索說，當然他說的是大部分的運動員，並不是針對大谷，「當然以現在比賽的性質和特色來看，很多人都覺得他們的訓練量太高、投球的份量太多，但是根據我們的觀察，很多球員在休賽期間的投球份量實在太過保守，或是該說強度根本不夠，所以等到球季開始時，他們的身體根本還沒有準備好，也無法應付他們必須製造出來的球速表現。我認為一般來說大部分的運動員都並不懂得怎麼把自己準備好，也不清楚他們需要的投擲份量；除了投擲份量之外，通常我們看到的是許多球員在休賽期間都以低或中強度的力道傳接球，而且在春訓開始之前幾乎不會去提升自己的投擲強度，這才是一個大問題。如果平常訓練時沒有類似的強度，你的身體很難一下子突然就要進入比賽狀態，更無法承受立刻就要丟出時速九十五、九十六，甚至九十七英里的強大壓力。」

為了進一步提升訓練的強度，Driveline常常會讓投手和打者正面對決，譬如說在模擬比賽時，投手和打者就像是在真正比賽一樣，有專人判定好壞球，投手則以各種不同的球路和方位來嘗試解決打者；兩好球沒壞球的時候，投球的方式絕對和兩壞球沒好球的時候不一樣，模擬壘上跑者有得分機會的時候，投球方式肯定也和壘上無人的時候不同，投手甚至可能必須激發出更多的腎上腺素，催出更高的球速來搶下一個三振。打者也是一樣，兩好球的時候要特別小心，有時還要依據模擬的狀況來打一個右外野方向的高飛球或是滾地球；這樣的模擬比賽在球季間和春訓時都很常見——投手比較多——但在休賽期間球員很難靠自己把訓練強度提升到這樣的程度，大谷從未嘗試過，但在二〇二〇年到二〇二一年冬季他和巴雷洛都覺得應該要試試看。

「大家都有不同的訓練方式，」巴雷洛說，「我相信，還有其他人也相信，就是如果想要好好訓練，好好把自己準備好去迎接比賽的那種狀態，那你一定要用最接近比賽的狀態來進行訓練，就是把進度提前，你要把速度加快，加速前進；如果我們把一個像翔平這樣的選手放在像比賽一樣的情境裡，他一定會找到方法去改進自己、讓自己變得更有競爭力，最後他也一定會從這樣的比賽情境中勝出，那就是我們要的關鍵。」

二〇一八年大谷在春訓時的表現並不好，這也讓許多外界人士懷疑他是否夠資格站上大聯盟的舞臺；在他用正規球季成績證明了自己的實力之後，有一種說法是大谷在亞利桑那春訓的時候，那些訓練無法像正規球季比賽一樣激發出他的腎上腺素。

二〇二一年球季前的這些冬季訓練提升了他投球和打擊的訓練強度，目的就是要為這個狀態帶來改變。

大谷已經準備好了，春訓一開始他就要全速往前狂奔。

P. 171

CHAPTER 10

新方法，新希望

過去的兩年大谷翔平承受了各種傷勢所帶來的疼痛，也因為失去了隊友而傷心，更重要的是他不符預期的成績表現，讓人懷疑他是否還能繼續當一位兩棲球員；但是二〇二一年當他抵達春訓基地時，就正式宣布了蛻變已經勢在必行，他帶著全新的心理建設，準備迎接天使隊對他全新的使用方式。

「這有點像是二〇一八年時的感覺，」大谷說，「與其承受那些壓力，我只想要開心快樂的打球，把我該做的工作都做好，我希望這樣子可以讓喬（總教練麥登）多派我上場一點，越多越好。」

在大谷登上大聯盟的前三個球季，天使隊幾乎是把他當成了一件易碎寶物來對待，但這不能怪他們，畢竟距離上一個可以在大聯盟又投又打，而且還表現得這麼好的人，已經是一個世紀前的事了；就算是一九一八年和一九一九年時的貝比．魯斯，都曾經親口說體能上的負擔實在太大，實際上魯斯擔任兩棲球員只是他從投手轉變為打者的一個過渡時期，但大谷不是，他是專程來大聯盟成為兩棲球員的，而天使隊的責任就是要確保他可以承擔兩棲球員的工作量。

總經理比利．艾普勒對所有關於大谷的使用方式有最終極的決定權，根據他們對大谷在日本時的理解，天使隊認為他們必須嚴格管控他的比賽份量；日本火腿隊通常會在大谷投球比賽日的前一天和後一天都讓他完全休息，這表示他也不能上場擔任指定打擊，而且他在投球日也幾乎不會上場打擊，於是天使隊在大谷的第一年就照著這個使用方式進行。二〇一八年球季開始兩個星期之後，大谷就說他認為天使隊對他太過小心謹慎，但是他對於球隊的決定表示尊重；「我會想要多上場一點，」他在二〇一八年四月時說，「如果不行的話也只能這樣，我必須照著他們說的做。」

儘管他們盡了最大的努力，天使隊的小心翼翼還是沒辦法讓大谷的手肘免於受傷，然後在湯米．約翰手術之後，他也僅僅只投了兩場比賽就又再度受傷。那時許多非天使隊球團的外界人士就紛紛評論，說是時候大谷該放棄成為一位兩棲球員了；雖然天使隊在公開場合一再堅持他們還沒有做出任何決定，但私底下球團內部確實也有許多質疑的聲音，二〇二一年很可能就是大谷的最後一個機會，來向大家證明他在投手丘上還有多少能耐。

然而這個決定已經不是艾普勒的事了，天使隊在因為肺炎疫情而濃縮了的二〇二〇年球季交出了勝率低於五成的差勁成績，這是艾普勒五年總經理任期內連續第五次球隊勝率不到五成，天使隊不得不將他開除；就在麥克．梭夏交出總教練兵符的兩年之後，當年說服大谷加盟天使隊的總經理和總教練都已離他而去。

天使隊花了六個星期的時間尋找艾普勒的接班人，面試了最少十七位可能人選，最後選擇了資歷背景獨特的亞特蘭大勇士隊的助理總經理佩瑞・米納賢；米納賢並不是常春藤的畢業生，也不是退役的大聯盟球員，他沒在小聯盟打過球，大學也沒有，但是他對大聯盟球員的心態有獨特的理解，這也成為大谷職棒生涯重獲新生的最大關鍵。

米納賢的祖父是湯米・拉索達（Tommy Lasorda[18]）的好友，一九六六年時拉索達正在猶他州奧格登市（Ogden, Utah）的洛杉磯道奇隊新人聯盟擔任總教練，那時他需要有人來幫忙處理球員休息室的雜務，於是他就雇用了好友十三歲的兒子柴克・米納賢（Zack Minasian）；這些雜務包括了幫球員洗衣服、幫球員準備餐點、幫球員刷洗球鞋，基本上就是幫這些穿著球衣的人做任何他們需要的事。柴克一連三個夏天都幫拉索達管理球員休息室，而隨著拉索達的職業生涯步步高升，一路成為洛杉磯道奇隊的總教練，柴克也跟著到了洛杉磯道奇球場，在道奇球場的球員休息室工作了好幾年，後來他才終於決定放下棒球人生，在芝加哥定居結婚，建立起自己的家庭。

18 湯米・拉索達為美國棒球名人堂總教練，自一九七六年起擔任洛杉磯道奇隊總教練近二十年，並兩度贏得世界大賽冠軍；拉索達曾率領美國國家隊奪得二〇〇〇年雪梨奧運棒球金牌，退休後長年擔任洛杉磯道奇隊副總裁及資深顧問，是廣為人知的棒球大使。

巴比．瓦倫泰（Bobby Valentine）是一位在一九六〇年代末期曾經和柴克一起在洛杉磯道奇隊的球員，後來他轉為擔任教練，並在一九八五年加入德州遊騎兵隊，第一次成為大聯盟總教練；幾年之後，遊騎兵隊需要聘雇新的客隊休息室管理，瓦倫泰撥了電話給柴克，邀請他到遊騎兵隊的阿靈頓球場來，於是柴克在一九八八年把全家都搬到了德州，正式回到棒球界工作。

柴克．米納賢的四個兒子——魯迪（Rudy）、佩瑞（Perry）、凱文（Calvin），還有小柴克（Zack Jr.）——只要年紀一到，就會開始在球員休息室幫忙，而且每個人的工作都不一樣，排行第二的佩瑞從八歲起就開始負責打掃廁所。孩子們在球季主場比賽的八十一天裡，每天都要幫父親應付來訪球隊的所有需要，而且每三四天就會換一支球隊，但他們樂在其中；他們和堪薩斯皇家隊的全能運動高手波．傑克森（Bo Jackson）在休息室裡摔角，也用繃帶纏成的軟球和西雅圖水手隊明星肯．小葛瑞菲（Ken Griffey Jr.）玩棒球，他們也在球隊比賽時替兩隊擔任球童，在近距離體驗大聯盟的棒球比賽。《達拉斯時代先驅報》（*Dallas Times Herald*）曾經在頭版首頁刊登過一張照片，上面是八歲的佩瑞．米納賢嘴裡正吹著泡泡，站在名人堂投手諾蘭．萊恩（Nolan Ryan）的身邊，那時比賽正在進行，而萊恩是先發投手，而且當時即將投出職業生涯的第七場無安打比賽。

幾年以後，年輕的佩瑞看到日後將會進入名人堂的明星投手藍迪．強森（Randy Johnson）在球場上熱身，在那一刻他決定放棄成為大聯盟球員的夢想，因為他知道自己永遠都無法與這樣的選手同場競技。

佩瑞・米納賢在棒球界想做的當然不只是清理廁所而已，所以他決定把努力的方向轉往球隊的棒球事務；他讀大學時就開始在蒙特婁博覽會隊的春訓基地實習，接著就在遊騎兵隊總教練巴克・蕭瓦特（Buck Showalter）麾下擔任教練助理，工作內容是處理總教練所交辦的一切雜務。「如果我們需要一把辦公室小站（Office Depot[19]）的鉛筆，你就要去買來，」蕭瓦特回憶著說，「如果我們問到一個西雅圖的傢伙，你就要把資料都收集好，如果我們需要什麼數據，你就要去找出來。」在遊騎兵隊蛻變成什麼都得做的萬用瑞士刀之後，米納賢轉往多倫多藍鳥隊擔任球探，經過六年的經歷和成長，亞特蘭大勇士隊聘請他擔任助理總經理。

三年之後米納賢更上一層樓，在與天使隊面試之後成為球隊棒球事務的最高領導人，而這只是他第一次應徵總經理這個職務。

在他剛剛上任的前幾天、正在接受媒體輪番訪問時，米納賢一再強調從小在球員休息室長大的經歷，讓他更加能理解大聯盟球員的想法和心態。勇士隊總經理艾力克斯・安索波洛斯（Alex Anthopoulos）從在博覽會隊實習時就已經認識了米納賢，他說那種經驗是無價之寶；「這是一個具有重大影響力的觀察角度，也是競爭上的優勢，」安索波洛斯說，「大部分的人都沒有像他這

---

19 美國著名的連鎖大型辦公室用具及器材專賣店。

種近距離觀察球員和教練的經驗。」這個經驗深刻影響了米納賢對大谷的態度，他決定要改變天使隊使用大谷的方式。

「在我和球員相處的經驗裡，我不喜歡限制他們，特別是大聯盟的球員，因為能夠站上大聯盟實在太難了，」米納賢解釋著說，「不只是肢體能力要有一定的天賦，這些球員的心理素質也是與眾不同，我的想法是，大谷就是一個這樣的天生好手。」

接手棒球事務不到幾個星期，米納賢就向總教練喬．麥登提議放寬對大谷的限制；這是麥登早就想做的事，他在接近一年前、二〇一九年的冬季會議時就已經談論過這個想法。米納賢也徵詢了大谷經紀人涅斯．巴雷洛的意見：「我跟喬討論這件事的時候，他是百分之一千贊成，」米納賢說，「他愛死這個想法了，涅斯也愛死這個想法，我想他的看法跟我們很接近。」

大谷早就開始做好更多出賽的準備，他在Driveline棒球訓練中心最主要的訓練目的之一，就是想要利用他們的科技來分析自己的疲勞程度，這樣他才可以有足夠的客觀資料來判斷自己何時需要休息，以及何時不用；這樣的資訊對大谷極端重要，也讓他可以增加出賽份量而不必擔心會對自己的健康造成傷害，或是影響到自己的成績表現。

「我們都在同一陣線上，」巴雷洛說起米納賢的新做法時這麼說，「當然翔平也是，這是一件他們都想做的事，而且我特別喜歡佩瑞簡潔明快、沒有屁話的做事方式；我們想要這樣做一件事，大家來討論一下，如果大家都覺得沒問題，那就快快動手，就去做吧！」雖然解除限制這個做法大大吸引了大谷，巴雷洛說他還是要向他的客戶仔細解釋清楚，說這件事成功的關鍵就在於大谷要能誠實報告自己的體能狀態；雖然大谷在日本職棒時的總教練懷疑他永遠都不可能會承認自己累了，但巴雷洛說這個狀況在二〇一八年之後就已經變了。「在經歷了過去三年之後，」巴雷洛說，「他已經比以前更加了解對自己誠實的重要性。」

在二〇二一年春訓開始之前，天使隊對大谷翔平就已經展現出一種謹慎樂觀的態度，總教練喬・麥登說大谷的快速直球在練習時已經達到時速九十五英里，這絕對是令人覺得振奮的好消息；在二〇二〇年他唯一登場主投的兩場比賽中，大谷一直沒有辦法保持住他的球速水準，但當時他和投手教練都認為這是因為手術之後過度的遲疑和謹慎，但是如果在少了正式比賽腎上腺素刺激的情況之下他還能投出九十五英里，那這就讓人充滿希望了。「他在練球時的表現超棒的，」麥登說，「我看到的報告都非常好，真的非常好，所以我跟大家一樣迫不及待想要親眼看看他的狀況，如果翔平能夠繼續這樣進步下去，這等於是球隊今年休賽期間最棒的新增戰力。」幾天之後大谷在坦佩市魔鬼球場的投打對戰練習中練投三十五球，根據天使隊提供給媒體的資料顯示，他的球速已經達到了一百英里。

除了球速進步之外，大谷也展現出比過去更進步的肢體動作，這些都是大谷這個冬天在Driveline所精簡出來的結果，比起麥登在二〇二〇年一整年看到的都更好；「前幾天我只是在那裏看看他丟球，看看打擊練習，我的天，」麥登說，「我知道這只是打擊練習，但我從功能性、肢體動作的角度來看，他做的每一件事、他身體移動的方式，已經超越了去年我所看到的一切。」

媒體和外界大眾要一直等到仙人掌聯盟[20]的比賽開始，才能看到麥登所形容的這些，在那之前，大谷的這些練球時段都在坦佩市的春訓基地進行，並不對外開放。三月一日大谷第一次在熱身賽中站進了打擊區，他立刻就擊出一支右外野方向的一壘安打，下一次打擊則是一支左外野方向的一壘安打；「我覺得現在打擊的手感不錯，」大谷說，「這是我現在該有的狀態，我覺得很好。」兩天之後，大谷揮出了一支四百六十八英尺遠，飛越了坦佩市魔鬼球場打者之眼的特大號全壘打，球被擊中時以一百零七英里的時速飛離他的球棒；那對麥登來說，就是一個「我就說吧！」的時刻；「我們平常在打擊練習的時候就是看到這樣的東西，」麥登說，「他的平衡進步了，打擊策略進步了，那種升高又夠快的快速直球在過去對他來說是比較難以應付的，但是他現在進步太多了，心態進步了，體能狀態也進步了。」

大谷的打擊從春訓一開始似乎就沒什麼問題，到了三月五日他終於可以站上梅薩霍霍坎公園球場（Hohokam Park in Mesa）投手丘來展現他訓練的成果，對手是聯盟同一個分區的對手奧克蘭運動家隊；運動家隊見識過大谷在投球表現上的高峰跟低谷，二〇一八年他投了接近七局的完全比賽，二〇二〇年他在湯米．約翰手術復原之後的第一場比賽卻連一個出局都拿不到。這場春訓比賽大谷表現優異，他用時速高達一百英里的快速直球三振運動家隊的一壘手麥特．歐森（Matt Olson），然後又用一記往外角墜落的指叉球三振了馬克・坎哈（Mark Canha）；大谷一共面對了十名打者，有半數都被他三振，但是麥登說的另外一件事更證明了這一天的大谷很不一樣，他說站在投手丘上的大谷在投球空檔偶爾會很悠閒的隨手拋擲著球，對麥登來說這是最完美的測試，這代表了大谷非常輕鬆，一切都在他的掌握之中。

除了五次三振之外，大谷被擊出了三支二壘安打，也投出了兩次保送，但是這些對麥登和大谷來說並不重要，因為大谷證明了二〇二〇年時的那些問題都已經是過去的事；「他整個春訓時都是這樣，」麥登說，「投球的動作很好，我沒辦法再更強調這件事，去年他投球像是用推的，看起來就是不對勁，但是一等他把該修正的地方都調整好，他的手臂能被這樣正確的使用，你就會看到這些優秀的數字。」

大谷在這場比賽一共投了四十一球，這是自二〇一八年六月開始、一千多個日子以來，他第一次完成了先發投球的任務走下投手丘；這段期間他只投過三場比賽，一次沒有拿到任何一個出局數，另外兩次都是因為受傷下場。他對自己的表現很滿意，甚至還對球速感到驚訝；「春訓才剛剛開始，我本來沒有打算要全力丟的，特別是在每個打席剛開始的時候，」大谷說，「不過隨

---

20 美國職棒大聯盟春訓分為兩地，隨之舉辦的熱身賽也以聯盟的方式進行，位在亞利桑那州的稱作仙人掌聯盟，位在佛羅里達州的則稱作葡萄柚聯盟。

著比賽持續進行，我有覺得自己狀況不錯，所以就更用力了一點，不過那好像讓我的控球有幾次跑掉了，這會是我下次先發前要多練練的地方。」

下一次他站上投手丘時，他的快速直球球速達到九十九英里，這是好事，但是他的控球卻跑掉了；芝加哥白襪隊從他手上得了五分，其中有三分是在他下場之後打回來的，不過他的四次三振當中，有一次是三振了聯盟的最有價值球員、白襪隊的一壘手荷西·阿布瑞尤（José Abreu）。

大谷在三天之後從克里夫蘭印地安人隊賽揚獎得主右投手賢恩·畢伯（Shane Bieber）的手上敲出了一支全壘打，那也是他在春訓期間第二次把球打到飛越坦佩市魔鬼球場的打者之眼，這一球飛了四百六十四英尺；兩天前他在面對辛辛那提紅人隊的比賽中敲出了兩支全壘打，那兩球都飛越了左外野的全壘打牆，「我覺得球只是輕輕碰到了球棒一下，然後就飛到牆外去了，」大谷在描述第一支全壘打時這樣說，「所以這表示如果我在打擊時把這球拉回來，肯定也可以飛越全壘打牆，這是一個好消息。」

所有消息都是好消息，在對克里夫蘭的比賽結束之後，大谷在仙人掌聯盟累積的打擊成績是十九次打擊十一支安打，其中包括四支全壘打，「把這些全裝進瓶子裡，應該可以保存個十年不變，」麥登說，「他現在一定對自己感覺很不錯。」

大谷的打擊很好，在投手丘上的表現也不錯，最明顯的指標就是他的球速；他的控球還沒有到達該有的水準，但是他畢竟已經三年沒有投球了，這並不讓人意外。

麥登決定再給大谷一個新的考驗。

三月二十一日早上八點四十分，天使隊在推特上的一則訊息打亂了一個平淡無奇的星期天早晨，「大谷翔平今天要身兼二職了，」附上的照片則是當天熱身賽的先發名單；那天天使隊要在皮歐利亞市出戰聖地牙哥教士隊，大谷是先發名單上的開路先鋒，而他名字旁邊的防守位置寫著「一」，這表示他也是這場比賽的先發投手。會讓人驚訝是因為在美國聯盟的投手並不上場打擊，就算是在國家聯盟主場的春訓比賽，美國聯盟球隊也仍然會啟用指定打擊；美國聯盟的投手只有在正規球季、在國家聯盟球場比賽的時候，才會上場打擊，而且即便是如此，投手也絕不會是打線上的開路先鋒。雖然大谷和一般的投手並不一樣，但天使隊確實還沒有嘗試過讓他在同一場比賽裡又投球又打擊，他在日本時曾經嘗試過幾次，但從未在天使隊這麼做過；二〇一九年十二月時，天使隊以為健康的大谷可以在二〇二〇年成為一個兩棲球員，麥登也提議過可以這樣試試，但是大谷只投了兩場比賽就受傷了，天使隊也一直都沒有再嘗試的機會。

然而二〇二一年的春訓對大谷來說，就應該是一個新紀元的起點，現在什麼限制都沒有了，就像麥登一再強調的一樣，「我不會告訴他什麼可以做、什麼不能做，總經理米納賢也是一樣，」麥登在春訓一開始就這樣說，「所以我們會盯著他、多跟他說話、多跟他溝通，然後讓他在球場上放鬆去做；他在日本的成績很好，所以就讓我們好好觀察他的表現，然後根據我們親眼看到的來做出評鑑和調整，不要一開始就帶著預設立場和偏見。」

天使隊花了一個多月的時間來評鑑大谷的表現，也持續和他溝通，就在麥登決定要讓大谷第一次兩棲出賽的幾天前，大谷才向麥登提過他需要多休息一天；大谷對於體能疲勞能夠誠實面對，是一件非常重要的事，因為如果天使隊想要繼續挑戰大谷的極限，他們就必須要能信任大谷會在需要的時候出聲，說分量可能有點太重了。

麥登很期待看到大谷在同一場比賽中又投又打，賽前的投球熱身會讓他的打擊練習受到縮減，這會影響到他在比賽中的表現嗎？如果他剛剛跑完壘就馬上要上場投球，他會受到影響嗎？他會比之前更加疲累嗎？

「我們現在的這些測試很重要，」麥登說，「因為這一切都要根據他的反應來做決定，這跟我感覺怎麼樣一點關係都沒有。」

大谷在坦佩市天使隊的春訓基地參加了大概十分鐘的打擊練習，然後就和隊友一起坐了三十分鐘的車到鳳凰城另一邊的皮歐利亞市，他在外野完成了所有的伸展和練投，接著就到客隊牛棚區投球熱身，回到球員休息區的時候剛好趕上比賽開始，他是第一棒要上場打擊；面對前賽揚獎得主布雷克．史奈爾（Blake Snell），大谷擊出一支中外野方向的一壘安打，但是整局都留在一壘上沒能繼續推進，最後是在滑壘進二壘的時候出局，結束了天使隊的進攻。

出局後的大谷跑回休息區，抓起了他的手套和帽子就往投手丘上走，開始了他的投球任務，他投了四局只失去一分，快速直球的時速大多在九十四到九十六英里之間；雖然有時球速會掉到九十二到九十三英里左右，但是在必要的時候他就可以把球速給逼出來。教士隊新人巨星小費南多．塔提斯（Fernando Tatís Jr.）在第三局一人出局時上場打擊，當時有兩名跑者在壘上，大谷以時速一百零二英里的快速直球讓塔提斯擊出高飛球被接殺出局，然後又用一記時速一百英里的快速直球把傑瑞克森．普洛法（Jurickson Profar）給三振出局，化解了教士隊的攻勢：「當對手的攻勢威脅到我們的時候，我很確定他可以把自己的極限往上再推到另一個層次，像車子的進檔一樣，」麥登說，「每個投手都有這個檔，現在的關鍵就是他要學會怎麼能更穩定下來，不要讓自己太常陷入麻煩，但是他確實是有能力自己解決這些麻煩的。」

大谷在這場比賽投了六十二球，在打擊上也擊出了兩支安打，那是一個擊中全壘打牆的二壘安打，投手則是教士隊的終結者馬克．馬蘭森（Mark Melancon）；比賽結束之後，大谷覺得自己體能狀態沒有任何問題，「我不有覺得比較累或是什麼的，」他在賽後說。

整體來說，這個測試的結果相當令人滿意，隨著春訓即將結束，天使隊也將要離開亞利桑那，大谷每天都讓人覺得二〇二一年球季很可能會很不一樣；他很健康，他的揮棒和投球動作都很確實，他對加重的工作量也應付自如。

「我很期待能讓大家看到我的表現，」大谷在對教士隊兩棲出賽之後告訴記者說，「這是為什麼我在二〇一八年選擇來到這裡，我知道過去兩年因為受傷我讓很多人失望了，現在我很期待大家都能看到我真正的實力。」

然而在球季開始前的最後一次出賽，大谷卻沒能讓人看到什麼實力；天使隊和道奇隊這兩支南加州球隊有一個叫做高速公路系列戰（Freeway Series）的對戰傳統，這是兩隊每年春訓結束前的最後三場熱身賽，而大谷被指派擔任其中一場比賽的先發投手。

在道奇球場的第一局，大谷就保送了三位打者，然後補上了一個暴投讓對手擠回一分，到了第二局他的快速直球失去準度，又保送了一位打者，大谷不得不轉往變化球，結果一個失投的滑球被克里斯・泰勒（Chris Taylor）揮出一支兩分全壘打；一個出局之後，大谷對柯瑞・席格（Corey Seager）陷入三壞球沒有好球的劣勢，他對著本壘中央投出的快速直球只有九十三英里，同樣被席格一棒掃出全壘打牆外。到了第三局，大谷保送了A・J・波拉克（A. J. Pollock）、被麥克斯・孟西補上一支一壘安打，然後一記沒有掉下來的曲球也被威爾・史密斯（Will Smith）送到了左外野全壘打牆外；就在史密斯跑回本壘拿下道奇隊的第七分時，大谷低頭看著自己的右手中指，然後慢慢走下了球場，他結束了今天的投球任務，不符合預期的表現澆熄了許多天使隊球迷原本的樂觀情緒，而這時距離球季開始只剩幾天了。

大谷在賽後跟記者們解釋說，在上一次對教士隊的比賽中，他的中指開始出現一個水泡，而且在對道奇隊的這場比賽中變得更嚴重了，也影響了他對快速直球的控制，但是他聳聳了肩表示自己並不在意；「我不擔心下一場比賽，」大谷說，「我很高興水泡今天破了，真正重要的比賽還沒開始呢！」距離正規球季的第一次先發還有五天，大谷還有時間等他的手指復原，麥登說大谷和球隊防護員亞當・尼瓦拉（Adam Nevala）都告訴他說，這時間足夠他們解決水泡的問題。

雖然這場對道奇隊的比賽把許多在春訓期間靜悄悄的批評之聲都給引了出來，但是天使隊一點都不在意。

超級巨星麥克・楚奧特當然早就相信了大谷的實力，由於天使隊一直沒能提供充足的戰力支援，楚奧特在大聯盟生涯前九年只進過季後賽一次，他很期待看到大谷能扭轉這個局面。

「這就像一次加了兩個明星球員一樣，」楚奧特說，「我們增加了一個王牌投手，同時又在中心打線多加了一個強打者。」

麥登也再次強調了他在春訓期間一直說的事，別去管跟道奇隊那場比賽，也別去管水泡，大谷真的和以前不一樣了；麥登在春訓的六個星期所看到的一切都讓他確定二〇二一年球季絕對不會像二〇二〇年那樣讓人大失所望。

「他在打擊區做到的，跟他在投手丘上所做到的，都是我第一次親眼看到的東西，」麥登說，「我在來到這裡之前，從電視上看過一些不錯的表現，但現在親眼看到這些投打動作、他的技術能力、他的心理狀態全都在自己的掌握之下……這些對我來說都是新的，而且太讓人驚嘆了。」

P. 187

CHAPTER 11

神奇之旅的起源

在正常情況下，如果天使球場的現場觀眾人數只有一萬三千兩百零七人這麼少，是一件讓人覺得丟臉的事，但是在二〇二一年的球季開幕戰，球員們都為了只有四分之一滿的球場興奮不已；過去的一整年球季因為新冠肺炎疫情的關係，他們都在空蕩蕩的球場裡比賽，觀眾席上「坐」著的全是印在紙板上的觀眾照片，球場也只能從播音系統中播出假觀眾的歡呼和掌聲。這是天使隊自二〇一九年以來第一次在活生生的觀眾面前比賽，他們從落後中逆轉擊敗芝加哥白襪隊，賽後總教練喬·麥登說現場觀眾的歡呼聲聽起來像是有四萬人在場，而不是一萬三千多人；在經歷了天翻地覆的一年之後，這是整個世界開始恢復正常最重要的的第一步。

很多球迷是專程為了大谷翔平而來到球場的，而他也想要回到那個他記憶中的曾經，不管是在日本，還是他在大聯盟的第一年，他已經很習慣自己是球場上最厲害的球員之一，但是在第一年之後，不管是二〇一九年還是二〇二〇年，他完全不是那個眾人口中的「日本的貝比·魯斯」，這兩年他幾乎沒有投什麼球，而且他的打擊表現也大幅退步。

春訓總是會帶來新希望，而對天使隊和大谷的球迷來說，二〇二一年的春訓更是充滿希望，然而他在仙人掌聯盟的最後一場熱身賽因為手指上的水泡而投球成績慘烈，然後球季開始之後的前九次打擊又吞了四次三振；雖然他也擊出包括一支全壘打在內的兩支安打，但是對想要挑毛病的人來說，他前幾場比賽的揮棒動作確實是可以被挑剔的，他在被三振時前腿會先失去平衡，就像在二〇二〇年那時一樣，而即使是那些少數的安打，也都是他硬拉回來的，以大谷的實力來說，狀況最好的時候應該要能把球打向中外野和左右外野之間的那兩個區塊才對。

麥登對於那些質疑大谷表現的媒體提問並不介意，「你們看到的這些結果，都只是他因為對手投手的策略所做出的應變，」麥登說，「我不覺得他有像去年那樣失去平衡，我看到的還是充滿力量的揮擊，對我來說，這和他去年找不到球時的狀況完全不一樣。」

麥登也堅持要以一種完全不同的方式來使用大谷，雖然大谷已經被安排要在星期天球隊的第四場比賽先發投球，但是麥登還是讓他在星期六的比賽中以指定打擊的身分出賽，這是在他過去先發投球時從來沒有發生過的事。

第二天大谷站上了投手丘，同時也留在了先發打線上，雖然投打兩棲出賽已經在春訓時嘗試過了幾次，但這畢竟還是大谷在大聯盟正規球季比賽中的第一次。

四月四日對白襪隊的這場比賽，大谷將會同時先發投球，也會自己上場打擊，這是天使隊有史以來第一次放棄使用指定打擊，而這場比賽將會由《ＥＳＰＮ周日棒球夜》節目負責轉播。

第一局上半，大谷在球速和控球上就已經完全擺脫了二〇二〇年時困擾著他的那些問題，他投出的第一球就是時速九十八點二英里的快速直球，而且第一局還沒有結束，他的球速就已經衝上了一百點六英里。

在第一局下半，大谷站進了打擊區，球場內觀眾疏疏落落的低聲細語一下子就被一聲巨響給打斷，他把狄倫・席斯的快速直球一棒掃到四百五十一英尺之外的右外野觀眾席上，這一球離開大谷球棒的速度高達一百一十五點二英里。

相隔不到十五分鐘，大谷投球時速超過一百英里，擊球初速超過了一百一十五英里，從來沒有人在大聯盟同時達成過這兩座里程碑，而大谷在他第一次先發投球的第一局就辦到了。

大谷在前四局成功封鎖住白襪隊，只用了六十四球，他整場比賽的球速不斷突破時速一百英里，光是前四局就有七球超過三位數。到了第五局，比利・漢米爾頓（Billy Hamilton）首先擊出了一支右外野方向的強勁平飛球，但防守的璜・拉葛拉斯（Juan Lagares）飛撲出去把球接住；接著大谷被尼克・馬德里格爾（Nick Madrigal）擊出一支安打，又一個出局之後，他先是傳歪了一記牽制球，接著又保送了亞當・伊頓（Adam Eaton）。那時天使隊以三比〇領先，但是兩人在壘一人出局，馬上要上場打擊的是ＭＶＰ年度最有價值球員荷西・阿布瑞尤，這會是他這場比賽第三次面對大谷。

對於現代注重數據分析的總教練們來說，第三次面對進攻打線是一件讓人緊張的事，因為數據顯示投手的壓制力在同一場比賽中第三次面對打者時會開始下滑；大谷當時已經投了七十八球，考量到他在那一局的狀況並不理想——保送、安打、強勁平飛球出局——以及白襪隊的打線位置，根據一般調度方式天使隊都應該將大谷替換下場。

然而比起過去，麥登卻願意給大谷更多一點空間，大谷一共投了七球，其中包括一記時速九十九點六英里的快速直球，但最後還是保送了阿布瑞尤形成滿壘，麥登決定讓大谷繼續投球，打者是尤恩．孟卡達；大谷的第一球是個錯過捕手麥克斯．史達西（Max Stassi）手套的指叉球，讓白襪隊回來得到一分，在對戰的五球之內，大谷讓孟卡達接連揮空了兩記時速九十九英里的快速直球，然後在兩好三壞的情況下又投出時速一百點九英里的快速直球被孟卡達打出界外。大谷的下一球是他在這場比賽投出的第九十二球，這顆內角快速直球讓孟卡達揮棒落空，但捕手史達西卻沒能接住，史達西撿起球後直傳一壘卻又發生暴傳，讓白襪隊再添一分；原本在二壘上的阿布瑞尤繞過三壘往本壘衝，大谷趕往本壘支援，結果身高六呎三吋體重兩百三十五磅的阿布瑞尤直接滑壘衝撞在大谷的膝蓋上，不但把大谷給撞倒在地，也把球賽給追成了平手。

就在這六球之內，大谷從三比〇的領先局面變成三比三平手，而且看似痛苦的躺在地上，這場大谷重返投手丘的溫馨場面一下子就不怎麼溫馨了。

大谷慢慢站了起來走下球場，他的首場先發投球就在讓人擔憂的情況下畫下句點，但是在天

P. 191

使隊以一壘手傑瑞德・瓦爾許的再見全壘打贏得比賽的數小時之後，大谷說他一切都好；「當我被撞上的時候，還真是被撞得蠻用力的，」大谷說，「我沒辦法馬上站起來，不過過一下我就覺得好多了……其實沒有看起來那麼糟。」

在確定大谷沒有受傷之後，問題就轉移到為甚麼麥登讓大谷留在比賽中面對最後那兩位打者；麥登說這是天使隊的計畫之一，也就是不要給大谷太多限制，他們不打算把他當成易碎的玻璃雕像來對待。

「男子漢就是這樣磨練出來的，」麥登說，「你一定要給他機會，特別是球季現在這個時候，如果他現在碰到狀況可以順利克服，他就會知道他有能力可以做到，如果我們總是在選手一碰到困難的時候就把他們換下來，那他們永遠都不會知道自己實力在哪裡。」麥登指出即使大谷在第五局一連讓幾位打者上壘，他的的投球品質還是好的，當晚倒數第二顆球的時速也超越了一百英里；「投球品質全都沒有衰退，」麥登說，「那就是我們在看的關鍵，我看著他投球，我也看了統計數據，一切都很好，在那一刻我不認為能找到一位比他更讓我信任的投手來取代他。」除此之外，大谷投出的最後一球也足以讓他順利結束這一局的比賽，他確實是三振了孟卡達；如果史達西有確實接住那一球，今天賽後的這些討論話題全都不會發生，大谷這場先發投球的成績就會是五局投球並以三比一領先，大谷說他非常感謝麥登對他的信任。

大谷邁入不受限制的棒球新生，已經度過了第一關的考驗，但結果不能算完美，在本壘衝撞之後的第二天，大谷雖然沒有受傷，但遺留下來的痠痛還是讓麥登決定最好讓他休息一天；幾天之後大谷又被安排上場打擊，但是麥登透露水泡的問題在第一場先發投球之後又開始出現，他無法決定什麼時候會再讓大谷上場投球。「現在已經好多了，」麥登說，「這就是為什麼我們決定讓他多等一下，我們希望他能完全恢復正常。」天使隊最後讓大谷休息了超過兩個星期，直到四月二十日才又讓他上場投球。

但是在這段期間他每天都在先發打線上擔任指定打擊，而且打擊狀態火熱，他在下一次先發投球之前的九場比賽中，在三十九次打擊機會裡一共擊出了十三支安打（打擊率三成三三）；四月十二日在堪薩斯市，大谷第一次連續兩場比賽擊出三支安打，當時天使隊在第七局正以四比三領先，大谷擊出一支火箭般強勁的二壘安打，以一百一十九英里的擊球初速撞上右外野的全壘打牆。那是大谷一整個球季擊出最強勁的一球，一整年下來也只有兩位球員擊出的球比這更強：一位是紐約洋基隊的強打者吉恩卡洛・史坦頓（Giancarlo Stanton）做到了十次，另一位則是聖地牙哥教士隊的三壘手曼尼・馬查多（Manny Machado）做到過一次。對大谷來說，這記平飛球明確展現了他的腿部力量，而這是他在一整個冬天不受復健影響、完整訓練之後所累積下來的成果；「我的下半身回來了，我覺得充滿力量，」大谷說，「這是跟去年最大的不同，如果是去年的話，我一定沒辦法這麼有力量的把球拉回來。」

等到大谷手指上的水泡完全復原，他已經因為太久沒有投球而必須稍微謹慎一些，在主場迎戰德州遊騎兵的比賽中，他被設下了七十五球的球數限制，而因為這個球數限制，麥登決定這場比賽只讓大谷專心投球；讓大谷兩棲出賽而放棄指定打擊的一個問題，就是當大谷下場之後，天使隊必須為之後的每一位投手都啟用代打，這場比賽由於投球球數限制，大谷肯定無法吃下太多局數，加上美國聯盟的球員名單組成也並不適合大量啟用代打，因此大使隊才決定讓大谷專心投球就好，暫時不去想兩棲出賽的事。

大谷也因為水泡的問題而做出了一些調整，他投快速直球的比例從第一次先發時的百分之五十六下降到了百分之三十九，他的球速也降低了一些，第一場先發時快速直球的時速平均九十八點一英里，有九次突破一百英里，但是這場比賽僅僅平均九十五點六英里；由於這些調整，大谷在這場比賽一共投了八十球但完全沒有被水泡困擾，即使遊騎兵隊嘗試發起攻勢也往往無功而返，他主投四局沒有失分、只被擊出一支安打，但他的控球還是出了點問題，一共送出了六次保送，還投出一次觸身球。

他在第一局就保送對手形成滿壘，但是靠著全場七次三振中的兩次安全化解對手攻勢，一共投了二十八球；球賽過後記者問大谷對自己控球的看法，他說：「如果總分是一百分的話，我會給零分，我在下次上場比賽之前一定要想辦法改進。」

大谷在第一場先發的四又三分之二局投球中也保送了五位打者，在他終於完全健康也開始展現出兩棲選手的威力之後，這成了一件讓人擔心的事，麥登試著盡量輕鬆面對大谷的控球問題，把它歸諸在水泡以及三年來幾乎完全沒有投球上：「這是一種感覺，」麥登說，「當手指受傷，控球的感覺當然會跑掉，我們該多給他一點時間，我想現在碰到的這些問題都是可以解決的，也會讓他的控球變得更好。」

天使隊還是願意對大谷的控球保持足夠的耐性，因為不管是投手丘上還是在打擊區裡，他都展現出他還有很大的潛力可以開發；他在接下來的一星期內擊出了三支全壘打，並且在四月二十五日為止還以七支全壘打領先所有大聯盟的打者，接下來就是他創造歷史的一天了。

這是接近一百年來的第一次，有一位先發投手同時也是全大聯盟擊出最多全壘打的打者，前一次是一九二一年六月十三日，貝比．魯斯難得一次為紐約洋基隊先發投球，那時他以十九支全壘打領先群雄；當時的魯斯早已不是一位全職的兩棲球員，他在一九二〇年球季加入紐約洋基隊之後幾乎已經不上場投球了，這也是為什麼那些把大谷翔平和貝比．魯斯做對比的連結，其實都有點似是而非。

如果要讓這些討論更忠於歷史，我們就應該要提到那些出現在貝比．魯斯和大谷翔平之間的兩棲球員們。

自從大谷翔平的成績表現讓越來越多人開始重提貝比．魯斯的歷史，鮑伯．肯德瑞克（Bob Kendrick）就發現自己不停在提醒許多人，要更去注意棒球歷史上那些被遺忘的篇章。

肯德瑞克自二〇一一年起擔任堪薩斯市黑人職棒聯盟博物館的館長，館藏記錄著的是那些在一九四〇年代大聯盟破除種族藩籬之前所存在的其他職棒聯盟；二〇二〇年十二月，大聯盟正式宣布將黑人職棒聯盟重新認證為大聯盟，並將那些聯盟數據紀錄也認證為與大聯盟同一層級，就和同樣在二十世紀早期並行的美國職棒協會（American Association）和聯邦職棒聯盟（Federal League）一樣，而當年在黑人職棒聯盟裡就有許多兩棲球員，但那時的貝比・魯斯早就已經幾乎不投球了。

黑人職棒聯盟的明星球員們，像是「子彈」喬・羅根（"Bullet" Joe Rogan）、里昂・戴伊（Leon Day）、馬丁・迪西哥（Martín Dihigo），還有泰德・「兩用人」・瑞德克里夫（Ted "Double Duty" Radcliffe）都是固定投打兩棲出賽的選手，羅根、戴伊，還有迪西哥也都已經是紐約古柏鎮美國棒球名人堂的成員；雖然除了最深入了解棒球歷史的球迷之外，很少有人會知道這些著名的兩棲球員，但是大谷在二〇二一年的表現，為肯德瑞克和其他黑人職棒聯盟的專家們提供了一個可以分享更多故事的平臺。

「這當然是一個機會教育，」肯德瑞克在提到大谷驚人的二〇二一年球季時說，「他像是一道亮光照在黑人聯盟的歷史上，也讓人們更加去注意到當年黑人職棒聯盟球員優異無比的天賦才能，看到一位日本來的孩子就這樣打破了所有質疑的眼光，對我來說真是太有趣了，我知道大部分的人都覺得他做不到，但是他偏偏就做到了，而且還做得轟轟烈烈的。」

肯德瑞克說黑人職棒聯盟和日本有接近一個世紀的交纏歷史，黑人職棒聯盟的費城皇家巨人隊在一九二七年就訪問了日本，這比由貝比・魯斯領導的、廣為人知的一九三四年大聯盟訪問團還要早了七年；肯德瑞克認為是皇家巨人隊的兩度到訪「點燃了日本職棒的火焰」。

數十年之後，黑人職棒聯盟的選手一一破除了總族藩籬，被接受加入了大聯盟，而他們也以實力回擊了那些認為他們無法在大聯盟生存的質疑聲，日本球員面臨著一樣的挑戰，肯德瑞克認為這就是為什麼前黑人職棒聯盟明星球員、總教練，和聯盟歷史的最佳代言人巴克・歐尼爾（Buck O'Neil）可以和鈴木一朗發展出這麼深厚的友誼；鈴木一朗曾經是日本職棒歐力士藍浪隊的明星球員，他在二〇〇一年加入大聯盟，並在職業生涯累積了超過三千支安打，他在二〇二五年資格符合之後，肯定也會被選入古柏鎮的美國棒球名人堂。

「巴克・歐尼爾在一朗的身上看到了好多黑人職棒聯盟的影子，」肯德瑞克說，「我想他對大谷翔平一定也會有同樣的感覺，當一朗宣布要來美國加入大聯盟的時候，人們說的第一句話是什麼？你在你的聯盟打得不錯，但是你在這邊不可能做到的；這就是當年黑人職棒聯盟球員加入大聯盟球隊時都聽過的話，不管他們之前有多厲害，質疑的聲音總會說那只是你們聯盟的事，到了大聯盟你一定做不到，但是他們用實力點燃了整個大聯盟，因為偉大的球員不管到了那裡都一樣。」

就像肯德瑞克說的，大谷在大聯盟又投又打的優異表現，提供了一個可以分享更多黑人職棒聯盟歷史的平臺，讓人們可以重新分享過去那些兩棲明星球員們的故事。

像是泰德．瑞德克里夫，他是一九三二年在紐約黑洋基隊時得到「兩用人」這個綽號的，他在一次雙重賽中先在第一場接補了明星投手薩奇爾．佩吉（Satchel Paige）完封比賽，同時也擊出一支滿壘全壘打，然後又在第二場親自登上投手丘投出了一場完封；瑞德克里夫和其他黑人職棒聯盟兩棲球員最大的不同，就是他是唯一一個在不投球時大多擔任捕手的球員，他曾經三度以投手的身分獲選黑人職棒聯盟明星隊，也曾經三度以捕手的身分入選，他投球投得比較好，但是他靠著接捕功力彌補了打擊上的不足。

「兩用人他所帶來的影響是無庸置疑的，因為最重要的就是他大概是最艱難也最辛苦的一位兩棲球員，他不是投球就是接捕，」肯德瑞克說，「我們都知道當捕手對身體的影響，損耗實在太大了。」

里昂．戴伊是黑人職棒聯盟在一九三〇年和一九四〇年代的頂級球員，當時就被認為他會和傑基．羅賓遜（Jackie Robinson）一樣前往挑戰大聯盟。

戴伊以優秀的投球能力聞名，根據最完整查核黑人職棒聯盟統計數據的縫線頭網站（SeamHeads.Com）資料庫紀錄顯示，戴伊在一九三〇年和一九四〇年代主投的一百一十三場比賽中累積了三點四〇的防禦率，他同時也在七百二十八個打席裡累積了三成零八的打擊率；

前黑人職棒聯盟外野手、後來和名人堂外野手威利・梅斯在紐約巨人隊成為隊友的蒙特・爾文（Monte Irvin）就曾經說過著名的名人堂投手鮑伯・吉布森（Bob Gibson）「根本比不上里昂・戴伊」。歐尼爾也說比起擔任投手投球，戴伊是一位更優秀的中外野手，「要能夠被拿來和鮑伯・吉布森相提並論，又要被評價是一位更好的中外野手，他一定是一個超級厲害的球員，」肯德瑞克說。

黑人職棒聯盟的兩棲球員當中最能在體格上與大谷相提並論的就是馬丁・迪西哥，「他身高六呎四吋、六呎五吋，體重大概兩百一十磅，而且長得就像電影明星一樣帥，」肯德瑞克說，「他就是一個超級巨星。」迪西哥在古巴出生，曾經在古巴和墨西哥打過球，他的外號是「大師」，肯德瑞克說那是因為「他什麼都會，他九個防守位置都打過，而且九個位置都打得很好。」由於迪西哥曾長期不在美國打球，因此縫線頭網站只收錄了他九個球季的數據紀錄，但是光在黑人職棒聯盟留下的紀錄裡，他的ERA+是一百四十一，而他的OPS+則是一百三十八，這表示他的投球成績比聯盟平均高出了百分之四十一，而他的打擊成績則比聯盟平均高出了百分之三十八。

然而在黑人職棒聯盟最著名的、也被公認為是最厲害的兩棲球員則是「子彈」喬・羅根，羅根的傳記作者菲爾・S・迪克遜（Phil S. Dixon）說他的研究成果讓他相信羅根才是「有史以來最偉大、也最全能的棒球球員」；迪克遜認為羅根的光芒之所以會被其他更知名的黑人職棒聯盟球員給掩蓋過去，最主要的原因是他們都在美國東岸打球，但是羅根幾乎整個職業生涯都待在中西部的堪薩斯君主隊，這種球員往往就會被忽略掉。

羅根身高只有五呎七吋，體重一百六十磅，但是精實的身材之下包裹著巨大的天賦才能，「他雖然看起來不像是個多厲害的運動員，但他其實充滿了運動天賦，」肯德瑞克說；羅根在當兵之前就開始打球，那時他是個捕手，但是當他二十七歲時從第一次世界大戰回來並加入君主隊時，他就開始投球了。他的外號「子彈」是因為他的快速直球就像子彈一樣，這和大谷很像；羅根是堪薩斯市在一九二〇年到一九三〇年代的明星球員，他的生涯ERA+是一百六十一，生涯OPS+則是一百五十二。

縫線頭網站的紀錄顯示，羅根在一九二五年於投手丘上拿下了十八勝二敗、ERA一點八四的成績紀錄，而他在打擊上則累積了三成七二的打擊率和一點〇〇七的OPS整體攻擊指數，這大概就是羅根投打兩棲成績最好的幾個球季；根據縫線頭網站的紀錄，在最少五十場比賽的球季中，羅根有五個球季的OPS整體攻擊指數超過〇點九九〇，同時在他最少主投一百局以上的球季當中，他也有八個球季的防禦率保持在三點一〇以下。

瑞德克里夫、戴伊、迪西哥，還有羅根等人都是黑人職棒聯盟最優秀的兩棲球員，但並不只有他們，由於當時的選手名單通常只有十六或十七位球員，所以球隊大多沒有辦法讓投手僅僅專注在投球上，他們絕大多數都必須在其他防守位置出賽；「你一定要具備足夠的多功能性，」肯德瑞克說，「但這也說明了黑人職棒聯盟這些球員優異的天賦本能，我總是說他們都只是剛好選擇了打棒球而已，因為他們都是很優秀的運動員，他們就算從事其他運動也一定會很棒。」

當大谷翔平在四月二十六日於德州阿靈頓踏上投手丘面對遊騎兵隊時，他在打擊上的成績還是比投球好，他在第一局就投了二十九球被攻下四分，他的控球還是不行，保送了兩位打者、砸到了一位打者，還投出了一個暴投；最重的傷害來自奈特·洛爾（Nate Lowe）的一支三分全壘打，他把大谷的一個卡特球一棒轟出了右外野全壘打牆外。大谷從未投過任何卡特球，那是他因為四縫線快速直球的控球問題，才開始嘗試使用的一個新球路，在那艱辛的第一局之後，大谷恢復了四縫線快速直球的使用比重，同時也啟用了他的指叉球，那是他在兩好球之後專門用來對付對手的決勝球；接下來的四局大谷再也沒有失分，而且在那四局裡他三振了八位打者，也沒有投出任何保送。

在打擊上，大谷在第一局就獲得保送，並利用機會回壘得分，而在辛苦的第一局投球結束之後，大谷在第二局上半就擊出了一支飛往右外野邊線的二壘安打，把比數追近到四比三，並靠著接下來麥克·楚奥特的一壘安打回壘得分把比數追平；大谷的第二支安打是一支觸擊安打，遊騎兵隊就像大多數的球隊一樣，在面對大谷的時候把內野手都布陣在內野的右側，大谷把球點向了三壘附近的空位，順利靠著觸擊上到一壘，最後天使隊以九比四贏得比賽，這是大谷自二〇一八年五月以來，也是他接受湯米·約翰手術之後的第一場勝投。

「如果看到他今晚的表現你還沒辦法覺得興奮，」總教練喬・麥登說，「那看棒球這件事真的不是你的菜，你肯定覺得無趣極了。」

麥登在大谷投了七十五球之後就將他替換下場，因為他的手指又開始出現水泡，而這一次是在一個和四月初時不同的部位，但是他在第二天還是把大谷擺在先發打線當中，大谷接下來連續擔任了七場比賽的指定打擊，在天使隊二十八場比賽中打了二十七場；五月二日大谷被西雅圖水手隊左投手賈斯提斯・薛菲爾德（Justus Sheffield）一記時速九十三英里的快速直球砸在手肘上，雖然那球打在大谷穿著的防護墊上，天使隊還是決定要讓他在下一次先發投球前多休息幾天（大谷原本是第二天的先發投手），這也就是為什麼在二〇一八年時天使隊會決定不讓他在先發投球的前一天上場打擊的原因。

天使隊採用了六位投手的先發輪值，也就是說如果有一位投手暫時不能先發，最少還有一位投手會在前一次先發之後獲得正常的四天休息，由於大谷無法按照原定計畫在五月三日先發投球，天使隊決定由已經休息了五天的左投手荷西・昆塔納（José Quirtana）頂替上陣；在麥登的邏輯裡，就算大谷在先發投球的前一天不上場打擊，他也可能在先發投球的前兩天因為上場打擊而受傷，因為只要大谷繼續兩棲出賽，他就會有因為受傷而不能投球的風險，這是他們為了利用大谷的打擊能力而必須承擔的風險。

「我不會因為擔心他意外受傷而增加他休息的天數，」麥登說，「我不是一個靠著直覺反應做決定的人，這些調度都是棒球比賽的一部分。」麥登也指出大谷自己想要多上場比賽，而且對大谷使用方式的改變，是希望藉由他自己決定上場比賽的份量，來讓他持續對球隊做出充足的貢獻，而大谷在被觸身球保送之後立刻就連續兩次盜壘成功，這也向麥登證明了他的求勝意志；「那是一個成長的契機，」麥登說，「他說『你砸到我了，那我就要盜兩個壘回來，』那是我昨天整場比賽最愛的一刻。」五月三日大谷在他原本應該要先發投球的比賽中擔任指定打擊，五月四日也是一樣，第二天他就恢復上場投球了。

被球打中的手肘以及尚未消退的水泡都沒有影響到大谷，但控球的問題還是一樣存在，就像前幾次投球時一樣，大谷在第一局投了二十一球保送了兩位打者，整場比賽一共保送了六位；雖然他並沒有失分，也僅僅被擊出一支安打，但大量的保送提升了他的用球數，也讓他只投了五局就被替換下場，接替的天使隊牛棚一共失了三分，最後也輸掉了比賽。

在球季的前四場先發中，大谷的防禦率是二點四一，他在十八又三分之二局的投球中三振了三十位打者，但是也保送了十九位，這不是一個可以持續下去的好現象；在打擊上大谷在二十七場比賽中擊出了九支全壘打，也累積了兩成六四的打擊率，他的OPS整體攻擊指數是〇點九三八。在打擊成績底下的暗流是他一共被三振了二十八次，但是卻只被保送了五次，雖然在這第一個月大谷的表現似乎很讓人充滿期待，但他對好球帶的掌控——不管是在投手丘上還是在打擊區裡——如果沒有進一步的改變，很可能會把他的一切全都給拖下水，然而就像過去一樣，不管

P. 203

是在太平洋的哪一邊，大谷都知道怎麼做出調整，盡快找出自己的最佳狀態。

CHAPTER 12

「黃金標準」

大谷翔平被解除了一切的限制，但連帶的卻讓一位準名人堂球員丟了工作，事情是這樣的：當天使隊開始為二〇二一年球季做規劃時，他們根據的是大谷過去的使用說明書，也就是在先發投球的前一天和後一天都必須休息；但是經歷了春訓和球季的第一個月，他們發現大谷已經不需要這些休息日了，他可以在先發投球的前一天和後一天都擔任指定打擊，就連他投球的那一天他都可以上場打擊。這樣一來，現年四十一歲、已經站在職業生涯尾聲的艾伯特．普侯斯能上場擔任指定打擊的機會就不多了；儘管生涯成績顯赫，但是當天使隊在五月六日宣布釋出普侯斯時，他的打擊率只有一成九八，確實已經無法對天使隊做出貢獻。普侯斯過去九年都待在天使隊，並且這段期間穿著天使隊的球衣擊出生涯第六百支全壘打，也達到了生涯三千支安打的里程碑，註定會在退休後被選入古柏鎮的美國棒球名人堂；但由於沒有其他球隊將他從讓渡名單上簽走，按照規定天使隊仍然必須支付他兩億四千萬美元合約中最後的兩千五百萬，而在雙方正式釐清合約關係之後，洛杉磯道奇隊就立刻以聯盟最低薪資簽下了已是自由球員的普侯斯，最低薪資與兩千五百萬美元之間的差距，就由天使隊承擔。

天使隊其實是可以將普侯斯留在陣中，讓他擔任代打以及年輕球員的心靈導師，但是他肯定不會有太多先發的機會；進步中的年輕一壘手傑瑞德・瓦爾許和指定打擊大谷的表現都比普侯斯好得多，這些都是天使隊在球季開始前沒能預期到的事，瓦爾許在二〇二〇年球季的最後一個月表現火熱，但春訓時並不理想，而大谷在前一個球季的表現也不符預期。

然後大谷就開始了他在二〇二一年的大爆發，所有四月時他在投手丘上以及在打擊區裡的優秀表現，到五月整個又被提升到了另一個層級。

五月十一日大谷站上了休士頓美粒果球場的投手丘，這是他兩年半前被確定無法避免、必須接受湯米・約翰手術傷心地，當時是二〇一八年的九月二日，大谷在復健了韌帶傷勢三個月之後第一次上場投球，他只投了四十九球，並在幾天之後得知自己的韌帶已經撕裂。在那之後，整個棒球世界都在等著看大谷能不能再站起來，重新成為那個手術之前的頂級先發投手，而這一次他做到了。

在一座對打者有利的球場面對火力強大的太空人隊打線，大谷投完七局只失去一分，但更值得注意的是，在前四場比賽困擾著他的控球問題完全不見了，他只保送了一位打者，但送出了十次三振，只用了八十八球就拿下了二十一個出局數；「太精采了，」總教練喬・麥登說，「看到翔平可以找回直球的控球，這就是我們一直在說的，以後這就是我們會看到的……這就是黃金標準，他實在太棒了。」

雖然大谷在賽後說自己在賽前熱身時覺得身體「很重而且很遲緩」，但他還是找到了節奏，也投出了他三年來投得最好的一場比賽；「我覺得整個投球動作很有效率，而且沒有任何多餘的動作，」大谷說。

這場比賽也是天使隊在使用大谷上的一個新的里程碑，為了讓大谷可以上場打擊，天使隊必須在他投球時放棄採用指定打擊制度，由大谷擔任第二棒打者；這場比賽進行到後期，他們卻利用了一個少見的操作方式，將不再投球的大谷留下來繼續打擊。八局上半最後一名出局的天使隊打者是第九棒的鈴木清（Kurt Suzuki），在打線上和大谷還有兩名打者的距離，麥登已經決定在七局下半結束之後就將大谷從投手丘上更換下場，但由於比賽仍然處在平手的狀態，他希望還能讓大谷再打擊一次；於是八局下半天使隊由右投手艾倫·史列格（Aaron Sleger）接替大谷投球，而大谷則被調動到右外野上場防守，這是只有大谷這樣的兩棲球員才適用的逆向雙換人（Double-switch）[21]調度。可惜的是史列格和接下來的兩位後援投手一連被太空人隊攻下四分，所

21 雙換人（Double-switch）是指防守方在替換投手時同時替換一名野手，並在進攻棒次上將兩人原本的打擊順序對調，由於同時更動了防守位置及打擊順序，故而名之。

以等到大谷上場打擊時，比數早已經被拉開。

天使隊輸了比賽，而靠著特殊調度而換到的額外打擊機會也沒能讓大谷建功，但光是這調度就展現出天使隊是真的對大谷鬆綁了；在大谷完全沒有練習過外野防守的情況下，天使隊還是對他的天賦本能有足夠的信心，直接就把他送去了外野防守，而且願意承擔大谷可能受傷的風險。誰都不知道大谷會不會在接球的時候撞上全壘打牆，或是在從外野傳球的時候傷到手肘，而天使隊願意冒這個險最大的原因，就是大谷堅持如果是為了再上場打擊一次，他絕對可以做到；「那時比賽很接近，」大谷說，「如果我可以有機會用打擊改變那個局面，我當然願意試試。」

幾天之後，大谷就得到了用打擊扭轉戰局的機會了，那是五月十六日在波士頓的比賽，九局上半兩出局，天使隊以四比五落後紅襪隊，那是星期天下午，也是天使隊與紅襪隊系列戰的最後一戰；面對終結者麥特・巴恩斯（Matt Barnes），麥克・楚奧特先碰出了一支右外野安打，接下來輪到的就是之前在打線上一直被排在楚奧特前面，到這場比賽才第一次被麥登互相對換的大谷，結果大谷一棒將一記時速九十七英里的快速直球拉向右外野，剛剛好就從著名的佩斯基標竿（Pesky Pole）[22]左側飛越全壘打牆。這是天使隊八年來第一次有球員在只剩下一個出局數的時候擊出讓比數後來居上的全壘打，連大谷自己都說，那是他當時累積五十九支全壘打中意義最重大的一支；天使隊在系列戰的前兩場比賽都輸得很慘，他們在星期五的比賽領先至第七局被紅襪隊逆轉輸球，星期六的比賽又以零比九慘敗，「系列戰的前兩場我們輸得很糟，」大谷說，「能夠贏下這場比賽對我們來說太重要了，我們證明自己可以打敗任何球隊，也會繼續往前進步。」

然而興奮的感覺只維持了一天，五月十七日在安納罕市迎戰克里夫蘭印地安人隊第一場比賽的第一局中，楚奧特在跑壘的時候突然覺得右腿有點不對勁，一開始強烈的刺痛甚至讓他以為自己是不是被球砸到了，接著的想法則是自己可能撕裂了腳跟的阿基里斯腱；還好事後的診斷報告是小腿第二級拉傷，這讓楚奧特鬆了一口氣，但無法避免的則是預估六到八個星期的休養復健時間，更糟的是後來楚奧特的復健到七月時依然成效不彰，確定整個球季都無法再上場。

在五月楚奧特剛剛受傷的時候，天使隊仍然還對球隊的戰績抱持著正面的態度，最主要的原因就是大谷每個星期都在做出調整，而且持續在進步當中。

資深右投手艾力克斯・柯布（Alex Cobb）於二〇二一年效力天使隊時已經是進入大聯盟的第十個球季，在他高低起伏的職棒生涯裡大概什麼場面都見識過了；他二十三歲在坦帕灣光芒隊中崛起時是一位備受期待的新秀，之後在二十七歲時經歷了湯米・約翰手術，重返球場之後在三

---

22 波士頓紅襪隊傳奇球員強尼・佩斯基（Johnny Pesky）於一九四二年至一九五二年效力於紅襪隊期間，僅在芬威球場擊出過六支全壘打，隊友左投手梅爾・帕奈爾（Mel Parnell）多年後轉為紅襪隊球賽轉播員，並在轉播時提起佩斯基曾在其主投的比賽中擊出一支剛好從右外野界外標竿內側越過全壘打牆的全壘打，甚至有可能擊中標竿；帕奈爾在轉播時直接以「佩斯基標竿」稱呼右外野的界外標竿，該暱稱受到球迷喜愛並從此沿用，球團亦於二〇〇六年九月二十七日，也就是佩斯基八十七歲生日時正式在右外野設置紀念牌認證。

十歲時獲得巴爾的摩金鶯隊一份五千七百萬美元的合約，然後在三十三歲時被甩賣給了天使隊。柯布過去在其他球隊時沒有對大谷留下多少印象，但是當他們穿上同一件球衣時，他很快就變成了一位大谷迷，而在球季開始幾個月之後，柯布說他對大谷的評價又更上了一層樓。

柯布說他發現大谷在投球時會用一些計策來引誘打者，這些都是體能技巧可能已經開始衰退的資深球員會利用的小計策，但大谷的天賦能力卻正在巔峰：「他不光只是一個天賦高超的傢伙，他連投球能力也正邁向頂尖……光是想像他最後會變成什麼樣子就讓人覺得可怕，這只是他在大聯盟投球的第一個完整球季，用計策引誘打者是一件需要經驗累積的事，天賦優異的球員很多，但是如果能夠一併培養出搭配的投球能力，那他就是全聯盟最好的五個投手之一了。」

大谷在投球成績上的大幅進步，或許來自他終於在投手丘上累積了足夠的出賽時間，在二〇一九年和二〇二〇年球季他總共只在兩場大聯盟比賽中面對了十六位打者，他花了許多投球之外的時間來復健他的手臂，也花了許多時間在投手丘上找回投球的感覺；「一定要有一些耐性，」投手教練麥特·懷斯（Matt Wise）在二〇二一年六月時就說，「因為去年他投球的局數實在不夠。」

就算大谷在完全健康的狀態，他在投手丘上的經驗累積還是常常因為不同原因而被中斷，二〇一八年四月是手指水泡和腳踝受傷、二〇二一年四月又是同樣的手指水泡問題，五月時他也因為手肘被觸身球擊中而延後了一次先發投球；但是在那之後，大谷再也沒有因為任何健康狀況而錯過先發投球。唯一的一次先發順延是五月二十七日天使隊在奧克蘭市的時候，那天大谷搭乘的球隊巴士被舊金山旅館附近的擁擠交通給卡住，完全不可能準時通過海灣大橋趕抵奧克蘭球場；大谷和翻譯水原一平以及捕手鈴木清只好跳上灣區的地鐵列車，但是偏偏又搭錯車，於是抵達球場的時候已經太晚，天使隊便決定將大谷的先發投球延後至第二天。

排除掉交通問題之後，大谷在那兩個月裡累積了足夠的投球局數來精進他的投球動作及投球品質，像是他在離開日本之後就極少使用的卡特球，在這段期間就有明顯的進步。

卡特球是馬里安諾．李維拉（Mariano Rivera）和羅伊．哈勒戴（Roy Halladay）的招牌球路，他們在職業生涯早期開發了這個武器之後，就一路以優異的成績往名人堂前進；卡特球的握球方式與傳統的四縫線快速直球和二縫線快速直球都略有不同，這會讓球有比較多的水平位移，大谷在日本時曾經投過卡特球，但是在大聯盟不管是二〇一八年整個球季或是二〇二〇年球季的兩場比賽，他都沒有使用過這個球路。二〇二一年四月大谷開始嘗試投卡特球，等到五月這個武器已經成為他的常用球路之一；「那就是他的新玩具，」鈴木說，「他的武器種類太多了。」卡特球大概佔了大谷投球數量的百分之二十到百分之三十，而且通常會讓打者的回擊非常軟弱，可以快速製造出局，不像三振出局往往會讓投球數量迅速增加；大谷的卡特球在二〇二一年的平均球速是時速八十六點九英里，而對手擊出球時的打擊率只有兩成四一，對比起來，他的四縫線快速直球平均時速是九十五點六英里，但對手的打擊率卻高達兩成九四，身為一位兩棲球員，大谷最大的挑戰就是節省體力，而卡特球就是最好的工具，他可以用卡特球快速製造出局，既不用全力投快速直球，也不用擔心變化球可能讓手臂受傷；這個更有效率的投球方式也讓他可以在不突破一百球球數大關的情況下，順利完成更多的投球局數。

大谷也展現出可以隨意控制四縫線快速直球時速的能力，他在球季的第一次先發時一共九次球速超過時速一百英里，但在那之後，除了在明星賽為了取悅球迷而投過一次之外，他一直到了九月才再度突破一百英里大關；他降低了球速所換來的是更好的控球，以及自四月之後再也沒有手指水泡問題的困擾，大谷說除了在一場比賽中因為擔心水泡問題而故意放慢球速之外，他並沒有在其他的比賽放慢他的球速，但他的捕手並不這麼認為。

「他很聰明，」鈴木說，「我覺得他比我許多過去的隊友都還要了解自己的身體，他知道什麼時候要加，什麼時候要減，有幾次你看到他在需要的時候就可以連著投出幾個時速九十八英里的球來化解危機，但他也知道只要他投進好球帶，他的球速搭配他的指叉球、他的變化球，還有其他的東西就足夠引誘打者出局了。」

投手教練懷斯曾經在大聯盟投過九年球，也在大聯盟和小聯盟先後擔任過十年的教練，他說大谷「在比賽中隨時提升或降低投球強度的能力比任何他所見過的球員都厲害，他可以在九十一和九十九之間任意調整，擁有這種能力的人真的不多。」

棒球研究員艾瑞克・佛瑞登（Eric Fridén）研究追蹤投手球速上升與球賽狀況之間的關係，

他將這個數字稱為「儲備力量」；他的追蹤紀錄顯示在得分位置（二壘和三壘）無人時，大谷的快速直球平均時速是九十五點三英里，但是當得分位置有跑者時，他的快速直球平均時速就會上升到九十六點八英里。佛瑞登從二〇〇八年就開始追蹤統計這個數字，而根據他的紀錄，大谷在二〇二一年球季的儲備力量只輸給準名人堂投手賈斯汀・韋蘭德以及後援投手安德魯・米勒（Andrew Miller），米勒有一次比大谷高，而韋蘭德則有七個球季勝過大谷；大谷對這個現象心知肚明，「我知道我的球速會在對手上壘之後變快，」大谷說，「這是很自然的事，我真的沒有特別去操控它。」

佛瑞登也追蹤另一個被他稱為「持續力量」的數字，這個數字呈現出投手在比賽後期提升球速的能力；大谷二〇二一年球季的持續力量在佛瑞登的追蹤紀錄上排名第七，鈴木說大谷調整球速的能力是為了能「控制自己的節奏。」

比快速直球球速更重要的則是大谷的控球，總教練喬・麥登曾經在四月時說大谷的快速直球「到處亂跑」，但是在前四場先發平均每九局保送九點二位打者之後，大谷在最後十九場先發進步到平均每九局只保送兩位打者；當大谷沒辦法將快速直球投進好球帶的時候，他也更加難以用他的招牌武器指叉球來引誘打者出棒。

這一切都是在六月四日對西雅圖水手隊的一場比賽中踏上正軌的，大谷投出了十次三振但沒有保送任何人，這是大谷在大聯盟生涯的二十場先發中第一次沒有投出任何保送，他一共投了八個指叉球，其中有七球三振了水手隊的打者；「他掌握了我們比賽中的一個特級武器，」水手隊總教練史考特．瑟維斯（Scott Servais）說，「大谷的指叉球大概沒人比得上，如果他能像今晚比賽時那樣掌控這個球路，那就真的是一個很大的挑戰，這肯定是聯盟裡最厲害的一種球路。」

在兩次先發投球之後，大谷又展現出他進步的程度，在六月十七日出戰底特律老虎隊之前，大谷就知道自己滑球投的並不多；「我有計畫要多用滑球對付左打者，因為我注意到我用滑球的比例很低，」大谷說，「等到我開始用它當武器的時候，我感覺越來越好，所以就一直用下去了。」大谷整場比賽投了百分之四十一的滑球，遠遠超過前一次先發投球時的百分之二。

這是大谷天賦過人的又一個實證，對手永遠不知道他在一場比賽中會把哪一個球路當成是主要的武器，在二〇二一年的球季比賽中，他每場比賽使用快速直球的比例從百分之七十六到百分之十九不等，卡特球的使用比例最高高達百分之二十九，但是在很多比賽中他完全沒有使用卡特球；運動媒體「The Ringer」作者班．林德柏格（Ben Lindbergh）指出，在最少有四種球路、並在二〇二一年球季最少面對過五百位打者的投手當中，大谷球路選擇的標準差[23]是全聯盟最高的，鈴木也說大谷會在比賽中一邊投球一邊規劃他的投球策略，而這個過程完全取決於當下他對每一種球路的感覺。

在和老虎隊的比賽中，大谷靠著滑球在六局的投球中只失去一分；天使隊則在第七局靠著泰勒．沃德的滿貫全壘打拉開比數，也贏來天使球場三萬零七百九十位球迷的熱烈歡呼聲。

這是天使球場在六百二十七天以來第一次解除了進場人數的限制，由於肺炎疫情的關係，大聯盟二〇二〇年球季的所有比賽全都在沒有現場觀眾的情況下進行，要等到二〇二一年球季才獲得地方政府的許可，可以開始讓有限數量的觀眾入場；天使隊將限制完全被解除的第一場比賽命名為「重開幕日」，也終於可以讓整個球場都坐滿觀眾。雖然天使隊兩個球季以來第一場可以坐滿觀眾的比賽就由大谷來先發主投是一個巧合，但他也再適合不過；大谷自二〇一八年初次以兩棲選手的身分登場以來，就一直是個票房保證，而當二〇二一年球場全面開放時，他在球場上的表現也正在邁向高峰。

岩瀨香（Kaoru Iwase）是一位三十八歲的婚禮策畫師，她在二〇一四年從日本搬到洛杉磯郊區的橙縣，並開始固定到天使球場看球，然而自從二〇一八年大谷抵達之後，她對這一切就變得幾乎痴狂；岩瀨說她在大谷的前兩個球季大概分別都看了六十幾場比賽，到了二〇二一年球場解除了疫情的限制重新開放觀眾進場之後，她決定更放肆一點，她要到現場看完全部賽程的一百六十二場比賽。

「看大谷翔平打球就是我現在的人生動力，」岩瀨在二〇二一年時透過翻譯說，「每次我看他

---

23 標準差（Standard Deviation）在概率統計中最常用來測量一組數字的離散程度，呈現出的是數字的不確定性；較大的標準差代表大部分的數值和其平均值之間差異較大，較小的標準差則代表這些數值較接近平均值。

比賽，他就有很棒的表現，全壘打、盜壘、破紀錄等等，如果我錯過一場比賽沒看到，我一定會錯過什麼重要的事。」

結果岩瀨在二〇二一年一共看了一百三十六場比賽，其中包括了大多數的客場比賽，她和她的丈夫岩瀨智之（Tomoyuki Iwase）花了大約五萬美元跟隨著大谷到全國各地的比賽，但更多時候是她自己去看比賽，由她丈夫在公司主理婚禮企畫的業務，而她在遠端連線支援；「老實說，這一年我真的沒有經手太多公司的業務，」岩瀨說。

岩瀨迅速建立起自己是大谷全球頭號粉絲的公眾形象，在二〇一八年大谷登上大聯盟之後，她儼然就是這股大谷旋風的推動者；她在二〇二一年球季初分別建立了Instagram帳戶和YouTube頻道來記錄她追蹤大谷的旅程，YouTube頻道在她貼出大谷五月在芬威球場擊出逆轉全壘打的影片之後爆紅，到球季結束時已經累積了超過十五萬的訂閱戶，有好幾支影片甚至被播放了超過兩百萬次之多。

岩瀨說由於旅程和花在剪接影片上的時間，她每晚幾乎只能睡一到兩個小時，她總是在球場一開放觀眾入場時就盡快入場，這樣才有機會看到大谷在球賽前的各種熱身活動，或是想辦法跟他要簽名；她說她差點在紐約得到簽名，但是大谷剛好在要輪到她的時候就結束了幫球迷簽名，岩瀨通常坐在右外野，她認為這是最有機會接到大谷全壘打的地方，她從來都沒有接到過，但大谷曾在賽前熱身時丟過兩顆球給她，這兩顆球在球季結束後都被她用保護盒裝好展示起來。

一路走來，岩瀨說她把許多其他球隊的球迷都變成大谷迷了，「一開始我都會被他們噓，但是我們都會好好溝通交流，到比賽結束前他們就都接受我了，還會跟我擊掌，」岩瀨說；她也和許多其他的天使隊球迷成為好友，當然也包括那些她在天使球場和客場所遇見的大谷迷。

岩瀨很可能是最熱血的大谷迷之一，但是她並不寂寞，許多球迷從日本飛來天使球場，其中有一群球迷開始固定出現在天使球場的右外野，並且高舉著拚出「大谷聖地」（Ohtaniland）的英文字母看板；大谷在客場受歡迎的程度，從二〇一八年四月就開始引人注目，最早是在堪薩斯市的一場比賽，有三位日本的女大學生在大谷打擊時的加油音量大到警衛必須請她們安靜下來，這對大谷來說是習以為常的事，他也說警衛並不是自己請過去的，總之，不管天使隊到了哪裡比賽，球場就會出現一群一群的日本球迷，很多都穿著大谷的球衣。

一整個球季，大谷刺激了日本觀光客到橙縣旅遊的大幅成長，安納罕觀光（Visit Anaheim）是一個專門為橙縣推廣旅遊與商展的行銷組織，根據他們的紀錄顯示，二〇一八年日本觀光客的數字比起過去兩年成長了百分之四，這個數字在二〇一九年五月大谷脫離傷兵名單恢復出賽之後也持續上升；「去年是這樣，然後今年他恢復出賽之後，我們發現因為大谷翔平而來看比賽的人數也同樣上升了，」安納罕觀光的行銷副總裁查爾斯．哈利斯（Charles Harris）在二〇一九年受訪時說。

橙縣日裔美人協會會長大谷喜平（Kihei Otani）在二〇二一年受訪時說，不管是不是棒球迷，大谷翔平是所有日裔美人的驕傲；「他是我們族群的亮點，」大谷喜平說，「在美國的日裔僑胞都很興奮看到他打得這麼好，我無法想像有任何日裔美國人會不支持他，或是不去現場看他比賽幫他加油。」

大谷當然不光只是日本的驕傲，他是一個獨一無二的棒球明星，是一個世紀以來第一位在投球上和打擊上都獲得重大成功的選手，二〇一八年他每一次先發上場投球都讓球賽進場人數隨之上升，而這個趨勢在二〇二一年依然沒變；根據到了球季中期，棒球分析網站棒球指南（Baseball Prospectus）作者羅伯特・亞瑟（Robert Arthur）就說天使隊只要是大谷先發投球的比賽，進場觀眾人數就會比平時多出大約三千人。

當疫情的觀眾人數限制終於在六月解除、天使隊也可以開始全面開放天使球場時，他們在星期四晚間由大谷先發主投的「重開幕日」一共賣出了三萬零七百零九張門票；而接下來三場周末比賽大谷只擔任指定打擊，銷售成績最好的一場比賽也只賣出兩萬三千一百七十五張門票，這樣的情形在客場也一模一樣。當天使隊在六月出征紐約時，由大谷先發主投的星期三晚間賽事一共吸引了三萬零一百七十四位球迷進場，但是之前星期一和星期二的比賽每場進場人數都比星期三少了最少五千人；天使隊在八月二日至五日在德州有一個四連戰，大谷先發主投的比賽吸引了兩萬七千三百六十人入場，比另外三場比賽都多了六千多人。

這些慕名而來的球迷也想看到大谷有打擊的機會，在二〇二一年最少有兩次大谷被地主隊投手故意保送時，現場觀眾居然對自家投手報以噓聲，一次是在明尼蘇達，另一次則是在巴爾的摩。

在此同時，地球另一端的球迷也把注意力全集中在大谷身上，在大谷出生的日本北部奧州市，由於大谷的球衣背號是十七號，於是居民把每個月的十七日都當作「大谷日」來慶祝；不管是銀行、餐廳、還是診所，全市各地都可以看到穿著大谷球衣的人，這從二〇一八年起就成為了當地的一個傳統，而且不停地在被擴大慶祝中。

在大谷登上大聯盟的頭兩年，在奧州市甚至可以看到當地特殊的稻田藝術被設計做出大谷的圖像（在二〇二〇年因為疫情而中斷），而奧州市政府也用雷射雕刻了一個大谷右手的複製品，讓訪客可以和這位奧州市之光「握個手」。

在大谷史無前例的二〇二一年球季，奧州市對他的成就也加倍的引以為傲。

「我們已經支持大谷好久好久了，」奧州市都市行銷課課長大越克芳（Katsuyoshi Ohkoshi）說，「但今年球季他的表現又提升到了另一個境界，我跟朋友聊天、在路上跟市民閒聊時，大家都說他實在太棒了，我們甚至會忍不住要問自己說：他真的是在這裡長大的嗎？他真的是這裡的人嗎？」

大谷的一舉一動都大受歡迎，也毫無意外在二〇二一年上半球季的明星賽票選中遙遙領先，當聯盟在六月十四日第一次宣布投票結果時，他獲得的票數比所有擔任指定打擊的選手都多出幾乎兩倍，以五十二萬五千多票領先群雄，第二名是波士頓紅襪隊的J・D・馬丁尼茲（J. D. Martinez），票數只有三十萬不到；然而二〇二二年的明星賽採用的是兩段式的票選，大谷在第一輪票選最後以接近兩百萬票高居第一，而馬丁尼茲的票數只有七十五萬多一點，接下來的第二階段是由大谷、馬丁尼茲，以及第三名休士頓太空人隊的約爾丹・艾爾佛瑞茲（Yordan Alvarez）進行為期四天的最後票選，大谷在七月一日獲勝，正式被選為明星賽的先發指定打擊。「這是一個很大的里程碑，」大谷說，「我希望球隊能贏球，那才是我的主要目標，只要我有好的表現、能幫助球隊贏球，那被選上明星隊就應該是一件很自然的事。」

然而那只是整件事的一部分而已，從一開始大家就在猜測大谷會不會在明星賽投球，明星賽的投手是由所有選手們投票選出，與一般球迷無關，而大聯盟總部也有權推舉幾位投手進明星隊；這裡複雜的地方，是正式棒球規則裡並不允許一位投手在比賽中同時也擔任指定打擊，當天使隊在球季賽事中讓大谷兩棲出賽時，其實是因為他們放棄採用指定打擊制度，選擇讓大谷以投手的身分替自己打擊。這些問題，以及大聯盟辦公室會不會願意為了大谷來調整相關的比賽規則，要一直等到七月十三日在丹佛市庫爾斯球場的明星賽前才能有答案。

但是另一件與大谷有關的事，則是在他甚至還沒有正式被選進明星隊時就已經決定了，就在大聯盟第一次宣布明星賽球員票數之後沒有幾天，票數遙遙領先的大谷就已經被選定為全壘打大賽的參賽選手之一了。

P. 221

自從二〇一八年大谷還是新人的時候，他所擊出的那些超大號全壘打就讓人很期待他會不會參加全壘打大賽，雖然第一年他不見得能以投手或是打者的身分被選進明星隊，但大家都對他會不會被選進全壘打大賽充滿好奇；大谷在當時有說自己很有意願要參加，但是後來一直都沒有接到聯盟的邀請電話，他在明星賽前大約一個月時傷到了手肘，而且要一直到明星賽前大概一個星期，才好不容易以打者的身分歸隊恢復比賽。

但是在二〇二一年，大谷就沒有這些傷勢的問題了，唯一的問題就是他會不會接受聯盟的邀請參加全壘打大賽，伴隨參加全壘打大賽而來的是可能數百次額外的扭腰揮棒，以及全球電視轉播和一百萬美元獎金所帶來的腎上腺素迸發；對一個已經在努力平衡投打兩棲出賽份量的選手來說，不參加全壘打大賽會是一個很合理的選擇，但是大谷卻對參賽充滿興趣，「我考慮了我的幾個選項，也想了好幾天，」大谷說，「我覺得這是一個我很想參加的活動。」總教練喬．麥登也沒打算以負荷過重當作理由來阻止大谷，「每一個全壘打大賽都一樣，一定會有人問這些問題，他該不該參加，他會不會受傷，或是他會不會太累，」麥登說，「這不是我的方式，相反的，我希望他把握這個機會更進一步展現他的才能。」

全壘打大賽確實是一個讓大谷表現的機會，但是沒有人會覺得聯盟邀請他參加單純只是為了公關造勢，或是為了吸引來自日本的電視轉播觀眾，大谷自球季開打之後就火力全開，以驚人的速度擊出一支又一支的全壘打；大谷和多倫多藍鳥隊的弗拉迪米爾．小葛雷諾從四月開始就一直在競爭聯盟的全壘打王，如果只看從五月十四日到明星大賽前的比賽數據，大谷擊出的全壘打數（二十三支）甚至比一壘安打（十四支）還多。

六月八日天使隊在天使球場迎戰堪薩斯皇家隊以及前頭號新秀克里斯・布比克（Kris Bubic），這位二十三歲的左投手在第一局面對大谷時，在兩好球兩壞球的情況下投出一顆剛好飛過本壘正上方的變速球，結果大谷一棒將球打到四百七十英呎之外，這是他加入大聯盟之後打得最遠的一支全壘打，球就落在綠色的打者之眼旁邊沒有多遠的座位上；「這大概是我在這裡看過被打得最遠的一球，」先後以教練和總教練身分在天使隊任職已經十二年的麥登說，「我從沒看過有人把球打到那個地方過。」天使隊在四局裡從布比克守中攻下六分，麥登說就是大谷的全壘打帶起了球隊的攻勢，「那一球震撼到投手了，我保證，」他說，「那孩子很不錯，但是我們一開始就修理了他一頓，把他的信心給打掉了。」

幾個星期之後天使隊到了坦帕灣的純品康納球場，那是麥登曾經擔任過九年總教練的地方，光芒隊像洞窟一般的室內球場內有四道同心圓狀的高空走道高掛在球場上空，在球場正中央的A環走道是最小的，而最外側的第四道D環則緊靠著球場外牆；大谷就是把安德魯・基特里奇的變速球一棒打出右外野的全壘打牆外，還擊中了高高掛著的D環走道，根據大聯盟的StatCast數據系統認定，這一球的距離有四百五十三英尺遠，但麥登才不買帳。「這才不可能只有四百五十三英尺，對不起，」麥登說，「我在這裡待過很久，不管是比賽還是打擊練習，我都沒看過球被打到那裏。」

大谷在明星賽前又來了一次，這一次是七月九日天使隊造訪西雅圖的時候，大谷面對左投手時的表現一直時好時壞，但是對馬可．岡薩雷茲（Marco Gonzales）在第四局所投出一記中央偏高的快速直球卻一點問題都沒有，一棒就打到T-Mobile球場四百六十三英尺之外的高層看臺上；在球場二十一年的歷史裡，大谷是第六位把球打上那座高層看台的球員，看電視轉播的觀眾因為攝影師角度轉得不夠高，甚至沒能看到球落下，只在轉播畫面上看到滿是下層看臺的觀眾，許多都抬著頭在找球到底到哪裡去了。在球落下來的地方只有三位球迷，其中一位是瑞吉．佩爾卡（Reggie Pelka），在《運動人報》天使隊特派記者山姆．布魯恩的訪問中，佩爾卡說他和兩位朋友會跑到那個偏僻的角落只是想遠離群眾找個地方「放鬆一下」而已；布魯恩是為了寫篇報導才專程跑到那邊去，而佩爾卡和他的朋友也沒想過會有球被打到那邊去，「它就越來越近，我就覺得說『這什麼鬼？』」佩爾卡跟布魯恩說，「我根本不曉得會怎樣。」

佩爾卡就這樣加入了大谷越來越受歡迎的全壘打秀，每一支全壘打都讓球迷和隊友越來越開心；大谷和游擊手荷西．伊格雷西亞斯（José Iglesias）也培養出默契，會在大谷的每一支全壘打之後都在選手休息區演出一整套充滿娛樂效果的花式擊掌。（但是這個默契在伊格雷西亞斯於九月被解約釋出之後就因而結束，留給球迷無限遺憾。）

大谷在春訓的第一個訪問中就說到他想要更快樂一點打球，而不管是在打擊區裡還是在投手丘上，他也確實身體力行；五月在天使球場出戰坦帕灣的比賽中，外野手奧斯汀・梅多斯（Austin Meadows）打出的一支回擊球被大谷一把抓下，而大谷在跑向一壘時還笑咪咪的向梅多斯道歉，大谷在球場上也常常和對手開玩笑，很明顯英文甚至西班牙文都有進步。

投手丘上的大谷在緊要關頭拿下出局數時，也越來越不吝於展現他的興奮之情，握拳、振臂、吶喊，都是他慶祝自己度過難關的方式；相較於美國球員，日本球員在類似情況下通常都比較壓抑，但大谷在二〇二一年球季展現出了完全不同的一面。

麥登一整年都說這一點都不奇怪，他認為大谷優異的表現和他的情緒釋放是息息相關的。「我在他臉上已經看不到去年的那種緊繃，」麥登說，「我在這裡致力在做的，就是讓選手們覺得他們可以很自由的去做自己，而且我認為就因為這樣，所以我根本不需要特別去要求，選手們就會更尊重比賽，也會更加的有紀律；我想他正在享受可以放心去做翔平的那種自由，而且完全為自己的行為負責，我覺得他很享受這種感覺，而帶來的成果就是更多在比賽中的自由發揮，他不再擔心會受傷，也不擔心會不會讓誰失望，他就是單純的打球比賽而已。」

沒有一個大聯盟舞臺比紐約還讓人緊張。

天使隊在六月二十八日展開洋基球場的系列戰，這是大谷翔平在萬眾矚目下展現自己實力最好的機會，雖然二〇二一年已經是大谷在大聯盟的第四個球季，但這卻只是他第二次在洋基球場出賽；在因為肺炎疫情而被濃縮的二〇二〇球季，天使隊的對手只有兩個聯盟西區的球隊而已，而在二〇一九年天使隊唯一的紐約之行是在九月，那時的大谷已經因為膝蓋傷勢而被完全停機。大谷曾經在二〇一八年五月於紐約出賽，但是他在打擊區沒有擊出安打，也很不尋常的沒有站上投手丘投球。

對《紐約每日新聞》這份以誇大、挑釁標題聞名八卦報來說，這又是一次攻擊大谷的好機會，二〇一七年十二月當消息傳出洋基隊並不在大谷的七隊名單上時，《紐約每日新聞》曾經直呼大谷為「弱雞」，認為他是因為害怕紐約這個高壓環境；二〇一八年天使隊為了控制大谷的投球局數而將他臨時移出了原本應該對洋基隊先發投球的比賽，《紐約每日新聞》再次大加嘲諷，用了「真不翔話！你害怕了嗎？大谷不敢面對殺手打線二點零」這樣的標題，大谷在二〇一八年對洋基隊的三場比賽都上場打擊，但是九次打擊都沒有安打。

在大谷二〇一八年的鎩羽而歸以及二〇一九年和二〇二〇年兩年的缺席之後，紐約球迷對於二〇二一年踏進洋基球場的這個大谷是抱持著懷疑的；在那麼多與貝比．魯斯的相提並論之後，大谷勢必得在洋基隊所在的布朗克斯區證明些什麼，畢竟這座建成十二年的新洋基球場距離被暱稱為「貝比．魯斯之家」的老洋基球場只隔了一條街。

總教練喬．麥登可沒打算要用那些「只是另一場比賽」之類的場面話來掩蓋這些聲勢，他說這一次大谷秀來到紐約一定會電光四射，甚至還承諾大谷一定有所表現；「我知道他一定會很盡興，」麥登在系列戰開打前說，「他會準備好，這是他最熱愛的場面，也是他最喜歡的重大時刻，他心跳很慢，也有很強大的自信心。」

大谷很快就證明了麥登所言非虛，在第一場比賽的第一局，大谷看中了右投手麥克・金恩（Michael King）在兩好三壞情況下所投出的一記變速球，然後狠狠打爆了這顆球；球以一百一十七點二英里的速度飛離球棒，這是他一整年擊球初速最高的幾球之一，飛了四百一十六英尺落到右外野牆外的座位區，「這就算是發了警告吧！」麥登說，「這就是紐約之行最正確的開場方式，讓大谷用全壘打和對方打招呼。」

天使隊贏了這場比賽，雖然先發投手迪倫・邦迪（Dylan Bundy）在第二局就因為中暑而忍不住在投手丘後面嘔吐，但左投手荷西・蘇瓦瑞茲（José Suarez）在中繼的五又三分之一局表現稱職，讓天使隊以五比三獲勝；第二天晚上大谷對洋基隊右投手詹姆森・泰倫（Jameson Taillon）連打了兩支全壘打，分別是大谷在球季的第二十七和第二十八支全壘打，距離上半球季結束在賽程上還有三場比賽。

然而天使隊以五比十一輸掉了系列戰的第二場比賽，這也成了天使隊整個上半球季的縮影；大谷固定交出精采的表現，但永遠不夠讓天使隊可以贏得比賽，他們的戰績也還是無法突破五成，只有三十八勝四十一敗。

一個晚上之後，在系列戰的第三場比賽，劇本就整個反過來了，這是大谷第一次在洋基球場投球。

P. 227

大谷在比賽一開始面對DJ拉梅修（DJ LeMahieu），雖然兩好三壞之後的那球像是擦到了好球帶的最上端，但還是被判保送，接下來他又保送了路克．沃伊特（Luke Voit）和蓋瑞．桑契斯（Gary Sánchez）讓洋基隊形成滿壘；大谷在球季的第一個月曾經有過這樣的控球問題，但在那之後再也沒有，在他前七場先發比賽中，只有一場比賽他曾經保送過超過兩位打者，但是他在紐約的這個晚上，他一下子就把對手前三棒都給保送了。

大谷接下來接連被吉恩卡洛．史坦頓和葛雷伯．托雷斯（Gleyber Torres）擊出一壘安打，兩人分別打回一分；在一次三振和再失一分的滾地球出局之後，大谷一球砸中克林特．弗雷澤（Clint Frazier）又再造成滿壘，然後他保送了布萊特．賈德納（Brett Gardner），也擠回了這場比賽的第四分。

然後就這樣了，大谷眾所矚目的洋基球場先發結果是一枚空包彈，也是他大聯盟投手生涯成績最糟的一場比賽；他保送上壘的三位打者在中繼投手艾倫．史列格接手之後都順利回來本壘得分，大谷被算了七分的責任失分，這也讓他的防禦率在短短的一局之內就從二點五八一暴漲到三點六〇。

然而和大半個球季不同的是，這次是大谷的隊友們幫他渡過了難關，在第一局以二比七落後的情況下，天使隊後來居上以十一比八贏得比賽，兩個晚上前因為身體不舒服只投了四十三球的邦迪在重要關頭封鎖了對手兩局沒有失分，順利把比賽交到其他的牛棚投手手上；打者們則在九局上半一口氣攻下七分，其中還包括傑瑞德・瓦爾許從洋基隊強大的終結者阿羅迪斯・查普曼（Aroldis Chapman）手中所敲出的一支滿貫全壘打。比賽最後打到凌晨一點零八分才結束。

「賽後的擊掌聲絕對是今年最大聲也最讓人興奮的，天差地遠，」大谷說，「這是肯定的，我的表現不如我所設想的，但隊友們都拉了我一把。」

至於他自己的表現，大谷說那就是個「掌控度的問題」，他太用力去「拉」他的球；當他被問到洋基球場的壓力是不是影響了他的表現，他說他前兩場比賽所打出的三支全壘打就是反證。

聚光燈從來就不會影響到大谷，很快他將親自證明即使是在棒球界所有目光聚焦、最光芒萬丈的舞臺上，他是多麼的如魚得水。

CHAPTER 13

明星中的明星

當塵埃落定之後，大谷翔平成了有史以來第一位同時以投手和野手身份都獲選為明星球員的選手，二〇二一年明星大賽的票選方式是由兩組截然不同的投票人所決定：一般球迷選出各個防守位置的野手名單，所有大聯盟選手則負責選出投手名單和剩餘的替補球員。在球迷票選當中，大谷以遙遙領先的最高票數被選為先發的指定打擊，這並不令人意外，因為他的成績表現遠遠勝過其他的競爭對手，加上球迷投票是對全世界開放，所以來自日本的支持也對大谷助益良多；在投手這方面，同儕之間的評鑑眼光可能就嚴苛了些，以統計數據來說，大谷可能未必夠資格被選為五位最佳先發投手之一，特別是不久前他在洋基球場的慘劇又讓人印象深刻，但還好最後還是有足夠的選手肯定了他的成績，當票選在七月四日結束時，大谷還是獲得了足夠的票數，在先發投手票選中名列前茅。

在進入明星賽的休兵期時，大谷的打擊率是兩成七九，擊出三十三支全壘打，同時有七十分的打點和十二次的盜壘成功，OPS整體攻擊指數則是一點〇六二，他的全壘打數領先全聯盟，OPS整體攻擊指數則僅僅落後多倫多藍鳥隊弗拉迪米爾．小葛雷諾的一點〇八九；在投手成績上，他的戰績是四勝一敗，防禦率三點四九，在十三次先發中一共投了六十七局並三振了八十七位打者，他也非常耐操，在天使隊的九十場比賽中一共出賽了八十五場。

七月十二日明星賽的前一天是媒體訪問日，美國職棒大聯盟的明星球員們在丹佛市庫爾斯球場的戶外廣場坐成了兩排，回答了一個又一個與大谷有關的問題，這些全世界最厲害的棒球員毫不隱藏的承認大谷真的是一個超凡出眾的棒球員。

「能夠做到他在打擊上的那些事，還能在投手丘上投球，這真的太厲害了，」洛杉磯道奇隊三壘手賈斯汀．透納說，「能夠在這兩件事上都達到頂峰，實在太不可思議了，我沒辦法說太多投球方面的事，但是我知道打擊的難度，我想他大概就是那種我們一輩子只會看到一次的球員，這種不世出的傳奇球員肯定會讓大家傳頌很久。」

透納的道奇隊隊友，一壘手麥克斯．孟西則是這樣總結大谷的表現：「這傢伙把球打得比全聯盟誰都遠，投球投得比全聯盟誰都快，連跑壘都跑得比全聯盟誰都快，他根本就是個天生的奇才，看他打球真是太有趣了。」

亞特蘭大勇士隊一壘手弗萊迪．弗里曼（Fredie Freeman，二〇二二年加入道奇隊）說：「他做的這些實在太令人難以置信了。」

不管是在打擊區裡還是在投手丘上，大谷對天使隊的貢獻都是不容忽視的，但是他在明星賽中所要扮演的腳色，則完全要由總教練凱文·凱許（Kevin Cash）來決定；凱許是坦帕灣光芒隊的總教練，由於光芒隊是前一年的美國聯盟總冠軍，所以明星賽美國聯盟代表隊的總教練就由他來擔任。

提到大谷時的第一個問題，就是他到底會不會上場投球，技術上來說就算大谷完全沒有被選為投手陣容的一員，凱許還是可以指派他上場投球，但這樣一來就一定會被視為是譁眾取寵的公關操作，因為以野手身份入選的大谷如果上場投球，就等於是侵占了其他真正以投手身分獲選之人的表現時間；當然，這個困難已經由大聯盟幫忙解決，由於大谷同時以指定打擊和投手的身分都入選為明星球員，所以是否上場投球就完全取決於他個人的意願，每年的明星賽都有投手因為想讓手臂多休息而決定不上場投球，如果大谷或是天使隊決定要喘口氣休息一下，他可以選擇在明星賽只擔任指定打擊就好，但是很明顯的，沒人想阻礙棒球界唯一的一位兩棲明星在這場比賽中展現他的全能天賦。

「這實在太好了，」天使隊總教練喬·麥登在明星賽幾天前得知凱許將會讓大谷投球之後忍不住興奮的說，「讓翔平有節制的全力以赴，這是個正確的作法，我的意思就是要讓他打，也要讓他投，他都已經要參加全壘打大賽了，你還能要求什麼？我們唯一能做的就是小心一點，不要一不小心對他造成傷害。」

最後的結果就是大谷不光只是投球而已，他還會是當天比賽的先發投手，因為他已經是先發的指定打擊了，如果要安排他以後援投手的方式出賽，他的熱身準備很可能會因為比賽狀況而受到影響；大谷一整個球季都是先發投手，同時也在大部分的比賽中上場打擊，「最合理的做法就是照著他正常的出賽方式來做，沒有必要讓他先打擊，然後等到比賽後期又再叫他上來投球，」凱許說，「這是他在安納罕自己球隊已經習慣了的出賽方式，我們都覺得這是最安全也最正確的做法。」

當大谷在實況轉播的記者會上被正式宣布為明星賽的先發投手時，他開心得像是發著光，一同坐在講台上的還有美國聯盟明星隊總教練凱許，國家聯盟明星隊先發投手麥克斯・薛澤（Max Scherzer）以及總教練大衛・羅伯茲（Dave Roberts）。

「這當然是無比的榮耀，」大谷說，「我沒有想到也會以投手的身分入選，但是我被選上了，而且凱文和大家都對我有很高的期待，所以我一定會努力達到他們給我的目標。」

當然，大聯盟適度為大谷更改了規定，讓美國聯盟明星隊的指定打擊可以上場投球，在下場之後也不影響後續繼續使用指定打擊制度，才讓大谷達成了這項創舉；「感謝大聯盟願意微調這些規則，」凱許在記者會上說，「因為如果他們不幫我這樣改的話，我知道到時候我一定會搞砸的。」

對大聯盟來說，這些小小的規則微調根本是想都不用想的事，從二〇〇三年到二〇一五年球季，大聯盟為了讓球員們能對明星賽認真一點，把明星賽的戰果與世界大賽做了連結，贏得明星賽的聯盟可以在世界大賽獲得主場優勢，但是自二〇一六年起，明星賽被恢復成原來的表演賽性質，對於規則自然也有了放鬆的空間。

「這是球迷最想看到的，」凱許說，而且他還把大谷排在先發第一棒，「這也是我想看到的，我有機會可以對一位難得一見的棒球奇才做出調度，這經驗太特別了。」

大谷對這個調度也完全支持，他答應了要參加全壘打大賽，然後擔任第二天明星賽的先發投手，同時也會以指定打擊的身分上場打擊幾次；他當然可以選擇好好休息一下，畢竟他在上半球季為天使隊付出了那麼多，但是他也不想要錯過這樣的機會。

「我已經做好心理準備，在這兩天之後我一定會很累很累，」大谷在明星賽的記者會上說，「但是有很多人都等著要看，我想要滿足他們，讓他們開心，所以我一定要做到這些。」

就在大谷翔平被宣布是美國聯盟明星隊先發投手和開路先鋒的前幾天，大聯盟發布了一部以大谷為主題的三十秒廣告，影片內容包括大谷投球和打擊，以及轉播員興奮的播報聲，英文日文都有；閃過螢幕的文字有：投手、打者、明星球員、天才、全壘打高手、全球巨星、萬人迷、飛毛腿、史上第一位兩棲明星球員、還有Sho-Time[24]。

24 Show Time在英文中有好戲上場的意思，此處取翔平英文翻譯Shohei前半截的Sho發音與Show相同，將翔平與好戲做出連結，也被本書作者引為書名。

大聯盟資深行銷副總裁芭芭拉・麥克修（Barbara McHugh）說，大谷的名字完美符合這個廣告宣傳的訴求。

「把他的名字和他正在做的事連結在一起，他就是這場秀啊！」麥克修說，「我們當然要好好利用這個諧音，炒得越大越好，他是棒球史上最獨特、影響也最深遠的球員啊！」

麥克修接著說，「我們瞄準翔平很久了，關於他這波行銷的氣勢我們籌備規畫了很久。」大聯盟早就在紐約總部的大樓外牆掛上了一幅巨大無比的大谷海報。

其實在大聯盟決定跳上這班大谷列車的三年前，大聯盟主席羅伯・曼佛瑞德（Rob Manfred）曾經因為在明星賽對大谷的隊友麥克・楚奧特做出批評而引起爭議；那時楚奧特正準備參加在華盛頓舉行的二〇一八年明星賽，而這位天使隊的中外野手也早已被公認是棒球界的最佳球員，他曾兩度贏得MVP年度最有價值球員獎，也常被拿來與名人堂球員米奇・曼托（Mickey Mantle）、威利・梅斯（Willie Mays）、和肯・小葛瑞菲等人做比較，但是他在球場上雖然表現優異，離開球場之後卻偏好低調沉靜，這就引來了大聯盟的抱怨。

「和NFL國家足球聯盟（美式足球）與NBA國家籃球協會相比，大聯盟職棒在行銷上最大的差別，就是不夠努力讓他們的球員能全國知名，」專門研究消費者需求和特性的Q Scores公司執行副總裁亨利・薛佛（Henry Schafer）說。

薛佛說他們針對美國人做出調查，想知道他們對特定公眾人物有多大的辨識能力，然後以Q

指數來代表在這些認識特定公眾人物的民眾當中，有多少人願意說自己喜歡並支持這一位特定公眾人物；薛佛說在二〇二一年被辨識度最高的男性運動員是老虎・伍茲（Tiger Woods），分數高達百分之八十五，而Q指數最高的運動員則是NBA密爾瓦基公鹿隊的揚尼斯・阿德托昆波（Giannis Antetokounmpo），以及NFL堪薩斯酋長隊的派屈克・馬霍姆斯（Patrick Mahomes），他們兩位的Q指數都是百分之二十九。

薛佛說楚奧特的被辨識度在二〇一八年只有百分之二十一，而同城洛杉磯湖人隊的明星球員勒布朗・詹姆斯則高達百分之七十，然而詹姆斯的Q指數只有百分之二十，楚奧特則是二十四分；薛佛說這表示說與詹姆斯比較之下，在所有知道楚奧特的人當中對他印象良好的人比較多，這也表示單純有比較多人聽說過一位選手，並不表示這些人都真正知道這位選手有多優秀。

楚奧特在職業生涯中曾多次因為他選擇低調而被質疑，而他也總是堅持這對他並不構成煩惱，他說他並不想為了要行銷自己，而影響到他致力成為一位優秀棒球員的努力，而在他剩餘的空閒時間裡，他只想要安靜的和家人在一起，然後幫他最熱愛的美式足球隊費城老鷹隊加油。

在二〇一八年明星賽之前數小時、大聯盟主席與全美棒球記者協會的年度會議中，曼佛瑞德就被問到關於楚奧特的公眾形象，就算他似乎一點興趣都沒有，大聯盟有沒有可能多做一些什麼來提升楚奧特的辨識度？「行銷球員最關鍵的一件事就是要球員配合啊！」曼佛瑞德說，「球員是沒有辦法被動行銷的，沒有任何東西可以被動行銷，當事人要願意主動接觸那些目標市場，行銷才會有效。」曼佛瑞德還說他並不是在批評楚奧特，「麥克很棒，超棒的球員，很好的一個人，但是他做下了一些決定，有些事他想做，有些事他不想做，有些事他願意在空閒時間去做，有些事他在空閒時間也不願意做，」曼佛瑞德說，「這都是他的決定，如果他想要在這個部份投入一點，更活躍一點，那我們當然可以幫他把他的個人品牌做得很大很大，但他自己必須決定是不是願意更加投入，這是需要花時間也需要付出的。」

多數人都覺得曼佛瑞德是在批評楚奧特寧可選擇和家人共處，也不願意多拍一些廣告或是上脫口秀節目，但楚奧特說自己並不介意主席的這些意見；第二天當媒體還在熱烈討論主席的爭議發言時，楚奧特發表了一份聲明來緩和這個局面：「關於曼佛瑞德主席最近的意見，我收到了許多詢問，我不是一個小心眼的人，也想呼籲請大家往前看，我和曼佛瑞德主席之間很好，就是這樣，我只想好好打球！」天使隊也為楚奧特發出一份聲明，讚許他選擇把慈善工作和家庭置於個人行銷之上。

一晃三年，楚奧特仍然還是一個相對低調無名的明星球員，他在二〇一九年贏得了第三座的最有價值球員獎，而且在球季開打前才剛跟天使隊簽下一份十二年長、價值四億兩千六百萬美元的合約；這份合約是在他原本剩餘的兩年合約再加上十年，是有史以來整個北美洲團隊運動中金額最高的合約，也讓他有機會一直在天使隊打球直到退休為止。到了二〇二一年接近楚奧特三十歲生日的時候，他仍然被大多數人認為是大聯盟最佳的一位球員，而即使他因為小腿拉傷而無法出賽，他仍然被球迷投票選入明星隊中；天使隊在楚奧特的職業生涯中大多與季後賽無緣，所以每年的明星賽一直是他僅剩下來的、唯一一個向所有棒球迷展現他棒球實力的機會。

少了楚奧特在場上，二〇二一年的明星大賽成了一場大谷秀，薛佛說這大大提升了他的知名度，大谷的辨識度在二〇二一年夏天上升到了百分之十五，而他的Q指數則上升到了百分之二十三；這兩個數字比起二〇一八年高，但對於一位創下歷史性球季成績的球員來說，還是比預期中低了一些。

「雖然他身處在一個主流市場，但是東西兩岸的時差影響了他在全國的曝光度，」薛佛提到美國西岸和東岸時間的三小時差異，「東岸極少能看到天使隊的比賽，雖然他在西岸得到很多媒體報導，但是這些報導從來都不會擴散到全國，他在全壘打大賽表現得相當好，這確實讓他大受歡迎，也是一個好現象；他是一個極為優秀的運動員，只要多給他全國性的曝光度，一定會有越來越多的人注意到他的實力。」

薛佛承認語言的隔閡確實影響到了大谷的辨識度，也讓他無法接下太多美國國內的廣告代言。

但是日本商品就不一樣了，根據富比世雜誌統計，他六百萬美元的代言收入在二〇二一年是全大聯盟最高，而且還是他三百萬美元薪資的兩倍，也是楚奧特三百萬美元廣告代言收入的兩倍；注重日本市場的運動行銷公司Trans Insight株式會社總裁鈴木友也（Tomoya Suzuki）說如果大谷真的想要賺錢，他一定可以比現在賺得更多；「他對於廣告代言的選擇非常非常挑剔，」鈴木說，「我有聽說他推掉了很多提案。」大谷的經紀人涅斯．巴雷洛則說對大谷來說最重要的事，「就是他不能過於忙碌或是分心，他才能盡力去做那些對他來說最最重要的事，那就是好好打球，並在球場上做出貢獻。」

明星賽是大谷在不影響為球隊認真貢獻之外、最能好好提升他公眾辨識度的最佳機會，參加全壘打大賽之餘還要在明星賽中又投又打肯定是一件可能會累死人的事，但能獲得的回報卻並不僅止於為了大谷自己好而已；「如果能吸引更多人因為這樣而看棒球，那我一定會很高興的，」大谷說，「因為這就是為了棒球好。」

自二〇一七年球季以來，二〇二一年是最多人觀看全壘打大賽的一年，而大谷對此功不可沒；這項活動吸引了平均七百一十萬人觀看ESPN的轉播，而且最高一度達到八百七十萬人同時觀看，而吸引他們的正是大谷和華盛頓國民隊外野手璜恩．索托（Juan Soto）在大賽最後一輪的精采對決。

全壘打大賽自一九九一年就是ESPN電視轉播上的固定橋段，而且歷年來競賽模式也做過幾次改變，過去當選手單純以「出局數」——也就是揮棒但沒有擊出全壘打的次數——做為計時標準時，比賽常常會進行到三個小時之久；為了加速比賽進行，全壘打大賽在二〇一五年被更改為以實際時間做為計時標準，參賽選手必須在一定的時間內盡量將球往全壘打牆外打，而且

P. 239

他們也被安排要以晉級賽的方式捉對廝殺。二〇二一年的全壘打大賽有另外一項新特色，那就是所有球員都要穿上四十四號球衣來向前全壘打王漢克．阿倫（Hank Aaron）致敬，這位傳奇強打者在二〇二一年稍早剛剛過世，在那之前他曾經保持職棒生涯的全壘打總數紀錄長達三十三年之久。

以三十三支全壘打領先全聯盟的大谷以第一種子的身分加入全壘打大賽，他的對手則是來自多明尼加、二十二歲的索托，一位棒球界最耀眼的新星；索托在二〇一八年他還只有十九歲的時候就上到了大聯盟，那年大谷贏得了美國聯盟的新人王，索托則在國家聯盟的新人王票選中得到第二。索托在上到大聯盟的第二年就協助國民隊拿下世界冠軍，而在因為疫情而縮短的二〇二〇年球季，雖然國民隊的戰績表現並不佳，但索托的成績依然保持高檔，他以三成五一的打擊率贏得打擊王，並以一點一八五的OPS整體攻擊指數在大聯盟領先群雄；他在二〇二一年第一次被選入明星隊——就和大谷一樣——但是他在上半球季並沒能展現出他的長打火力，他曾在二〇一九年，也就是他唯一打滿的一個球季中擊出三十四支全壘打，但是在二〇二一年的上半球季他僅僅只有十一支，是大谷的三分之一。

大谷和索托必須要等到第一輪的其他三組打者們結束對戰才能上場對決，而索托一登場就狀態火熱，左打的他把球揮擊到庫爾斯球場的每個角落，在四分鐘內就擊出了二十二支全壘打，其中還包括因為擊出了最少兩支超過四百七十五英尺遠的全壘打所獲得的一分鐘「紅利時間」。

和大谷一同登場的是一個他熟悉的面孔，他的翻譯水原一平在本壘板後方蹲了下來擔任捕手；捕手在全壘打大賽中其實沒有什麼太大的功能，因為大部分的投球都不會有機會進到手套，但是水原的登場給大谷多了一層安定感；「看到有個人蹲在本壘板後面比我還緊張，光是這樣就讓我沒那麼緊張了，」大谷在開賽前的大聯盟頻道（MLB Network）訪問中透過水原開著玩笑說。幫大谷投球的是他親自挑選的天使隊牛棚捕手傑森．布朗（Jason Brown），但是大谷一開始的表現並不理想，他一連打了好幾個右外野方向的平飛球和滾地球，花了五十秒的時間才擊出他的第一支全壘打，然後在時間剩下一分十九秒時叫出了暫停，那時他一共只擊出了五支全壘打，他擦汗時看起來筋疲力竭，但臉上仍然帶著微笑；天使隊的明星大賽隊友傑瑞德．瓦爾許在這時走向大谷，並將手中的行動電話靠上了大谷的耳邊，電話的另一頭是麥克．楚奧特，他特別打來鼓勵大谷，「放輕鬆一點，做自己！」大谷在當晚稍後透漏了楚奧特的訊息內容。

還落後十七支全壘打的大谷在暫停之後突然爆發，在正規時間結束前一共又揮出了十一支的全壘打；由於最後的兩球都飛上了高層看臺，飛行距離超越五百英尺遠，所以大谷也得到了一分鐘的紅利時間，他最後追平了索托的二十二支全壘打總數，而且全都打在右外野。

接下來兩位選手分別都獲得一分鐘的加賽時間，索托依然把球打向球場的每個角落，擊出了六支全壘打，而大谷也再度追成平手，而且還剩下了十五秒的時間有機會可以超越索托；但是他一連擊出兩球都撞在全壘打牆上，也讓兩人進入第二次的加賽時間。這次只剩下每人三次的揮棒機會，也不再有時間限制，索托選球非常仔細，一連放過了好幾球，然後擊出了三支分別飛往中外野、右外野、和右外野的全壘打，其中一支甚至飛了五百零六英尺遠，落在高層看臺上；三次揮擊打出三支全壘打的成績讓索托立於不敗之地，大谷已經沒有任何失誤的空間，大谷的第一次揮棒擊出一支右側的滾地球，於是比賽就此結束，大谷和索托兩個人抱在一起開心的笑著。

雖然大谷輸了，但是眾多天使隊球迷全都鬆了一口氣，他在第一輪結束時看起來就已經累趴了，確實沒有必要再逼他為了這個專門設計給電視轉播的橋段繼續硬撐下去。

有一些天使隊的員工其實並不知道，他們可能應該要再更用力點幫大谷加油，因為大谷在賽前就告訴經紀人，如果他贏了全壘打大賽，他會將獎金分給大約三十位天使隊的防護員、球員休息室員工，以及媒體公關部的職員們；一百萬美元的獎金最後由紐約大都會隊的彼得．阿隆索（Pete Olonso）贏走，他是二〇一九年的全壘打大賽冠軍，在二〇二〇年的明星賽因為疫情而被取消之後，今年順利衛冕成功，大谷得到了十五萬美元的參加獎金，他在幾天後回到安納罕市時把這些錢都分了出去，為許多人帶來了驚喜。

在大谷從全壘打大賽淘汰出局之後沒有多久，他在美國聯盟明星隊休息室外的走廊上接受記者聯訪，他笑著說比賽「很有趣」，但是真的很累，「每一輪的最後三十秒真的太累人了，」大谷說，「我根本要喘不過氣來了。」

當記者問大谷說要怎麼休息才能恢復足夠的體力去應付第二天的先發投球，他說「我只能盡量睡越多越好，也只能這樣做了。」

就算大谷沒有參賽，這次第九十一屆的大聯盟明星賽也比過去更加熱鬧一些，觀眾塞滿了庫爾斯球場，再也不需要擔心社交距離，也沒有多少人繼續戴口罩，因為在許多二〇二〇年的活動因為新冠肺炎疫情而被取消之後，二〇二一年七月正是美國從疫情中恢復的高峰。

當晚一共有四萬九千一百八十四位球迷湧進了這座距離丹佛市中心不遠、興建完工才二十六年的球場，明星賽前一次來到庫爾斯舉行是一九九八年，但這次由於在四月才被宣布接手明星賽，洛磯隊和丹佛市並沒有得到足夠的籌備時間；這是因為大聯盟主席曼佛瑞德為了抗議喬治亞州剛剛通過的選舉法案，而將原本發給喬治亞州亞特蘭大市的二〇二一年明星賽主辦權給取消，這項新的選舉法案被許多人認為根本只是為了要壓低少數民族的投票數。

於是大聯盟將這項最重要的季中活動搬到了科羅拉多州丹佛市這座「一里高之城」，高地環境和稀薄空氣在這裡塑造出了一個最充滿進攻火力的棒球環境；為了避免棒球太乾，洛磯隊從二〇〇二年就開始將棒球存放在保濕機中，盡量減低高地環境對全壘打的幫助，然而在科羅拉多州投球仍然是個很特別的挑戰，而大聯盟最佳的投手和打者們就在這樣的環境裡展開了對決。

大谷翔平，當然就是唯一一位可以從投打兩方面都體驗到這個特殊環境的球員。

轉播員喬．巴克（Joe Buck）在一開始介紹先發球員名單時，就特別向觀眾提醒了大谷翔平的特殊之處，他說：「先發第一棒是指定打擊，也是投手，大谷翔平！」大谷那時正在外野傳球，準備進入牛棚為先發熱身，而其他的先發打者們則一一跑上一壘和三壘的邊線，他們向攝影機揮手，並列隊向演奏中的美國國歌和加拿大國歌致敬；然後大谷必須做一件沒有任何一位其他投手做過的事：他要從牛棚走進球員休息區，拿起球棒，然後站進打擊區開始比賽。除了身上穿著深藍色球褲和深藍色球衣之外——這些是特別為明星賽設計的制服，在社群媒體上通常都不受球迷喜歡——他看起來輕鬆自在，感覺就像是在一個星期二晚上準備要代表天使隊於堪薩斯市出賽一樣正常；他甚至在走過外野時彎下身來撿起了一團廢紙，這是他自高中時就維持著的一個好習慣，那時在日本他的一位高中教練告訴球隊說，如果隨手把垃圾撿起來，好運就會隨之降臨。

幾分鐘之後，大谷站進了打擊區面對麥克斯．薛澤，他對著第一球就全力揮擊，把這顆正中央時速九十五點五英里的快速直球打出了界外，第二球是一個切球，大谷把球一拉剛好打進了內野守備的佈陣[25]，二壘手亞當．佛雷澤（Adam Frazier）反手接起球後快速傳往一壘才及時讓全力飛奔的大谷出局；現場測量大谷的時速接近每秒二十九英尺，幾乎是他的最高時速，他看起來一點也不累，完全沒有受到前一晚全壘打大賽的影響，接下來就輪到他的手臂要接受考驗了。

國家聯盟明星隊在第一局下半由聖地牙哥教士隊的游擊手小費南多．塔提斯擔任開路先鋒，

25　棒球比賽中守備方有時會因為對手打者的打擊習性，將正常防守球員的位置做出調整，例如將游擊手移動到與二壘手站在同一側等等，這種因人而異的防守方式被稱為佈陣（Shift）。

大谷一連投了幾個快速直球之後，以一個滑球讓他揮棒落空變成一壞球兩好球，形成一個以指叉球以誘他出棒的好機會，但塔提斯將球碰出了界外；大谷接著投出一記滑球，塔提斯將球打向左外野，是一個普通的高飛球，「我以為他全都要投快速直球的，」塔提斯在賽後受訪時說，「幫幫忙好不好，你可以丟到一百英里啊！但是他都用滑球和指叉球對決，今天算他運氣好。」塔提斯笑著說。

下一棒是道奇隊一壘手麥克斯．孟西，大谷只用了三球就讓他擊出一個內野滾地球，被二壘手馬可仕．席米恩解決出局。

接下來走進打擊區的是三壘手諾蘭．亞瑞納多，這讓現場觀眾爆發了一陣歡呼聲，他在登上大聯盟的前八年都是洛磯隊的一員，曾經贏過八座金手套獎並且還五度入選明星隊，但是決定走上重建之路的洛磯隊在二〇二一年球季開打之前將亞瑞納多交易給了聖路易紅雀隊；球季稍早他曾經和紅雀隊一起回到庫爾斯球場比賽，也受到現場球迷的歡迎，這次更是在全場觀眾盛大的歡呼聲中踏進打擊區，他伸手輕輕移動了一下他的頭盔，這是球員向觀眾回禮的方式。

這個情境彷彿也讓大谷興奮了起來，之前在面對塔提斯和孟西的時候，他的球速最高只有九十七點四英里，但是他對亞瑞納多投出的第一球就以九十九點五英里的時速砸進了土裡；他們兩人花了六球的時間對決，亞瑞納多在一壞球兩好球的情況下將一個時速一百點二英里的快速直球打出界外，這是大谷在四月四日球季的第一場先發之後第一次突破一百英里大關。「這我一點都不意外，」亞瑞納多笑著說，後來大谷也說自己完全沒有想過要像正常先發時一樣保留體力，因為他知道在明星賽裡他只會投一局；「用力催吧！」接下來大谷一記時速九十九點七英里的快速直球錯過了好球帶，然後他對亞瑞納多投出了他最拿手的指叉球，亞瑞納多放低了棒頭將球碰往游擊方向，這也讓大谷順利以十四球完成了這個三上三下的第一局，「他就跟我們聽說的一樣棒，」亞瑞納多說，「他真的很不可思議。」

雖然大谷結束了投球的任務，但是因為大聯盟做出的規則修正，他可以繼續留在比賽中擔任指定打擊，他面對的第二位投手是密爾瓦基釀酒人隊的右投手寇賓・柏恩斯——同年球季最後賽揚獎的得主——大谷面對投過來的第一球，就把這記切球拉成一個一壘方向的滾地球出局，也結束了他在明星賽的所有出賽；美國聯盟明星隊靠著第二局上半靠著拉斐爾・迪佛斯（Rafael Devers）的二壘安打先馳得點，並且一路領先以五比二獲得勝利，這也讓大谷被認定為這場比賽的勝利投手，弗拉迪米爾・小葛雷諾則因為擊出一支四百六十八英尺遠的全壘打而被選為最有價值球員。

光以賽後數據來看，大谷除了又投又打之外一點也不特別，但是如果加上前一天他才剛剛在全壘打大賽中出賽，這就讓他整體的表現引人讚嘆；孟西之前參加過全壘打大賽，也因為同樣身為國家聯盟西區的球員，所以常常來到空氣稀薄的庫爾斯球場比賽，他特別能體會大谷在參加全壘打大賽之後第二天又要先發投球的體能壓力。

「這太令人難以置信了，」孟西說，「在這裡打球很辛苦，很難呼吸，很快就會覺得累，昨天你就可以看出他們一下子就累了，然後他立刻就恢復到今天可以先發投球，這真的很不可思議。」

孟西和國家聯盟的明星隊球員們難得看到大谷，但是同樣是美國聯盟明星的大谷隊友傑瑞德．瓦爾許早就習慣看到大谷兩棲出賽了；瓦爾許也曾經嘗試過二刀流，但是很快就因為優秀的打擊表現而做出取捨，他試著想解釋大谷到底是個什麼樣的存在。

「我還是沒辦法正常看待他的這些表現，」瓦爾許說，「這太不正常了，也許多年以後回頭看，我會搞懂現在到底發生了什麼事，現在他就是我的隊友和好朋友，而且我覺得他好像每天晚上都會打全壘打。」

CHAPTER 14

瑕不掩瑜

二〇二一年的美國職棒大聯盟明星賽最後變成了一個大谷翔平的慶典，在那四十八小時中，大谷就是聚光燈下的第一號大明星，然而在那之後，大家終究還是無法忽略他所身處的艱難困境；當大谷換下明星隊的深藍色球衣，重新回到天使隊之後，所有人都不得不注意到，在大谷這超凡入聖的一個球季之外，伴隨著的卻是天使隊依然讓人失望的疲軟戰績。

天使隊在七月十六日恢復下半季的賽程，七月三十日就是大聯盟的球員交易大限，這是球季中最重要的一天，因為球隊在這時做出的決定，會反映出他們是想要為季後賽努力衝刺，還是決定要放下這一年的競爭並開始為未來做規劃；有競爭力的球隊（買家）會以有潛力的新秀和其他年輕球員去換取一些有實力的大聯盟球員來補強自己，就算合約期限只有球季的最後兩個月都好，那些交易出大聯盟球員的球隊（賣家）就等於是暫時放棄了目前進行中的球季。大部分的球隊總經理並不會把這些事看得這麼黑白分明，有些交易確實也沒有辦法清楚的被定義到底是「買」還是「賣」，但是當交易大限一過，球隊再也沒有辦法大規模的補強競爭實力之後，大家就可以清楚看出每支球隊所選擇的方向是哪一邊。

大谷這個史無前例、甚至可以說是一輩子只會遇到一次的神奇球季，照理來說應該要能夠帶領天使隊往季後賽飛奔，但實際上的天使隊在明星賽時的戰績仍然卡在四十五勝四十四敗而已，在他們所屬的美國聯盟西區排名第四，落後領先的休士頓太空人隊有九場勝差之遠，就算是距離在外卡排名第二的奧克蘭運動家隊，天使隊也落後了五又二分之一場勝差；七月的賽程是天使隊提升戰績的好機會，在交易大限之前，他們會出戰分區和外卡都排名在前的西雅圖水手隊六次、奧克蘭運動家隊三次，還有七場比賽的對手是明尼蘇達雙城隊和科羅拉多洛磯隊，這兩隊的戰績都很不理想。

這是天使隊一整年賽程中最關鍵的時刻，但天使隊的陣容卻不完整，五月十七日拉傷右小腿的麥克．楚奧特原本被預估在七月中就可以歸隊，雖然他沒能趕上明星賽，但在下半季一開始時，大家都對他的歸隊很樂觀；他隨隊加入前往奧克蘭和明尼蘇達的行程，這是他在受傷之後第一次隨隊，七月十九日和二十日兩天他還在奧克蘭球場練習跑壘，並說自己隨時都可以開始打復健賽，通常這就表示只要去小聯盟打個三四場比賽，他就可以回到天使隊大聯盟的先發陣容。然而當球隊抵達明尼蘇達，楚奧特再度在賽前上場練習後，他就突然憑空消失了；總教練喬．麥登說楚奧特在加速時突然小腿「覺得有點怪怪的」，所以必須暫停他的復健，那時距離交易大限只剩下一個星期，而天使隊卻突然無法確定楚奧特到底什麼時候才能歸隊了。

原本應該加入楚奧特和大谷，一起組成大聯盟最強大三劍客之一的安東尼．倫登（Anthony Rendon）也因為受傷而歸期不明，這是他簽下七年兩億四千五百萬美元合約之後的第二年，而他的表現實在令人不耐；這位強打三壘手在四月時因為鼠蹊部受傷而休息了兩個星期，到了五月又因為擦棒球打在自己膝蓋上而必須休養七天，就當他終於復原開始展現實力時，卻在七月初又因為大腿拉傷而再次成為傷兵，差不多就在楚奧特的復原於七月底陷入停滯的同時，麥登也一併宣布了倫登的傷勢狀況也同樣無法進行任何棒球活動。

天使隊的投手陣容更是殘破不堪，球季開幕戰的先發右投手迪倫．邦迪表現差到被移出了先發輪值，在球季前的冬天簽下一年八百萬合約的左投手荷西．昆塔納（José Quintana）則是在六月就被調到了牛棚；原本看似成功東山再起的右投手艾力克斯．柯布因為手指起了水泡而第二次被放上了傷兵名單，而且還在養傷期間傷到了手腕，至於左投手安德魯．希尼則是一如往常的像雲霄飛車一般高低起伏，有時看來表現穩定，有時卻又慘不忍睹。

有這麼多問題的天使隊卻還能把戰績勝率維持在五成左右，這剛好證明了大谷對他們來說有多重要，他把整個球隊扛在肩上，既是打擊表現最好的打者，同時也是投球表現最好的投手；在明星賽之後的十三場比賽中，他一共擊出了四支全壘打，搭配上兩成九八的打擊率和一點〇六九的OPS整體攻擊指數，他在明星賽之後和交易大限之前這段期間一共先發投球兩次，在十三局的投球中只失去一分，三振十三位打者並只有一次保送。在大谷於七月二十六日對洛磯隊投完七局之後，麥登說大谷對球隊的重要性顯而易見，而且他絕對該是整個聯盟最有價值的球員，「我知道很多其他球員今年也有很棒的表現，但是你真的該停下來仔細分析一下這件事，」麥登說，「沒有人能接近他所做的這一切，這是完全的一面倒，對我來說真的差太多了。有些人會說誰誰誰很接近，我完全不這麼認為，他的表現太獨特、太與眾不同了，要拿他來跟別人比較，是件完全不可能的事。」那時大谷的防禦率是三點〇四，並且以三十五支全壘打領先全聯盟。

然而在打贏洛磯隊的這場比賽中，天使隊的一壘手傑瑞德・瓦爾許因為腹肌受傷而退場，距離他第一次在明星賽出賽才短短幾個星期，瓦爾許就加入了楚奧特和倫登的行列，成為傷兵名單上的一員，天使隊先發打線上的大谷一下子就更加孤立無援了。

在交易大限的那天早上，天使隊的先發打線像是個不成人形的骨架，先發投手輪值則像是輛殘破不全的拼裝車，他們也沒能在戰績上有足夠的進展去追上領先他們的水手隊和運動家隊；天使隊的戰績是五十一勝五十一敗，落後在分區領先的太空人隊十一場半，而在外卡爭奪戰也以六場勝差落後掌握著第二張外卡的運動家隊，而排在天使隊前面的還有水手隊、紐約洋基隊、多倫多藍鳥隊，以及克里夫蘭印地安人隊。雖然總經理佩瑞・米納賢事後說自己「非常積極」的在幫球隊尋找外援，但是他送走了兩位大聯盟球員，卻一位都沒有換回來；他把希尼送到洋基隊換回兩位小聯盟投手，同時也把牛棚左投手東尼・華森（Tony Watson）送到舊金山巨人隊換回了三位小聯盟投手。天使隊沒有把最有交易價值的終結者萊塞爾．伊格萊西亞斯（Raisel Iglesias）給交易出去，米納賢說自己沒有拆散這個球隊是因為「在這樣的逆境之下，他們持續的努力值得球團再給他們一次機會，讓他們繼續一起拚戰下去。」

米納賢話是這樣說，但幾天之後他的調度就清楚表明了天使隊已經將目標重心從二〇二一年球季轉移到未來了；天使隊把二〇二〇年選秀第一輪選進的左投手瑞德．迪特莫斯（Reid Detmers）升上大聯盟，用他取代希尼在先發投手輪值的位置，迪特莫斯才剛滿二十二歲，而且職業生涯只投過十三場比賽，最高層級只有一場在二A。天使隊也把右投手克里斯．羅德里奎茲（Chris Rodriguez）升上大聯盟，將他也加入先發投手輪值，羅德里奎茲剛滿二十三歲，而且前三個球季因為嚴重的背傷以及受到疫情影響的小聯盟球季，讓他幾乎沒有怎麼投球；春訓時優異的表現讓他進入一軍名單，幾個月以來他在大聯盟擔任中繼投手表現也不差，天使隊為了將他轉為先發投手才將他送到小聯盟磨練，但是交易大限才剛過幾天，天使隊就決定他已經夠資格進入先發輪值。天使隊還把外野手喬．阿戴爾（Jo Adell）也叫回大聯盟，並且宣布會讓他每天出賽；阿戴爾在二〇二〇年球季前曾是球隊的頭號新秀，但是因為在濃縮球季裡表現令人失望而在二〇二一年被下放到小聯盟，球團認為在三A的這三個月已經讓他們看到了阿戴爾有足夠的進步。

在升上迪特莫斯、羅德里奎茲以及阿戴爾的同時，天使隊也宣布了倫登將會接受臀部手術而錯過整個球季，而楚奧特也沒有確定的回歸時間；種種情況看起來，球季剩下的兩個月就會是個大谷翔平秀，而其他的天使隊成員就只是周圍穿梭著的臨時演員而已。

大谷翔平在八月四日對德州遊騎兵隊的一場比賽中展現了他在投球上長足的進步，現在的他已經不再是球季剛開始時那樣球路犀利但控球不佳；這場比賽的大谷沒有電光一般的快速直球，變化球也不若以往銳利，但是靠著意志力和對手纏鬥。之前在七月二十八日的比賽中，一顆被打進天使隊休息區的界外球剛好擊中大谷的大拇指，讓他不得不在這場先發投球之前多休息了幾天；八天的休息還是沒能讓大谷復原到最佳狀態，他在這場比賽裡費盡心力才投完六局，勉強壓制住遊騎兵隊只被攻下一分，辛苦拿下他連續的第五場勝投。「他對於自己能做到的一切掌握得非常好，」總教練喬．麥登說，「或許這不是他最精彩的一場比賽，但是因為他在上面掌控了全局，所以最後還是得到了很好的成果。」

大谷在八月十二日對多倫多藍鳥隊的先發中主投了六局只失兩分，賽後他說自己狀況還是沒有很好，是努力硬撐住的，「老實說我最近感覺並不好，」大谷說，「但是在狀況不好的時候，就是要想辦法讓對手出局，盡量拉長投球局數，我覺得自己現在雖然狀況不好，但體能上沒什麼問題，每一次出場比賽也都有進步，只是還沒有完全發揮出我的潛能而已，我還是有繼續進步的空間。」

這時的大谷已經先發主投了十七場比賽，累積了九十二局的投球，而在這之前的兩個球季加起來，他一共只投了一又三分之二局，所以只要一有人提起他的球路威力似乎有下滑的跡象，就

P. 253

會連帶質疑他是不是已經有過度疲勞的問題；八月十八日在底特律的比賽，大谷以八局只失一分的表現讓質疑的聲音暫時安靜下來，這是他第一次投滿八局，他三振了八名打者，沒有投出任何保送，還擊出了他的第四十支全壘打。

到了八月底，大谷還是繼續做著那些麥登在球季稍早時說過的「少棒隊的事」，把整個球隊都扛在自己肩上，「你就是球隊上最厲害的那個選手，」麥登說，「所以你要負責打擊，還要負責投球，但是發冰淇淋給大家的時候你也會是全隊第一個領到的。」剛好就在八月底，大谷有機會把他的「少棒日常」帶到世界少棒的聖殿去，那是大聯盟每年都會安排的一場比賽，今年剛好由天使隊和克里夫蘭印地安人隊到賓夕法尼亞州威廉波特市的小聯盟球場去對戰；威廉波特市是世界少棒大賽的總部，大聯盟每年都利用這個機會讓聯盟現在的球星與這些棒球界的未來之星共聚一堂，大聯盟球員也都利用機會和這些來自世界各地、十一二歲的少棒選手們互動，大谷和大聯盟球員們幫小選手們簽名、和他們聊天，把一個原本陰暗的雨天變成了小選手們難以忘懷的回憶。麥克．楚奧特在記者會上被問到說他在十二歲時是一位怎樣的球員，他的回答就和麥登口中的大谷一模一樣，「我是游擊手，但是我也上場投球，」楚奧特說，「就像是現在大谷在大聯盟一樣……真的很神奇，翔平真的是與眾不同。」

儘管大谷的表現持續引人讚嘆，但他的成績卻終於開始受到影響，八月二十五日在巴爾的摩市出戰已經十九連敗的金鶯隊時，大谷在五局中被攻下四分，但是更嚴重的問題是在他的打擊上；從八月十六日到九月十五日，大谷的打擊率只有一成七四，只擊出五支全壘打，也讓出了在全聯盟全壘打領先的位置。有些人認為大谷的打擊問題是因為他的打擊動作受到全壘打大賽密集揮棒的影響，但是天使隊全隊沒人同意這個說法；大谷在全壘打大賽剛結束之後的那段時間，打擊一點問題也沒有，而且下半季全聯盟打擊最火熱的兩位打者，華盛頓國民隊的璜恩．索托和堪薩斯皇家隊的薩爾瓦多．培瑞茲（Salvador Pérez），都一樣是全壘打大賽的參賽者。

比較合理的解釋，應該就是天使隊殘破不堪的先發打線終於讓大谷也撐不住了，少了楚奧特和倫登的支援，大谷打擊時的下一棒通常是一位叫做菲爾．葛斯林（Phil Gosselin）的浪人選手；有這樣的下一棒等在預備區，任何一位先發投手都不會投什麼太好打的球給大谷，不想被保送的大谷只好開始揮擊那些好球帶之外的球。「過去這一個月我都沒看到什麼通過本壘的好球，是可以讓我好好攻擊的，」大谷說，「如果有的話，我一定要確定自己可以準確擊中，把球確實的打擊出去，不然的話其實很簡單，我就必須要能放過那些很接近的球，還有那些壞球，只專心對好球揮棒就好。」

對於大谷的低潮，打擊教練傑瑞米．瑞德也有自己的另一個解釋，但這是大谷和麥登都很不願意去面對的事。

「真的會累啊！」瑞德說，「這傢伙從球季開始就是又投又打沒有停過，一直到現在已經是九月了啊！」

從春訓的第一天，天使隊就公開了他們對於使用大谷的新計畫，那些從二〇一八年就開始設下的休息日和許多限制都被解除，因為他們信任大谷會在自己需要休息的時候告訴球隊；而在這四個月以來，所有的計畫都完美進行，大谷不管是在打擊區還是在投手丘都交出了高水準的表現，他很明顯的享受著大量的出賽，天使隊也認為這些自由讓他表現得更好，球季進行到九月初，麥登一點也沒有要讓大谷多休息的意思，大谷當然就更不可能自己說要休息了。

九月三日對德州遊騎兵隊的比賽中，麥登讓大谷投了一百一十七球，在這之前，二〇二一年球季他投球最多的一場比賽是一百零五球，而在手術之前的二〇一八年球季，他投球最多的一場比賽是一百一十球；大谷在這場比賽之前才因為手腕被球擊中而多休息了幾天，麥登說這些額外的休息日讓他可以放心給大谷多投幾球，麥登也說他在比賽進行中完全看不到大谷有疲累的跡象。大谷投了兩記時速超過一百英里的快速直球，這是自四月四日之後就再也沒有在正規季賽中發生過的事，大谷在第五局和第六局都讓對手三上三下，所以即使投球數已經到達九十二球，麥登還是派大谷上去投第七局；大谷被擊出一支安打還投出一個保送，但還是成功投完了這一局，他在賽後說很感謝麥登對他的信任，「我本來以為自己大概會被換下來了，但是喬對我有信心，我也很高興自己可以完成任務，」大谷說，「我想這肯定會對未來有幫助，特別是能夠守住沒有失分，這是一件好事，我想以後喬會對我更有信心，就算投球數超過一百球了，還是會願意讓我再投下去。」

麥登重申了他在四月時就向大谷強調過的一個想法，那時他讓大谷繼續投球卻差一點輸掉比賽，但是他說這樣的經驗會在未來收到回報：「我喜歡選手能像這樣堅持投到比賽後段，」麥登說，「心靈的力量一旦伸展開來，就再也不會回到原來的樣子，投手也是一樣，當他堅持到比賽後期還能順利解決麻煩，而且他的拿手武器還能發揮威力，這就會為他以後的比賽帶來信心……這次的經驗一定會幫他有所成長。」

麥登在第二天重申了他對大谷的信任，他把大谷的名字放上了先發名單擔任指定打擊，說起來這其實是一場毫無意義的比賽，而且大谷前一天才剛剛突破了個人先發投球數的紀錄，應該是一個讓他休息的好日子，但是麥登說大谷強調自己狀況很好：「我真的搞不懂他是怎麼做到的，或者說他到底是從哪裡冒出來的，」麥登說，「這實在太不尋常了，他可以這樣投球，投了這麼多球，球速投得那麼快，然後第二天還可以上場當指定打擊，而且我完全沒有聽到他或是任何人說有什麼不好的狀況。」

大谷還是陷在打擊的低潮裡，而等到他下一次站上投手丘時，大家開始發現他可能真的開始累了，因為他的投球也受到了影響。

九月十日晚間在休士頓的比賽有一個好的開始，大谷在第一局擊出了球季的第四十四支全壘打，然後在第一局下半他雖然被擊出兩支一壘安打，但還是守住了沒有失分，第二局下半也完美解決對手；然而大谷在第三局一共投了三十球，被擊出四支安打失了三分，而且太空人隊只要揮棒就一定會打到球。第四局他面對四位打者只解決掉其中一人，然後就被替換下場，而上壘的三位打者後來全都回來得分，等於大谷在三又三分之二局的投球中一共失掉六分；「他最好的球路今天全都投不出來，」麥登說，「今晚對方完全沒有揮棒落空這件事。」太空人隊面對大谷整晚只有百分之七點一的揮空率，而整個球季對手面對他的平均揮空率是百分之二十八點九，「我知道他很拚，但是我覺得沒理由再硬撐下去，」麥登說，「如果他的狀況不好，我當然不會硬要他繼續投下去。」

球賽之後，大谷被問到前一場比賽所投的一百一十七球是否影響到了他的表現，他的回答讓天使隊感覺到亮起了紅燈，「我覺得有一點疲，大概真的是上一場比賽留下來的。」

翻譯水原一平在為大谷翻譯時用了「疲」這個字，但是有些日本記者指出這個用字可能不夠精確，他們認為「緊」會是一個比較好的選擇，第二天麥登說不管是大谷還是水原，都沒有回報任何需要讓醫療人員擔心的狀況；但是四天之後就不一樣了，九月十五日在芝加哥，大谷正一如往常的進行兩次先發投球之間的傳接球練習，為接下來九月十七日在主場面對奧克蘭運動家隊的比賽做準備，但是他突然覺得不太對勁，於是天使隊就取消了他的先發。

這一次是麥登用了「疲」這個字，但是他堅持這是「漫長的一年」所造成的，而不是任何傷痛，而且麥登說並不計畫讓大谷看醫生或是接受任何檢測；考量到天使隊早已無緣競爭季後賽，球季賽程也只剩下兩個星期就要結束，天使隊慎重考慮了是否要直接讓大谷關機，這個球季都不再投球。麥登在宣布消息的時候用詞謹慎，並沒有完全抹除大谷重返投手丘的可能性，但是他強調天使隊會小心對待他們的王牌球員，「如果這些痠痛繼續下去，那他大概就不會再投球了，」麥登說，「我只能說我現在還不知道答案到底會是什麼。」

然而就在大谷翔平歷史性的球季看似要黯然結束之際，他親自起來更改了這個結局。

大谷在打擊上已經陷入低潮一個月了，可能是因為累，可能是因為他必須獨自撐起這個被傷痛拖垮的打線，當然也有可能是因為對手再也不投好球給他打了，或許是所有這些理由加在一起，讓他的打擊率一路掉到九月十五日時的兩成五四，OPS整體攻擊指數也掉到〇點九五六；大谷已經連續九場比賽沒有擊出全壘打了，就當天使隊在考慮是否要讓大谷在今年球季停機不再投球時，總教練喬・麥登也被問到是否會考慮讓大谷同時停止打擊，「我其實已經問過他這件事了，他說他覺得很好，而且他還想繼續打下去，」麥登說，「我們會考慮一下，如果他真的想要，那他當然可以繼續，肯定的。」

第二天回到安納罕市，大谷就恢復了傳接球練習，也向麥登報告說自己覺得狀況好了很多，好到連天使隊都決定讓他在九月十九日先發投球，比起原本預計的先發投球日只延後了兩天；「這是我們持續了一整年的方式，就是我們沒有要把他當成小嬰兒一樣來保護，我們要讓他像棒球選手一樣打棒球，」麥登說，「如果他回來說『我覺得我還是有點不舒服』，那我們當然就會做出不一樣的決定。」大谷說他不想在球季結束前就被提前關機，不想要這個球季也跟其他三個球季一樣嘎然而止，「我必須繼續投球，」大谷說，「每一次上場投球我都學到東西，也都有進步，明年和以後我都要繼續投球，今年的這些經驗一定會對我有幫助。」大谷在對奧克蘭的這場比賽中竭力展現出他健康強壯的一面，他只失去兩分，而且投球局數再度達到大聯盟生涯最高的八局；他一共投了一百零八球，還讓運動家隊的打擊揮空率高達百分之四十三，他的指叉球引誘對手揮棒了三十八次，其中有十八次揮棒落空（揮空率百分之四十七），他一共投了五十五顆指叉球，在第七局還用指叉球連續三振掉三位打者。

接下來的一個星期大谷的打擊也有進步，投手在下半季大多避免與他對決，而他自己的攻擊紀律也在八月中之後就開始走下坡，越來越會對著壞球揮擊，但是大谷的保送次數從九月中開始上升，九月二十二日到二十五日這四場比賽期間，大谷一共被保送了十三次，其中還包括了四次的故意保送；西雅圖水手隊在九月二十四日分別在第七局和第九局將他保送上壘，這兩次他都代表著能追平比數的一分，他也成為在二〇〇三年的貝瑞．邦茲（Barry Bonds）之後第一位連續三場比賽都被保送最少三次的球員。當年的邦茲展現出來的是棒球史上最驚人的攻擊火力，大谷的打擊雖然比不上二〇〇三年時的邦茲，但不同的是他所身處的打線卻對他一點支援能力都沒有，「我太愛他的這些保送了，」麥登說，「這比對著壞球亂揮棒、三振，或是難看的出局好多了，他換了一種方式對球隊做出貢獻，不管是得分、上壘、盜壘都好，這些都是他做得到的。」

這些保送讓大谷在球季的最後十一場比賽累積出一點一二八的OPS整體攻擊指數，其中包括了五成四〇的上壘率，但是沒有好球能打，卻讓大谷無法挑戰天使隊單季四十七支全壘打的紀錄——由特洛伊．葛勞斯（Troy Glaus）於二〇〇〇年創下——或是競逐二〇二一年的大聯盟全壘打王寶座；大谷在他最後的二十一場比賽中只擊出兩支全壘打，整個球季一共累積了四十六支，而多倫多藍鳥隊的弗拉迪米爾．小葛雷諾和堪薩斯皇家隊的薩爾瓦多．培瑞茲分別都擊出了四十八支全壘打。

大谷還是在最後的幾個星期達成了一些數據成績上的里程碑，他在最後一個星期得到了球季的第一百分，也打回了第一百個打點，他同時也拿下了第二十五次的盜壘成功。

在投球的里程碑上，大谷當然希望自己能夠拿到第十勝，比起在美國職棒，雙位數的勝投在日本職棒有更珍貴的意義，大谷在九月三日就累積到九勝一敗，但是在接下來的兩次先發中一次吞下敗仗，另一次無關勝敗；九月二十六日大谷在天使球場迎戰水手隊，他投完七局只失一分，三振了十位打者，沒有投出任何保送，就像前一場出戰運動家隊的比賽一樣，大谷的表現足夠資格拿下勝投，但天使隊的牛棚失手，兩場比賽都被對手逆轉。

接連兩場好投卻無關勝敗，中間還夾著一整個星期因為在打線上孤立無援而不斷遭到保送，大谷在賽後的訪問中明顯表現出了自己的失望；這是天使隊輸掉的第八十二場比賽，也確定了會是他們連續第六年勝率不到百分之五十，這是大谷在天使隊的第四年。

「真的覺得很沮喪，」大谷說，「很讓人失望，因為我總是對球季最後的季後賽充滿期待。」

後來大谷被問到這樣的失望是否會影響到他的職業生涯，眾所周知他將會在二〇二三年球季之後成為自由球員，記者直接就問他是否會繼續留在天使隊。

「我真的很喜歡這支球隊，」大谷說，「我愛這些球迷，我愛球隊的氣氛，但是我更想要贏，這對我來說才是最重要的，我想我只能說到這樣了。」

他的回答被拆解開來分析了好幾天，球迷不但深入解讀了翻譯水原一平所選用的英文字詞，同時也細細推敲了大谷所說的日文原文，而在那之前，楚奧特和麥登也都分別表達了對戰績的不滿，並且都呼籲球團能夠做出進一步的補強來幫助球隊贏球。

幾天之後天使隊開始了球季的最後一次出征，總經理佩瑞・米納賢在德州阿靈頓市球場面對美日記者提問，解釋著他對近日大谷、楚奧特，以及麥登三人發言的看法；米納賢說他並不認為那些發言是對管理階層的批評，他也知道天使隊需要做一些改變才能贏球，他所聽到或是讀到的這些意見，都不會改變他早就為冬季補強所做好的這些計畫，「沒有人想在一支整天輸球的球隊打球，」米納賢說，「我知道大家都會這樣說，這一點都不讓我驚訝，至於我們為了今年冬天所做的那些計畫，一點都不會改變。」

幾天之後，就在天使隊球季的最後一場比賽開打之前，大谷釐清了他之前所說的那些話，他說自己雖然對輸球很失望，但是他還是願意和球隊討論續約，「我當然很想好好和球隊談一談，」大谷說，「我非常感謝球隊這四年來一直支持我，不管我們會不會續長約，我還是會為明年球季做好準備，為球隊做出貢獻。」

大谷和天使隊在二〇二一年的最後一件事，就是在球季的最後一天擊敗西雅圖水手隊，為這個球季畫下句點，大谷也在這場比賽擊出了他的第四十六支全壘打；天使隊最後七十七勝八十五敗的戰績當然讓人失望，但如果少了大谷，這戰績只會更難看，麥克．楚奧特和安東尼．倫登幾乎錯過整個球季，只有大谷一個人是一整年都留在先發輪值上的投手。

大谷證明了自己是全隊最耐操的選手，全隊一整年都留在一軍名單上的球員只有二壘手大衛．佛列齊、捕手鈴木清、還有大谷，大谷不只一整年保持健康，他還幾乎全年無休；比起二〇一八年球季每次先發投球前後都被強迫休息，二〇二一年的大谷一整年都沒有受到任何限制，他在天使隊的一百六十二場比賽中出賽了一百五十五場。

「這確實是一大挑戰，但是同時我也覺得很有趣，」大谷在十一月以全票拿下最有價值球員獎時說，「我覺得球隊對我的期望非常高，所以我必須要盡我所能的達到那些目標。」

而他的表現完全超越了那些預設的目標。

「我一直承受著許多懷疑的眼光，特別是從我還在日本的時候就是這樣，」大谷說，「我盡量不讓那些壓力影響我，我只想要快樂打球，努力看自己可以打出什麼成績，能夠有什麼好表現。」

CHAPTER 15

「獨角獸」

瑞克・安凱爾（Rick Ankiel）是一九九七年春季全美高中最優秀的棒球員，身為佛羅里達州聖露西港高中（Port St. Lucie High School）的王牌左投手，他的戰績是十一勝一敗，在七十四局投球中投出一百六十二次的三振，防禦率只有〇點四七；他的打擊率是三成五九，還擊出過七支全壘打，球探們都認為他的天賦足以排入選秀的前十個順位，但是因為簽約金的疑慮讓他一路掉出了選秀第一輪，沒有人知道要用多高的簽約金，才能說服他放棄邁阿密大學的獎學金與職業球隊簽約。

聖路易紅雀隊終於在第二輪選了他，並且用兩百五十萬美元的簽約金將他簽下，安凱爾立刻就成為整個棒球界最頂級的新秀投手之一，而且在小聯盟層級中快速攀升，但是他一直無法放下打擊；有時候他會向教練或是紅雀隊的管理階層提到，他真的可以嘗試成為一位兩棲球員，而不光只是一位打擊還不錯的投手，但他總是被斥退，「總是會想的，但是他們就是不准，」安凱爾在二〇二一年時說，「你提起這些想法時，他們就會說『哈哈，聽起來不錯，滾。』」

安凱爾在一九九九年上到大聯盟，那時他剛滿二十歲才幾個星期，他是二〇〇〇年球季國家聯盟新人王票選的第二名，戰績十一勝七敗，三點五〇的防禦率；但是安凱爾在當年的季後賽突然莫名其妙的失控，三場比賽裡投了四局，一共保送了十一位打者還投出九個暴投，在那個十月之後安凱爾就再也回不去了，他像是受到了詛咒一般完全無法穩定的把球投進好球帶。他的心理狀態卡住了——也就是運動圈子裡說的失憶症（Yips）——即使經過了兩次手肘受傷和多年的復健之後仍是如此，他終於不得不放棄他的投手生涯，但是他沒有放棄棒球。

安凱爾從小聯盟重新開始，這一次卻是用外野手的身分，從二〇〇七年到二〇一三年球季，他一共在大聯盟打了五百三十六場比賽，在兩千一百一十五個打數中留下兩成四〇的打擊率，擊出七十六支全壘打，累積了〇點七二四的OPS整體攻擊指數；至於他職業生涯的第一個階段，他以投手的身分留下了十三勝十敗，防禦率三點九〇的生涯紀錄。

除了成為恆心與毅力的最佳範例之外，大聯盟有史以來僅有三位球員曾經拿下過十勝並擊出過七十支全壘打，安凱爾是其中之一，另外兩位則是貝比·魯斯和大谷翔平。

當大谷在二〇二一年球季縱橫大聯盟的時候，距離魯斯離世已經七十三年，但是安凱爾還在，他對於大谷的這些成就興奮不已，也非常樂意提供他獨特的見解。

「我覺得這太神奇了，」安凱爾在球季結束後說，「你看他投球，就會覺得他的球路威力實在令人不可置信，而且我覺得這還不是他最好的一面……看到他所表現出來的這些，真的是嚇壞我了，我覺得這是一個可以拿下打擊王、拿下全壘打王，還可以拿下賽揚獎的人，而且還全都在同一年，就是這麼不可思議。」

安凱爾也認為大谷會是一個拓荒者，他自己從未得到成為兩棲選手的機會，但是現在因為大谷的表現，下一個世代的球員很可能就不一樣了。

「我想他會開啟一個潮流，」安凱爾說，「我覺得為什麼不？我看到他，就覺得對孩子們來說這是多好的一個榜樣。」

舊金山巨人隊的棒球事務總裁法爾翰‧薩伊迪（**Farhan Zaidi**）同意這個看法，也認為業餘棒球界那些有機會投打兼備的球員們在看到大谷之後，肯定會有些新的想法，然而這只是問題的一面而已，大聯盟球隊的管理階層也應該對這樣的球員多點信心，多給他們一些嘗試的機會。

「大谷可以說是改變了兩棲球員們對他們自己的一些想法，現在他們都覺得自己也做得到，」薩伊迪笑著說，「但嚴肅一點來說，這對許多球員都有激勵的作用，看到他可以在棒球的最高層級還做得那麼好，這多少證明了這件事是做得到的。」

「這會改變我們對這類球員的看法嗎？很難說，因為大家其實都把他當成一隻獨角獸來看待，他的特殊才能真的就是那麼稀有，稀有到你不會自以為是的認為隨時都可以再複製出這樣的成果。」

大谷的優異表現確實會讓人覺得以後或許有機會看到另一位兩棲球員，但是這其實就像是在說如果多買一張樂透獎券，就會讓成為百萬富翁的機會加倍一樣。

大衛．唐布勞斯基（Dave Dombrowski）曾領導棒球事務部門二十多年，帶領過佛羅里達馬林魚隊和波士頓紅襪隊拿下世界冠軍，他認為大谷對於兩棲球員這個概念的影響十分有限。

「我猜他會改變一些人的想法，但我做決定時不會只因為大谷翔平和他的這些天賦而已，」現任費城費城人隊棒球事務總裁的唐布勞斯基說，「我覺得他是一個太獨特的案例，棒球歷史上沒有幾個人是可以像他這樣的。」

歷史上曾經一度展現出兩棲球員實力的職業選手名單很短，但畢竟還是能列出這樣一份名單。

大衛．溫菲爾德（Dave Winfield）在明尼蘇達大學的前三個球季都只是位投手，一九七二年在阿拉斯加州的一個大學夏季聯盟賽事中，他擊出了十五支全壘打也吸引了球探的注意；一九七三年溫菲爾德在明尼蘇達大學又投又打，帶領學校打進了全美大學世界大賽，並且以四成六七的打擊率以及一場三振對手十四次的完封表現被選為最佳球員。聖地牙哥教士隊在當年夏天的選秀中以第四順位將他選走，而他優異的體能天賦不僅止於棒球，分別在選秀中選擇他的還有NFL國家足球聯盟（美式足球）的明尼蘇達維京人隊、NBA國家籃球協會的亞特蘭大老鷹隊，以及ABA美國籃球協會的猶他星辰隊；溫菲爾德的選項很多，但是他決定繼續打棒球，也繼續擔任外野手，教士隊讓他直接從大聯盟開始，他一共打了二十二個球季，退休後也被選入棒球名人堂，但是他從未在大聯盟投過一球。

大聯盟官方網站（MLB.com）的選秀專家吉姆・卡利斯（Jim Callis）說，在那一小群能夠在棒球選秀第一輪就被以投手或是野手身份被選走的優秀球員中，溫菲爾德無疑是最頂尖的；卡利斯在二〇二〇年的文章中寫到，自一九六五年選秀制度開始以來，一共只有十一位球員是真正被認定在這兩種角色都同時具備選秀第一輪的天賦。

這份名單包括了前最有價值球員得主外野手賈許・漢彌爾頓、一壘手約翰・歐勒魯德（John Olerud）、外野手尼克・馬凱吉斯（Nick Markakis），以及外野手艾倫・希克（Aaron Hicks）等等；就和溫菲爾德一樣，他們在業餘時都是投手，但是在進入職棒擔任野手之後表現優異，所以就從未在大聯盟投過球。

名單上其他像安凱爾那樣的球員，則是因為受傷或是表現不佳而必須從一個角色轉換到另一個角色；巴爾的摩金鶯隊在二〇〇三年選秀的第一輪選擇了亞當・洛文（Adam Loewen），他從二〇〇六年到二〇〇八年球季在大聯盟以投手的身分出賽，但是後來因為受傷而在二〇一一年以外野手的身分重返大聯盟，二〇一五年到二〇一六年他又恢復了投手的身分，最後他在大聯盟一共以投手身分出賽了六十三場，以外野手的身分出賽了八場，職業生涯乏善可陳。

名人堂選手喬治・布瑞特（George Brett）的兄長肯恩・布瑞特（Ken Brett）在大聯盟生涯中只擔任過投手，但是他的打擊能力讓球隊有幾次放棄使用指定打擊而讓他自己踏進打擊區，有時球隊甚至讓他代打；他不能算是一位兩棲球員，他比較像是上個世代的麥迪森・邦加納或是布蘭登・伍德洛夫（Brandon Woodruff），就是一位打擊也很不錯的投手而已。

歷史上許多球員都在登上大聯盟之前就轉換了原本的角色，大聯盟有史以來最優秀的四位終結者——崔佛爾・霍夫曼（Trevor Hoffman）、特洛伊・波西佛（Troy Percival）、肯利・簡森（Kenley Jansen），以及喬・奈森（Joe Nathan）——在小聯盟都是從野手的身分開始，霍夫曼和奈森是游擊手，波西佛和簡森則是捕手；提姆・威克菲爾德（Tim Wakefield）在小聯盟時是位失敗的內野手，但是他轉換為彈指球（knuckleball，亦翻做蝴蝶球）投手之後在大聯盟職業生涯獲得了兩百勝，球團在這些球員的生涯初期就早早發現，他們的投球天賦遠遠勝過他們的打擊能力。

強打者馬克・麥奎爾（Mark McGwire）和強投賈寇伯・迪格隆（Jacob deGrom）也是在職業生涯初期就被轉換身分，馬奎爾在南加州大學（University of Southern California）時身兼投手與一壘手，但是在職業生涯專攻打擊，一共累積了五百八十三支全壘打；迪格隆在佛羅里達州的史丹森大學（Stetson University）時是一位游擊手，後來他棄打從投，並在大聯盟兩度贏得賽揚獎。

雖然這些選手都曾經在業餘或是小聯盟生涯裡展現出高超的投球和打擊天賦，但是他們都不能算是二刀流選手。

在同一個球季裡曾經真正投過球，並且也算有固定在另外一個守備位置出賽的球員——不管是指定打擊還是其他位置——這份名單就很短了，大部分的案例都發生在一九五〇年代之前，唯一在二十一世紀有過類似經歷的是布魯克・凱許尼克（Brooks Kieschnick）和麥克・羅倫森（Michael Lorenzen），但是他們二刀流出賽的紀錄實在少得可憐。

凱許尼克在德州大學（University of Texas）時是一位明星兩棲球員，他於一九九三年的選秀中在第一輪的第十順位被芝加哥小熊隊選中，並在一九九六年到二〇〇一年完全以外野手的身分出賽；由於職棒生涯毫無進展，他在二〇〇二年轉隊到芝加哥白襪隊，並在小聯盟三A投打兩棲出賽。次年他又轉隊到密爾瓦基釀酒人隊，在二〇〇三年正式成為兩棲球員，他投了五十三局並上場打擊七十次，其中有五十次是代打、指定打擊，或是外野手；二〇〇四年是他職業生涯的最後一年，他投了四十三局並上場打擊六十三次，其中有四十四次是代打，但是他在職棒生涯中從未以野手的身分先發出賽。

羅倫森在加州州立大學富勒頓分校（Cal State Fullerton）時是一位投手兼外野手，並在二〇一二年入圍約翰・歐勒魯德年度兩棲球員獎；辛辛那提紅人隊在二〇一三年選秀中以第三十八順位將他選走，他只花了兩年就站上大聯盟成為先發投手輪值中的一員。二〇一五年到二〇一八年球季他在紅人隊專職投手，但是偶爾也會上場代打，二〇一九年他在二十九場比賽中以外野手的身分出賽，其中包括了六場先發；當年的九月四日羅倫森拿到勝投、在比賽中擊出全壘打，並且也以野手的身分出賽，成為自一九二一年的貝比・魯斯之後第一位做到這三項全能的選手。從二〇二〇年到二〇二一年球季，羅倫森又恢復成為一位全職投手，在這兩個球季之中他僅僅只在外野出賽了四場，總共也只累積了六局比賽；或許是巧合，天使隊在二〇二一年十一月與羅倫森簽下合約，或許是計畫將他放入先發輪值與大谷並肩作戰。

雖然凱許尼克和羅倫森投打兩棲留下的紀錄並不多，但他們確實是打破了傳統上必須專精一項的窠臼，凱許尼克在大谷之前，羅倫森則是在大谷之後，就算在大谷之後再也無人和他一樣，他的成功還是會讓球隊願意多去發掘類似凱許尼克和羅倫森這樣的球員；安凱爾認為目前棒球有使用越來越多後援投手的趨勢，如果一位投手可以從牛棚出賽投球之後又被替換到另一個守備位置，這種出賽彈性就會讓這些球員更有價值。

「不管怎麼說，最少大谷會讓球團多思考一下，看是不是要讓選手嘗試二刀流，」紐約大都會隊棒球事務總裁山迪・奧德森（Sandy Alderson）說，「這就是一件好事，我們本來就應該多接受一些新想法。」

還在小聯盟力爭上游的球員當中，最有名的兩棲選手就是坦帕灣光芒隊的布蘭登・麥凱（Brendan McKay），但是他的職業生涯一直因為傷勢而停滯不前，光芒隊是在二〇一七年選秀中以第四順位選中了來自於路易維爾大學（University of Louisville）的麥凱，這時的大谷已經在日本職棒以二刀流成名，但是還沒有來到大聯盟大顯身手；光芒隊給了麥凱三個球季的時間在小聯盟裡全職兩棲出賽，但是他投球的表現比較好，投球時的防禦率只有二點一九，然而打擊時的

OPS整體攻擊指數卻是讓人失望的〇點六七九。麥凱在二〇一九年球季登上大聯盟，一共在十三場比賽中投球，但是只有一場比賽以指定打擊的身分先發，同時也有三次代打的紀錄；二〇二〇年和二〇二一年球季因為肩膀手術以及肺炎疫情，他完全沒有在大聯盟出賽，後來他在二〇二一年十一月動了胸廓出口手術，更進一步停滯了他職業生涯的進展。

杭特．格林（Hunter Greene）還在洛杉磯近郊的聖母高中（Notre Dame High School）就讀時，就被大肆宣傳為下一個有潛力投打兩棲的優秀球員，紅人隊在二〇一七年選秀中以第二順位將他選走，比麥凱還早了兩個籤位；格林在他職棒生涯的第一個夏天累積了三十個打數，OPS整體攻擊指數只有〇點六〇〇，二〇一八年是他職棒生涯第一個完整的球季，但是他完全沒有上場打擊，而且接著就接受了湯米．約翰手術，等他在二〇二一年回到球場時，他已經是一位全職的投手。

兩棲出賽的夢想對麥凱和格林來說似乎已經是遙不可及了，但是在二〇二〇年和二〇二一年選秀中還是有許多有機會挑戰二刀流的球員，他們的職業生涯都才剛剛開始而已。

梅森．溫恩（Masyn Wynn）被棒球美國雜誌評鑑為二〇二二年球季前聖路易紅雀隊體系中排名第八的潛力新秀，他擔任游擊手以及投手的表現都讓人印象深刻，所以在二〇二〇年選秀的第二輪就被紅雀隊選走；在二〇二一年他的第一個小聯盟球季中，紅雀隊讓他先專注在打擊以及游擊守備上，但是只要球團做出決定，他時速高達九十八英里的快速直球隨時等著紅雀隊更進一步的磨練。

「在參加選秀之前，我就想要成為一個兩棲球員，」溫恩說，「我現在還是這樣想，但是在職棒的環境裡實在太難了，大谷翔平真的太不可思議了，沒有人可以想像這到底有多難。」

匹茲堡海盜隊在二〇二一年選秀的第三輪選中了波巴・錢德勒（Bubba Chandler），並且讓他有機會既擔任游擊手也上場投球，但是即使是在海盜隊小聯盟中最低的層級，他在二〇二一年幾乎都沒有出賽，而且到現在都還沒有上場投過球；但是海盜隊球員暨教練發展部主管約翰・貝克（John Baker）說，目前看起來錢德勒的發展令人滿意。

「他打出去的每一支安打，他打出去的每一支全壘打，都會讓我們的投手總監掉眼淚，」貝克說，「波巴擁有非常非常特殊的天賦，他控制自己身體的能力，以及他在球場上移動的能力是超乎常人的，即使身處在一群出眾的球員當中，他仍是鶴立雞群，我們一定會持續探索他在不同守備位置出賽的各種能力，直到無法再繼續為止。」

像溫恩和錢德勒這樣的球員，都還要走很長很長的一段路才能追上大谷的腳步，或是追上羅倫森；他們所面臨最大的難題，就是那些超凡出眾的天賦本能並不足以讓他們直接就在大聯盟兩棲出賽，他們需要被進一步的磨練，累積更多的經驗才有機會成功。

「有能力或是有潛力可以在這兩方面都得到成功，這是一回事，」光芒隊棒球事務總裁艾瑞克・尼安德（Erik Neander）說，「但是這兩方面的發展要能穩定並行，而且不讓一邊的發展影響到另一邊，這就是另外一回事了，畢竟若是其中一部分進步超前太多，難免就會有壓力要專注集中在這個表現優秀的部分，因為能夠把投打同時都做好的前例實在太少了。」

最經典的實例就是安凱爾，他說在剛開始小聯盟的職業生涯時，他的打擊完全沒有得到磨練的機會，因為他在投球上的成績實在超過打擊太多，他在選秀兩年之後就以投手的身分登上了大聯盟；「假設你是一個超強的投手好了，但是你的打擊還需要經歷小聯盟的磨練，」安凱爾說，「絕大部分的球團大概都不會願意等你慢慢練成一個成熟的打者，如果你已經可以用投手的身分在大聯盟幫助球隊贏球，那你一定會被叫上去。」

發生在大谷隊友傑瑞德．瓦爾許身上的事剛好相反，他在小聯盟時身兼一壘手和外野手，然後天使隊又把投球加進了他的訓練項目，目的是希望讓這位似乎發展遇到阻礙的小聯盟球員能多練一項技能；等到瓦爾許在二〇一九年升上大聯盟時，天使隊就嘗試讓他又投又打，但是他只投了五場球，而且都只是出來收爛攤子消耗局數的後援投手。瓦爾許在二〇二〇年春訓手臂受傷，一整年都無法投球，但是同年九月他在打擊上表現優異，讓他一躍成為二〇二一年球季先發一壘手的熱門人選，此時他在打擊上對天使隊的價值，已經遠遠超過他在投球上可能做出的任何貢獻，因此天使隊也沒有必要再花更多時間去磨練他的投球能力；瓦爾許和大谷一起入選二〇二一年的明星隊，一整年他也從一個既是大谷隊友、又是一位前二刀流選手的角度多次分享了他有多佩服大谷的這些成績表現。

「要讓大聯盟打者出局是一件超級難的事，要從大聯盟投手手中擊出安打也是一樣超級難，」瓦爾許說，「每天都要保持這樣的專注力根本就是一種很難很難的折磨，體能上它帶給身體的壓力實在太大了，特別是你要製造出那麼強大的力量，強到像他那樣擊球初速是時速一百一十五英里，投球時速又是一百英里……他根本就是一隻獨角獸，沒有別的方式可以形容了。」

德州遊騎兵隊總經理克里斯．楊恩（Chris Young）曾經是一位大聯盟投手，在評估投打兩棲球員在大聯盟的未來性時，他突然發現自己需要一些數據來佐證；「如果可以投打俱佳，我當然認為球隊會更加接受這種可能性，」楊恩說，「這會讓球隊在調度上有更多彈性，如果球員可以做得到的話，我當然不認為球隊會去限制些什麼，但是說到大谷，我真的覺得他是萬中選一……等一下，不是萬，你說地球的人口是多少？」

大概七十七點五億。

楊恩那時正站在加州卡爾斯巴德市（Carlsbad）的一座高爾夫球場邊，時間是二〇二一年十一月的大聯盟總經理會議，三十支球隊的高階主管都到場參加了這個年度盛會，他們四散在練習果嶺邊的一個廣場上，回答現場媒體所提出的、任何與棒球有關的各種問題。

他們描述了他們所看到的大谷翔平，同時也對這是否會為職棒的未來造成影響發表了意見，他們全都同意大谷的存在是一個異數，幾乎不可能成為一個趨勢。

「要說他是一個異數，其實還是嚴重低估了他所做的一切，」華盛頓國民隊總經理麥克．瑞

P. 275

佐（Mike Rizzo）說，「如果有其他的人掌握了同樣的技能，我們當然願意往那個方向去嘗試，但是這種天賦實在太稀有了，我在這個業界已經四十年了，他是我見過的第一個，這樣的人不是長在樹上隨時都會掉下來的。」

西雅圖水手隊的棒球事務總裁傑瑞．迪波多曾經努力爭取大谷的加盟，但是大谷最後在二〇一七年選擇了天使隊；迪波多說他在評估大谷實力的時候，就覺得大谷像是「貓王」艾維斯．普里斯萊（Elvis Presley）一般獨一無二，但是大谷二〇二一年球季在大聯盟所做到的一切還是遠遠超過了他的預期。

「他是一位令人讚嘆的球員，」迪波多說，「能夠像他這樣投打兼備，而且一整年都這麼穩定，就算要我花錢買票進場看球，我也願意。」

迪波多接著提到球探用來評鑑球員各項技能、最傳統的二十分八十分評分系統，這是由道奇隊傳奇主管布蘭奇．瑞基（Branch Rickey）在二十世紀前半所發明，以二十分到八十分來取代一般概念中的〇分到一百分，因為瑞基認為以正常的標準差來看，如果一個能力平均的大聯盟球員是五十分，那可能出現在兩個評價極端的球員實在太少，根本沒有評分的必要；野手的天賦評鑑項目有：打擊能力、打擊力量、防守能力、跑壘速度，以及手臂強度，投手則是每一種球路武器（快速直球、曲球、滑球等等）都會被評分，還有一個控球能力的總評分。絕大多數的大聯盟球員都不會在任何項目得到八十分，七十分大概也很少有，就算是明星球員或是最有價值球員等級的選手，如果他真的很頂尖的話，可能也就是一個八十分配上幾個六十分或七十分的評鑑；大多數的大聯盟球員，就算是天天固定上場比賽的先發球員，評鑑分數也大多是由四十分、五十分，和六十分所組成。

這就是為什麼大谷會讓迪波多這麼印象深刻。

「這個技能組合真的太獨特了，」迪波多說，「你有看過力量八十分、快速直球八十分、然後跑壘能力也是八十分的球員嗎？這個可能性真的超級小。」

有多小？

「全世界就只有這麼一個。」

後記

大谷翔平在二〇二一年創下了一個史無前例的球季，而在被頒獎表揚的那一天，他說我們看到的只是一個開始。

這是大聯盟主席羅伯．曼佛瑞德在上任七年以來頒發的第一座歷史成就獎，他的前任巴德．席利格（Bud Selig）曾經在二〇一四年把這個獎頒發給紐約洋基隊游擊手德瑞克．基特（Derek Jeter）和洛杉磯道奇隊播報員文．史考利（Vin Scully）以紀念他們的生涯成就，但是自曼佛瑞德上任以來，一直要等到二〇二一年，他才決定要在世界大賽期間把這個獎項頒發給大谷，他說他和聯盟工作人員都覺得他們「不能錯過這個機會，必須要做些什麼才能彰顯這個特殊的球季。」

不久之後，大谷被問到在這個「特殊球季」之後會有怎樣的後續，他的回答很直接：「我對自己很有信心，我認為我可以複製今年所做到的一切，只要我每天上場比賽，每次都有好的表現，我想我最少可以交出和今年差不多的成績。」在NHK日本放送協會、也就是日本公共電視頻道在十月所播出的一小時專訪節目中，大谷再度強調了他的意志，「我認為今年的成績只是最低標而已，」大谷說。

大谷一整個球季擊出了四十六支全壘打，並在二十三場先發投球中只有三點一八的防禦率，讓人不得不想起一九一八年至一九一九年由貝比．魯斯所創下的二刀流球季；史無前例的球季成績讓大谷以全票通過獲得美國聯盟的最有價值球員獎，而這在他口中卻只是個「最低標」。

當大谷充滿自信的言論在幾個星期之後傳入佩瑞．米納賢耳中，這位天使隊的總經理笑了，「阿們，」他說，「我看看，他對自己期望很高，這是應該的，他在棒球場上可以做到的事無人能及，他的成績表現跟他的充分準備就和他的自我期許一樣高，我一點都不懷疑翔平所說的一切。」

大谷的信心來自於這一切對他來說並不陌生，二〇一六年在日本職棒，大谷在打擊上創下了一點〇二二的OPS整體攻擊指數，在投球上則累積了二點一二的防禦率；而在他二〇一八年美國職棒的新人球季因為手肘受傷而提前結束之前，他在天使隊的OPS整體攻擊指數是〇點九〇七，防禦率則是三點一〇，這些數字都和他在二〇二一年創下的〇點九五六和三點一八差距不遠，看起來是真的可以再複製的。

但是最大的變數就是出賽的分量，大谷在二〇二一年保持健康沒有受傷，也因為解除了天使隊自二〇一八年球季起為他設下的休息日而增加了出賽的場次，這才讓他可以累積更高的成績數字；對於是否能繼續負擔這樣的出賽分量，大谷就沒有那麼確定了，「這當然是我第一次這麼做，」大谷說，「所以我沒辦法很有信心的告訴你說我可以繼續保持這個樣子好多年，但是身為一位球員，我能做到的就是盡力去做好準備，盡可能的讓我可以繼續承擔這樣的出賽分量。」

大谷在球季末仍然衝勁十足，但是在八月到九月初時曾經顯得有些累，如果大谷可以像傳統的當家王牌投手一樣每隔五天就先發投球，而且一整個球季可以投接近兩百局，天使隊一定會興奮不已，但是在經歷了二〇二一年球季之後，米納賢和總教練喬．麥登都認為他們已經找到了大谷的極限；麥登認為大谷或許可以再多投個二十局左右，把球季累積局數提高到一百五十局的範圍，更多就有點不切實際了，米納賢則說天使隊不會再增加大谷的出賽份量，「他的這一年已經沒有辦法再更好了，」米納賢說，「我不認為我們該做任何改變。」

在天使隊決定了如何繼續使用大谷之後，米納賢的下一個挑戰是該給他多少薪水，聯盟並沒有像大谷這樣的球員，所以也沒有前例可以推算出一個合理的薪資；這在大谷大聯盟生涯的前幾年都不是問題，因為不管選手的表現有多優異，大聯盟的薪資結構在那段期間允許球隊付給大谷接近最低保障薪資的低薪，直到他在大聯盟打滿三年為止。二〇二一年是大谷的第四年，也是他第一次符合薪資仲裁的資格，仲裁程序的規則是如果球隊和球員無法達成共識，雙方可以分別提出一個自認合理的薪資，並在三位仲裁官面前爭取自己所認同的薪資數字，最後由仲裁官在兩個數字中做出選擇；天使隊和大谷順利在二月達成共識並簽下一份兩年合約，順利避開了薪資仲裁程序，這份合約註明大谷在二〇二一年的薪資是三百萬美元，二〇二二年則是五百五十萬美元，明顯對天使隊大大有利，但是大谷遲早會得到一份複數年份的億元合約。由於完全沒有前例，所以沒人有辦法預測這份合約會是甚麼樣子，但是現在也只有天使隊可以與他續約；因為依據聯盟規定，大谷在二〇二三年仍然受到天使隊的控制，只是他的薪水必須再做調整。

如果天使隊想要在二〇二三年十一月大谷成為自由球員之前就先和他續約，他們就必須要端出一張超大無比的支票，而且更重要的是他們必須要說服大谷相信球團有努力求勝的意志；在二〇二一年球季之後，天使隊已經連續六年的全年勝率不到五成，這也是全聯盟現存最長的紀錄，這樣的低潮對一個擁有像麥克・楚奧特、安東尼・倫登，以及大谷這種球員的大市場球隊來說，是非常讓人意外的。

大谷在二〇一七年十二月選擇了天使隊，那時的天使隊因為種種原因而戰績不佳，小聯盟球員的整體評價也不高，在二〇一五年甚至還在三十支球隊中墊底，但是楚奧特卻在同一時刻從一位很棒的球員蛻變成了一位不世出的巨星；到二〇一六年球季為止，他一共贏得了兩座最有價值球員獎，並在另外三個球季都排名第二。擁有這樣名人堂等級的球員又正在他職業生涯的高峰，天使隊當然不可能走上重建之路，將大聯盟球員交易出去來提升小聯盟球員的素質，而積弱不振的小聯盟系統也讓他們無法做出足以衝擊大聯盟一軍的球員交易來補強球隊；不願意交易大聯盟球員來補強小聯盟系統，又沒有小聯盟新秀可以交易出去來補強大聯盟陣容，天使隊唯一的選擇就是自由球員這帖特效藥，但這帖藥常常失靈，因為自由球員往往帶著風險而來。首先，選手必須累積六年的出賽資歷才能成為自由球員，這通常表示自由球員已經接近生涯的高峰，甚至是已經開始走下坡；而另一個球員獲得自由身分的原因就是他無法與原球隊成功續約，通常這也是選手成績表現和薪資價值上的一大警訊。天使隊在艾伯特．普侯斯與賈許．漢彌爾頓兩位自由球員身上一共損失了三億六千五百萬美元，普侯斯的衰退比預期來得早，而漢米爾頓則是因為毒癮復發而被解約，而天使隊還必須負擔他最後三年的合約薪資。

當比利．艾普勒在二〇一五年十月被聘任為天使隊總經理時，這些就是他所承接的球隊狀態，他花了五年的時間都無法帶領球隊逃出這個失敗的迴旋，最後被解除職務，但是在這段期間他最大的成就就是說服大谷選擇天使隊，並且與楚奧特簽下一份全新的十二年合約；四億兩千六百萬美元這個數字肯定影響了楚奧特，但是他也說過如果他不相信艾普勒想要將天使隊改變為常勝軍的計畫，他就不可能會和天使隊續約。

隨著二〇二二年的到來，現在輪到要由米納賢來說服大谷，讓他願意接受米納賢的願景，讓他願意冒險信任天使隊；雖然在大谷加入大聯盟的前四年，天使隊看起來好像永遠都不可能成為一支常勝軍，但是回頭想想，同樣也有很長一段時間大家都覺得大谷再也不可能成為那個我們想看到的二刀流球員，而這些質疑的聲音正是在二〇二一年球季前達到最高峰。

現在正是天使隊改變命運的一刻，就像當時大谷所面臨的挑戰一樣。

P. 283

特別感謝

在二〇一八年的春訓尾聲，大谷翔平看起來進退失據，似乎也完全無力應付大聯盟的競爭強度；但是幾個月之後，當他逐漸成為一位大聯盟前所未見的超級新人時，我決定開始寫書。

到那年六月我已經寫了四章，然後大谷手肘的尺骨附屬韌帶傷勢把他的大聯盟之夢和我的新書都一併打入了冷宮；短短不到三年過去，大谷的快速直球時速恢復到了一百零一英里，對手的投球一顆又一顆的被他打到牆外，而我想說的故事也跟著活了過來。

大谷在二〇二一年球季的表現只能用令人難以置信來形容，也絕對值得用一本書來留下紀錄，但我想做的是穿過這些關於這個神奇球季的浮面敘述，也試著用更多的背景資料來解釋這個球季的一切；從他二〇一八年成功的初登場、二〇一九年和二〇二〇年的最低點，一直到二〇二一年的衝上高峰，大谷的這段旅程只能用雲霄飛車之旅來形容。

我希望這段旅程讓你覺得有趣，也特別感謝這一路上所獲得的許多幫助。

P. 284

每位棒球寫作者都需要球隊媒體公關部門大量的協助，在大谷這大聯盟生涯的前四年，天使隊的媒體公關們為了應付我們這一整群追著大谷跑的記者而忙得不可開交；二〇二一年球季負責的有亞當・科契可（Adam Chodzko）、麥特・柏爾奇（Matt Birch），以及會講日文、專門負責居中協助大谷以及太平洋兩岸媒體成員的葛雷絲・麥克娜米。

對於我們這些美國媒體來說，翻譯水原一平的協助是無價之寶，水原在大谷加入天使隊之後就盡心負責，這本書中幾乎所有來自大谷的發言，都是透過水原的翻譯才能化為文字。

天使隊球團的其他成員這四年來對我們媒體無止無盡的大谷問題充滿了耐性，這也讓我們對他的天賦能夠有更深一層的認識。曾經同是兩棲球員的傑瑞德・瓦爾許的觀點特別有意義，他在二〇二一年球季所回答過的大谷問題大概比關於他自己的問題還多；通常像他這樣一位在選秀第三十九輪才被選中的選手居然被選進了明星賽，肯定會成為球隊最受歡迎的新聞話題，但是多數媒體卻只把瓦爾許當成是大谷的小搭檔，而他也欣然接受毫不介意。在天使隊過去和現任的球員當中，麥克・楚奧特、艾力克斯・柯布、大衛・佛列齊（David Fletcher）、安德魯・希尼、馬丁・莫德納多、鈴木清、以及麥克斯・史達西等人所分享的獨特觀點都讓我印象深刻；打擊教練傑瑞米・瑞德和投手教練麥特・懷斯也很大方的貢獻了許多時間。

天使隊陣中談論大谷最多的就是這四年來那三位先後帶過他的總教練：麥克・梭夏、布萊德・奧斯莫斯，以及喬・麥登；麥登在二〇二一年球季每天都要和媒體會談兩次，他是大谷這個神奇球季最忠實的記錄者，也是最適合為這本書寫序的人，我非常感謝他的貢獻。

前天使隊總經理比利．艾普勒以及繼任的佩瑞．米納賢兩位都提供了關於大谷最重要的幕後資訊。

我也想藉此感謝創新藝人經紀公司的經紀人涅斯．巴雷洛，他付出了許多時間與我討論大谷的事。

在過去的四年中，來自日本的媒體同業對我提供了許多協助，最主要的有松下裕一、小野田山姆、齋藤庸裕、還有安岡朋彥；我也感謝志村朋哉的幫忙，讓我可以透過社群媒體上與日本的朋友們互動。

這是我的第一本書，我非常感謝那些寫過棒球書的朋友們所給我的指引，像是提姆．布朗（Tim Brown）、安德魯．白克里（Andrew Baggarly）、約翰．謝伊（John Shea）、賈許．蘇翔（Josh Suchon），以及傑森．德波（Jason Turbow）。

傑森介紹我認識了他的經紀人賈德．拉格伊（Jud Laghi），我對於出版界沒有什麼經驗，是透過賈德的協助才找到最合適的出版社；如果沒有賈德的幫忙，我永遠也沒有辦法完成這本書。

感謝導流出版社（Diversion Books）的執行主編暨總編輯基斯．華爾曼（Keith Wallman）協助我將文稿轉變成書，還有煉劍士製作公司（Swordsmith Productions）的文字編輯李伊．葛羅斯曼（Leigh Grossman），他用編輯兼棒球迷的精準眼光仔細潤飾了我的文字。

我也必須感謝人生之中的幾位前輩，他們幫我實現夢想成為了棒球作家：吉姆・史崔特（Jim Street）、賈斯提斯・希爾（Justice Hill）、比爾・普拉西基（Bill Plaschke）、洛威爾・寇恩（Lowell Cohn），以及凱文・布朗森（Kevin Bronson），從我在俄亥俄大學（Ohio University）一直到現在，他們在我人生的不同階段分別指導過我；陶德・哈門森（Todd Harmonson）、湯姆・摩爾（Tom Moore）、陶德・貝利（Todd Bailey）都是我在南加州新聞集團（Southern California News Group）的編輯，他們從二〇一二年起就讓我擔任天使隊的隨隊記者，是他們對我的信任才讓這本書可以成真。

多年來棒球寫作這份工作帶我飛往全美各地記錄著貝瑞・邦茲、麥克・楚奧特，和大谷翔平等人的豐功偉業，但我也因此常常無法兼顧家庭；感謝蘿莉（Lori）在我缺席的時候維持這個家庭正常運作，也讓琳賽（Lindsey）和賈斯汀（Justin）成長為優秀的青年人。

琳賽在十一歲的時候就已經出版過一本書，早就超越了我的成就，《餅乾隊長》（Captain Cookie）現在還買的到，請搜尋吧；賈斯汀則是一位棒球迷，當這本書起死回生的時候，他正和我一起參觀紐約州古柏鎮的美國棒球名人堂，我希望這本書可以讓賈斯汀多認識他爸，還有大谷。

完成這本書的時候，我最想感謝的是安妮塔（Anita）的支持和鼓勵，她對正確文法的堅持促成了我們第一次的合作。

當然，對這本書來說最重要的人物就是大谷翔平本人，這麼多年來我看到許多同事們都一一出書，但我卻一直找不到一個適合我的主題；這一次我非常幸運，可以在這個環境裡得到一個最前排的位置，親眼見證大谷創下這個前所未見的驚人球季。

入魂 17

SHO-TIME

大谷翔平，不可思議的二刀流奇蹟

Sho-time: The Inside Story of Shohei Ohtani and the Greatest Baseball Season Ever Played

作者　傑夫・佛萊契（Jeff Fletcher）
譯者　文生大叔

堡壘文化有限公司
總編輯　簡欣彥　　行銷企劃　許凱棣、曾羽彤、游佳霓、黃怡婷
副總編輯　簡伯儒　　封面設計　萬勝安
責任編輯　簡伯儒　　內頁構成　李秀菊

出版　堡壘文化有限公司
發行　遠足文化事業股份有限公司（讀書共和國出版集團）
地址　231新北市新店區民權路108-2號9樓
電話　02-22181417　**傳真**　02-22188057
Email　service@bookrep.com.tw
郵撥帳號　19504465 遠足文化事業股份有限公司
客服專線　0800-221-029
網址　http://www.bookrep.com.tw
法律顧問　華洋法律事務所　蘇文生律師
印製　韋懋實業有限公司
初版1刷　2022年8月
初版6.2刷　2023年12月
定價　新臺幣450元
ISBN　978-626-7092-56-9　eISBN(PDF) 9786267092705　eISBN(ePub) 9786267092712

國家圖書館出版品預行編目（CIP）資料

Sho-time：大谷翔平，不可思議的二刀流奇蹟／傑夫・佛萊契（Jeff Fletcher）著；文生大叔譯. -- 初版. -- 新北市：堡壘文化有限公司出版：遠足文化事業股份有限公司發行, 2022.08
面；　公分. --（入魂；17）
譯自：Sho-time : the inside story of Shohei Ohtani and the greatest baseball season ever played
ISBN 978-626-7092-56-9（平裝）

1.CST: 大谷翔平　2.CST: 傳記　3.CST: 運動員　4.CST: 職業棒球　5.CST: 日本

783.18　　111010166